Einführung in das bürgerliche Recht

Ein kurzes Lehrbuch nach neuem System und neuer Lehrmethode

von

Professor Ernst Stampe

in Greifswald

Erster Teil.

Einleitung

Die Gegenstände (Rechtsobjekte)

Die Unternehmen und ihre Vermögen

(Umformung der Lehre von den „Rechtssubjekten")

Berlin und Leipzig 1920.

Vereinigung wissenschaftlicher Verleger

Walter de Gruyter & Co.

vormals G. J. Göschen'sche Verlagshandlung — J. Guttentag, Verlagsbuchhandlung — Georg Reimer — Karl J. Trübner — Veit & Comp.

Gustav Pescatore †

dem genialen Handschriftenforscher

und Kämpfer für lebenswahre Rechtswissenschaft

in treuer dankbarer Erinnerung.

Vorwort.

Das Werk soll kein Lehrbuch im landläufigen Sinne sein. Es stellt ein neues System des Privatrechts auf, das die bisher übliche Dreiteilung: „Allgemeiner Teil, Schuldverhältnisse, Sachenrecht" ersetzen will; und behandelt in diesem Rahmen nur die, allerdings zahlreichen Materien gründlich, über die etwas wesentlich neues gesagt werden soll.

Unser bürgerliches Recht, von dem eine wohltätige Förderung des sozialen Friedens erhofft wurde, hat diese Erwartung bisher nicht erfüllt; es ist vielmehr auf weiten Gebieten ein Goldland für Schieber und Winkeladvokaten geworden. Die Hauptschuld hieran trifft unsere Rechtswissenschaft, die, wie ich oft nachzuweisen versucht habe [1]), in der Rechtsbildung wie in der Begriffsbildung methodisch und praktisch versagt hat.

Ich bemühe mich seit langen Jahren, diese verhängnisvollen Fehler aufzudecken und positive Abhülfe zu schaffen. Meine Abhandlungen: „Die Abtretung der Vindikation" (AZP. 80, 1893), „Das Causa-Problem des Zivilrechts" (Greifswald, Julius Abel, 1904), „Causa und abstrakte Geschäfte" (ZHR. 55, 1905), „Aus einem Freirechtslehrbuch" (AZP. 107, 1909), „Grundriß der Wertbewegungslehre" (AZP. 108, 110, 1911, 1913) sind sämtlich der Aufgabe gewidmet, Grundfragen des bürgerlichen Rechtes nach neuer Methode und mit neuen durch sie gewonnenen Ergebnissen zu beantworten.

Auch das vorliegende Buch verfolgt den gleichen Zweck, will aber, anders als die früheren, besonders durch Neugliederung des ganzen Zivilrechtsstoffes wirken. Es werden deshalb einzelne Lehren des Rechtes der Geistesprodukte und des Handelsrechts wegen ihrer systematischen Bedeutung in die Darstellung einbezogen. Das sog. Personenrecht wird in ein Recht der Unternehmen und ihrer Vermögen verwandelt; und die gesamten Materien des Allgemeinen Teils, die von

1) Ich verweise auf meine „Rechts- und Begriffsbildung" (Greifswald, Julius Abel 1907) und auf meine „Freirechtsbewegung" (Berlin, Franz Vahlen, 1911).

den „rechtsverändernden Tatbeständen" handeln, werden mit denen der Schuldverhältnisse gemeinsam zu einer einheitlichen Darstellung der „Machtverteilungsvorgänge" verschmolzen.

Ich hoffe, durch diesen Aufbau wird es dem Anfänger mehr als bisher ermöglicht werden, die Aufgabe der Privatrechtsordnung von vornherein zu erkennen. Wenn er jetzt nur hört, daß die Privatrechtsordnung sich gliedert in allgemeine Vorschriften, die in einen „Allgemeinen Teil", und besondere Vorschriften, die in ein „Recht der Schuldverhältnisse" und ein „Sachenrecht" zusammengefaßt werden müssen — so wird er das zwar gläubig, aber auf lange verständnislos hinnehmen, besonders angesichts des Chaos von Materien, die ihm im Allgemeinen Teil und im Sachenrecht harmlos als Äpfel von demselben Baum vorgesetzt werden.

Wird er aber von Beginn an darüber aufgeklärt, daß die Rechtsordnung die Aufgabe hat, die Lebensgüter an die menschlichen Unternehmen zu verteilen — daß diese Verteilung auf die Schaffung von Machtverhältnissen und deren Zusammenfassung zu Vermögen hinauslaufen muß — und daß für diese Verteilung verschiedenartige Verteilungsvorgänge ausgebildet werden müssen von großer Mannigfaltigkeit — so wird er mit hellerem Blick an sein Studium herangehen. Man muß ihm eben die Maschine nicht im Stillstand, sondern im Gang vorführen, wenn er schnell begreifen lernen soll.

In der Darstellung wird fortlaufend auf Enneccerus-Wolff-Kipp verwiesen. Meinen Vorlesungen lege ich neben meinen eigenen Schriften auch dieses umfangreiche Werk zugrunde. Juristen, die so nach meiner Anleitung das bürgerliche Recht studieren, werden jedenfalls das lernen können, was unserm Volke heute so bitter not tut: die Methode gründlicher, vorwärts bringender Arbeit.

Auch fernerhin wird sich gegen meine „freirechtliche" Methode in weiten Kreisen Widerspruch erheben. Ich muß dem gegenüber immer von neuem betonen, daß ich mein Recht, neue Wege zu suchen, aus den praktischen Mißerfolgen meiner Gegner entnehme; und gebe mich der Hoffnung hin, daß man — im Angesicht des Zusammenbruches unseres armen Vaterlandes, an dem unsere Rechtswissenschaft einen nicht geringen Teil der Schuld trägt — meine Versuche mit etwas weniger Geringschätzung und etwas gründlicherem Studium nachprüfen wird, als es bisher geschah.

Greifswald 1919. E. Stampe.

Inhaltsverzeichnis.

Einleitung.

Zweites Buch.

Die Unternehmen und ihre Vermögen.

(Umformung der Lehre von den Rechtssubjekten)

Zur Orientierung.

Besonders wichtig für das Verständniß der „Einführung" ist der „Grundriß der Wertbewegungslehre". Er ist im AZP., in Band 108 p. 42—177, und in Band 110 p. 119—218 erschienen, aber auch als selbständige Schrift, Teil I 1912 (p. 1—136), Teil II 1919 (p. 137—236). In der „Einführung" wird der Grundriß nach den Seitenzahlen der selbständigen Schrift zitiert. Wer die Zitate im AZP. aufsuchen will, muß den p. 1—136 die Zahl 41 hinzuzählen, dagegen von den p. 137—236 die Zahl 18 abziehen.

In dem Grundriß findet der Leser die Entwickelung folgender Grundbegriffe, welche die „Einführung" erst im zweiten Teil eingehend erörtern kann:

Wertbewegung (WB.): p. 4—10 (45—51)
Causa der WB.: p. 10—32 (51—73)
Hilfsgeschäfte der WB.: p. 111—125 (152—166)
Parteizwecke der WB.: p. 32—60 (73—101)
Motive der WB.: p. 60—93 (101—134)
speziell: Parteizweckmotiv: p. 61 (102)
Geschäftsmotiv: p. 60 (101)
Ausführungsmotiv: p. 62 (103)
(= Erklärungsmotiv)
Abwickelungswirkungen }
Reaktionswirkungen } der WB.: p. 14—22, 43—45 (55—63, 84—86)

Der leitende Gedanke des Grundrisses gipfelt in Folgendem:

Die Wertbewegung — bei weitem der wichtigste und häufigste der Vorgänge, durch welche die Rechtsordnung die Lebensgüter an die Menschen verteilt — ist ein komplizierter Tatbestand, der sich aus dem einleitenden Causalvorgang (z. B. Kaufgeschäft, Diebstahl) und den fortführenden Hilfsgeschäften (z. B. Bürgschaftsleistung, Erfüllung) zusammensetzt, und in seinen Wirkungen noch durch weitere Momente, namentlich, wenn er durch rechtsgeschäftliche causa eingeleitet wurde, durch Eigenschaften und Schicksale der mit der WB. verfolgten Parteizwecke beeinflußt wird.

Bei normalem Verlauf entfalten sich die Abwickelungswirkungen der WB. Erleidet ihr Verlauf aber Störungen [die zumeist entweder Störungen in contrahendo (z. B. Irrtum, Drohung) oder Störungen der Abwickelung (z. B. Verzug) oder Störungen der Parteizwecke sind (z. B. Abbrennen der Fabrik für welche die Maschine gekauft war)], — so entstehen mannigfache Reaktionswirkungen, mit dem Ziel, die Störung auszugleichen. Unter ihnen spielen die Leistungskondiktionen eine große Rolle (§§ 13—22), namentlich die bisher unbekannte condictio ob finem (aus Parteizweckstörungen), die den wahren Inhalt der bisher stets mißverstandenen Lehre von der clausula rebus sic stantibus bildet.

Einleitung.

§ 1.

I. Die Rechtsordnung.

Die Rechtsordnung ist das machtverteilende Gesetz für das Zusammenleben der Menschen.

Sie setzt fest:

1. für wen eine Machtverteilung in Frage kommt,
2. an welchen Gegenständen sie stattfinden soll,
3. durch welche Vorgänge sie zu vollziehen ist,
4. welche Machtinhalte sich als Verteilungsresultate ergeben.

Und sie beantwortet diese vier Punkte für das Gebiet des Privatrechts, d. h. für das Zusammenleben der Menschen in der allgemeinen menschlichen Gesellschaft und in der Familie, dahin:

ad 1. Die Machtverteilung findet statt zum Nutzen von menschlichen Unternehmen. Zu diesen zählt einmal das Unternehmen der allgemeinen Lebensführung (der Schaffung eines „menschenwürdigen Daseins“) von Einzelmenschen bezw. Menschengruppen (Ehepaar, Familie), und sodann alles, was an menschlichen Unternehmen besonderer Art im Leben vorkommt (von der Betätigung einer Hochschule bis zum Fabrikbetrieb, vom Spielklub bis zur Seelenmessenstiftung, vom politischen Verein bis zur Volksküche).

ad 2. Die Machtverteilung erstreckt sich auf sämtliche „sozialen Werte“, d. h. auf alle Lebensgüter, die für das Zusammenleben der Menschen auf den Privatrechtsgebieten als nutzbar in Betracht kommen (Sachen, Geistesprodukte, Naturkräfte, eigenes und fremdes menschliches Verhalten) [1].

ad 3. Sie geschieht durch Verteilungsvorgänge (Wertaktionen nannte ich diese bisher), die entweder Wertzuweisungen oder Wertausscheidungen oder Wertbewegungen sind [2].

---

1) Näheres Grundriß § 1, II.

2) Grundriß § 1, II.

ad 4. Als Verteilungsresultate ergeben sich teils Enderfolge, teils Werkzeuge zu deren Herstellung.

Die Enderfolge bilden das Endziel aller Verteilungsvorgänge, wenn auch der einzelne Verteilungsvorgang noch nicht bis zu ihnen vordringt (wie z. B. die Wertbewegung, die ein Vorkaufsrecht einräumt).

Sie bestehen bei den Wertzuweisungen und den Wertbewegungen in der Herstellung von Herrschaftsrechten (Bestimmungsrechten) über Sachen, Naturkräfte, Geistesprodukte[1]), bei den Wertbewegungen auch in der Erreichung endgültiger (d. h. nicht rückforderbarer) praktischer Vorteile, die durch menschliches Verhalten zugeführt sind (z. B. durch Arbeitsleistungen). Auch in diesem letzteren Falle wird man aber das Resultat der Wertbewegung als Einräumung einer Rechtsstellung bezeichnen können. Freilich bleibt, wenn ich im Gasthaus die bezahlte Tischmusik zu Ende gehört habe, ein Recht an ihr, das mir so wie sonstige Rechte eine aggressive Stellung ermöglichte, nicht mehr zurück; aber es kann mir auch niemand mehr den gehabten Genuß streitig machen, indem er Ersatz für ihn als für einen zu Unrecht von mir genossenen verlangt, ebenso wie niemand mich wegen des bezahlten Mittagessens noch belangen kann, das ich unter den Klängen jener Musik eingenommen habe; in beiden Fällen bleibt mir eine Rechtsstellung, die mich davor sichert, daß ich wegen des gehabten Genusses noch nachträglich in Anspruch genommen werde — ein Besitzrecht am gehabten Genuß möchten wir sie nennen. Dies Besitzrecht am gehabten Genuß bleibt bei allen Verteilungsvorgängen, die sich auf „Verbrauchsgegenstände" beziehen, nach vollzogenem Verbrauch stets als „Rechtsrest" zurück (ebenso übrigens beim Untergang jedes anderen Gegenstandes, an dem bisher ein Herrschaftsrecht bestand); bei Verbrauchsgegenständen, an denen der Verteilungsvorgang während ihres Daseins ein Herrschaftsrecht (etwa Eigentum) verschaffte, tritt jenes Besitzrecht am gehabten Genuß an die Stelle dieses Herrschaftsrechtes; bei Verbrauchsgegenständen, an denen (wie z. B. an Dienstleistungen) die Entstehung eines Herrschaftsrechtes nicht möglich ist, löst jenes Besitzrecht nach erbrachter Leistung das Forderungsrecht ab, kraft dessen die Leistung beansprucht werden konnte. Es ist, wie oben schon implicite gesagt, ein nur für die Defensive gegenüber fremden Angriffen taugliches Recht. Aber es kann, je nach dem Maß des konsumierten Genusses, von sehr erheblichem Vermögenswert sein.

---

1) Gibt es noch andere Gegenstände von Herrschaftsrechten? cf. Enneccerus § 451 Anm. 7; unten § 35.

Bei den Wertausscheidungen bestehen die Enderfolge des Verteilungsvorganges in dem Herausnehmen von Werten aus der bisherigen Herrschaft, so daß diese Werte neuem Zugriff mittels Wertzuweisung zugänglich sind (sofern sie nicht durch das Herausnehmen zugleich selbst vernichtet werden, wie z. B. bei vernichtender Enteignung).

Die Werkzeuge zur Herstellung der Enderfolge sind dazu bestimmt, die Enderfolge vorzubereiten. Sie verkörpern sich in Gestaltungsrechten mittels eigenen Verhaltens (z. B. dem Okkupationsrecht, dem Vorkaufsrecht, dem Vernichtungsrecht aus § 42 des Urheberrechtgesetzes) und bei Wertbewegungen vorwiegend auch in Forderungsrechten (Befehlsrechten), durch die man fremdes Verhalten herbeiführen kann.

§ 2.

II. Die Rechte[1]).

Als Resultate der Machtverteilung ergeben sich — wie wir sahen — überall Rechte. Was ist ein Recht? Wir geben darauf zur Antwort:

Ein Recht ist:

eine vom Staat durch Normen geschützte Macht
zum Einwirken auf einen sozialen Wert
eingeräumt zum Nutzen eines Unternehmens
dem **Unternehmens**-Verwalter.

1. Diese Begriffsbestimmung erörtert also den Inhalt, den Gegenstand, den Zweck und den Ausüber des Rechtes.

Eine Begriffsbestimmung, die vollständig sein will, muß diese Punkte sämtlich erörtern. Die bisher versuchten Begriffsbestimmungen sind alle daran gescheitert, daß sie unvollständig waren. Windscheids „Willensmacht" stellte nur auf den Inhalt, Jherings „geschütztes Interesse" nur auf den Zweck ab, und die neuere Formulierung „Willensmacht im Dienst eines Interesse" geht weder auf den Gegenstand, noch auf den Ausüber gründlich ein, untersucht auch das Wesen des „Interesse" nicht genügend.

Es ist aber das gerade besonders wichtig, festzustellen, daß jenes „Interesse" stets ein menschliches Unternehmen ist — daß als Ausüber nur der Unternehmens-Verwalter in Frage kommt — und

1) Enneccerus § 65—67.

daß der Gegenstand in einem bestimmten Kreise sozialer Werte zu suchen ist.

2. Betrachten wir zunächst Inhalt und Gegenstand gemeinsam näher.

Das Recht ist Macht, und zwar Macht, die sich äußern kann — die nicht innerlich bleibt, wie das „Wollendürfen" Windscheids (das jedem frei steht, von andern erlaubt werden weder braucht noch kann), sondern sich äußert in einem Einwirkendürfen auf soziale Werte: sei es als direkte Bestimmungsmacht über Sachen, Naturkräfte, Geistesprodukte, sei es als die Macht rechtswirksamer Betätigung eigenen Verhaltens (Gestaltungsstrebens), sei es endlich als Befehlsmacht über fremdes Verhalten.

Recht ist nun solche Macht, wenn sie den Schutz des Staates genießt. Der Staat schützt sie immer dadurch, daß er befiehlt, sie zu respektieren (daß er ihr also seinen Normenschutz angedeihen läßt); die meisten Rechte genießen aber auch den Zwangsschutz des Staates, indem er ihre Respektierung durch seine Machtmittel (Urteil, Zwangsvollstreckung) durchsetzt.

Wer als Inhalt des Rechtes nicht die staatlich geschützte Einwirkungsmacht, sondern den „Interessenschutz" anspricht, der nennt in Wahrheit nur den Erfolg der Rechtsausübung, nicht den Inhalt des Rechtes; die Frage, wodurch der Interessenschutz wahrgenommen wird, bleibt bei ihm so lange unvollkommen beantwortet, als er nicht den von uns entwickelten Machtinhalt klarlegt als das Mittel, um zu jenem Erfolg zu gelangen.

Auch dadurch, daß man den Inhalt des Rechtes in Geboten und Verboten an andere erblickt, ergründet man seinen Inhalt nicht, sondern nur einen Teil seines Schutzes (den Normenschutz). Diese Gebote und Verbote erläßt die Rechtsordnung doch nur, um die ungehinderte Entfaltung des von uns entwickelten Machtinhaltes zu ermöglichen[1]).

3. Seinem Zweck nach ist jedes Recht zum Nutzen eines menschlichen Unternehmens eingeräumt, also als Hilfsmittel für die Ausführung menschlicher Pläne aller erdenklichen Art.

Jedes menschliche Unternehmen ist nun aber seinerseits wieder zum Nutzen von Menschen bestimmt, soll Menschen Vorteil bringen — wirtschaftlichen (materiellen), oder nicht wirtschaftlichen (ideellen) Inhalts. Das gilt ausnahmslos — also auch für solche Unternehmen, die auf

1) Pescatore, der stets drastische Beispiele zur Hand hatte, fragte einst: Besteht mein Eigentum an diesem Teller Suppe wirklich bloß darin, daß mir Niemand hineinspucken darf?

den ersten Blick ganz andere Zwecke zu verfolgen scheinen, wie z. B. die Fütterung der Tauben von San Marco, die Einrichtung botanischer oder zoologischer Gärten, die Errichtung eines Denkmals, die Erhaltung eines Erbbegräbnisses, die Zelebrierung von Seelenmessen. Denn in allen solchen Fällen ist das, was zur Gründung solcher Unternehmen führt, ausschließlich die Rücksicht auf das Interesse von Menschen an ihnen, auf den ideellen oder materiellen Nutzen, den Menschen von ihnen haben.

So bewahrheitet sich also doch der Satz, daß Genießer eines Rechtes stets Menschen seien, in dem Sinne, daß Genießer eines Rechtes stets Menschen sind deshalb, weil sie stets die Genießer des Unternehmens sind, dem das Recht zu dienen hat; durch die Vermittelung des zu ihrem Nutzen bestimmten Unternehmens haben sie den Genuß des dem Unternehmen dienenden Rechtes.

Dieser Genuß äußert sich freilich nach der Art des Unternehmens in sehr verschiedener Weise; es besteht eine lange Stufenleiter von möglichen Genußarten, von dem Dividendenrecht des Aktionärs an bis zu den rein tatsächlichen Vorteilen, wie sie etwa das ästhetische Lustgefühl an dem errichteten Bismarckdenkmal gewährt.

Aber immer bleibt bestehen der Satz:

> das Recht ist zum Nutzen des Unternehmens da; das Unternehmen aber zum Nutzen von Menschen, ergo dient jedes Recht indirekt dem Nutzen von Menschen.

Wir fassen ihn in die Formel:

> Genießer von Rechten sind stets Menschen.

4. Ausüber des Rechtes ist notwendig der Verwalter des Unternehmens; die Verwaltung des Unternehmens und die Ausübung der zum Nutzen des Unternehmens bestimmten Rechte müssen ja notwendig in einer Hand sein; ein anderer Rechtsausüber kann praktisch gar nicht in Frage kommen.

Es ist ein Grundfehler verbreiteter Theorieen — hervorgerufen durch das Dogma von der Notwendigkeit eines „einheitlichen Rechtssubjekts", dem das Recht „gehöre" — daß man die Ausübung des Rechtes seinem Genießer zuschreiben zu müssen glaubt. Dann kommt man natürlich in Konflikt mit der Tatsache, daß solche Genießer oft zur Rechtsausübung unfähig sind (als Kinder, Geisteskranke usw.).

Nein, das Recht ist eine dem Unternehmensverwalter zum Nutzen des Unternehmens und damit indirekt zum Nutzen der Genießer zugebilligte Macht; die Fähigkeit zur Ausübung des Rechtes kommt für die Genießer als solche gar nicht in Betracht, weil sie als

Genießer gar nicht in die Lage kommen können, die Ausübung vorzunehmen.

Eine ganz andere Frage ist es, ob nicht der Unternehmensverwalter und der Genießer in einer Person zusammentreffen können. Man weiß, daß das unendlich häufig der Fall ist, ebenso häufig aber auch nicht. Und deshalb ist es ausgeschlossen, von der, durch den Inhalt der Rechtssätze gebieterisch geforderten Trennung beider Rollen abzustehen. Und noch eins sei zum Schluß, zu noch schärferer Heraushebung des Gegensatzes betont:

Genießer ist der Mensch stets qua Mensch, qua Mitglied des genus humanum; Ausüber ist der Mensch aber stets qua Verwalter des Unternehmens, zu dessen Nutzen das Recht bestimmt ist.

5. Die Beobachtung, daß jedes Recht notwendig einen Genießer und einen Ausüber hat, und daß diese Rollen zwar sehr oft in einer Person zusammenfallen, aber ebenso oft verschiedenen Personen zu teil werden, würde schon genügen, um jene verbreitete Theorie zu Fall zu bringen, die behauptet, jedes Recht habe ein einheitliches Rechtssubjekt, dem es „gehöre" [1]).

Aber eine weitere Betrachtung zeigt, daß mit dem Genießer und dem Ausüber die Beziehungen, in denen Menschen zu einem Recht stehen können, noch nicht erschöpft sind. Kein Unternehmen kann gedacht werden ohne Wertbewegungen, an denen es beteiligt ist. Die Gläubiger aus diesen Wertbewegungen können sich aber, wenn die Verwaltung des Unternehmens sie nicht befriedigt, an die zum Nutzen des Unternehmens bestimmten Rechte halten; diese haften ihnen, sofern sie der Zwangsvollstreckung unterliegen. Eine weitere Klasse von Menschen, die zu einem Recht in Beziehung steht, wird also durch die Gläubiger seines Unternehmens gebildet, oder, genauer gesprochen, durch die Menschen, welche, als Verwalter des andern an der Wertbewegung beteiligten Unternehmens, die Haftung für die aus ihr erlangten Forderungsrechte gegen das haftbare Recht geltend machen. Umgekehrt erwachsen dem aus solchen Wertbewegungen für das eigene Unternehmen entstandenen Forderungsrechte Menschen als Schuldner, und zwar die Menschen, welche die **Verwaltung** des

1) Diese Theorie gehört tatsächlich zu den krausesten Erzeugnissen der Begriffsjurisprudenz. Sie leistet sich ja schon sprachlich die Seltsamkeit, daß sie den, den sie als Rechtsherrscher sucht, den Rechtsunterworfenen (juri subjectus) nennt. Bekannt ist ferner ihr Münchhausen-Trick, das Vermögen der Stiftung zum Rechtssubjekt seiner selbst zu machen. Und das „dem Rechtssubjekt gehören" ist ein Blankettausdruck, dessen Erfüllung mit Inhalt sie schuldig bleibt.

anderen an der Wertbewegung beteiligten Unternehmens führen[1]). Näheres, auch zu der auf p. 10 erörterten Mithaftung, unten § 37.

Als Resultat ergibt sich also, daß es ein einheitliches Rechtssubjekt, dem das Recht gehört, nach dem Inhalt der Rechtssätze nicht gibt; daß die Rechtsätze vielmehr eine ganze Anzahl verschiedenartiger Beziehungen scharf umreißen, in denen Menschen bald als solche, bald qua Verwalter von Unternehmen, zu einem Rechte stehen können.

6. Unsere Begriffsbestimmung des Rechtes würde — da wir überall die Aufgabe eines Rechtsinstitutes in den Vordergrund stellen — unseren Anforderungen nicht genügen, wenn sie nicht, in Verfolg des § 1 No. 4 Ausgeführten, auch der Frage näher träte, wo die Rechte zum Nutzen des Unternehmens Arbeit zu leisten haben.

Es ist deshalb klarzustellen: Wo hat das Unternehmen solche Arbeit nötig? Ergebnis: Werte, die ihm erworben sind, müssen ausgenützt werden; Werte, die ihm unnütz sind, müssen abgestoßen —, Werte, die ihm nötig sind, müssen beschafft werden.

Daraus ersehen wir das Arbeitsfeld der Rechte. Die Ausnützung der erworbenen Werte haben die Herrschaftsrechte zu vermitteln; bei den Verteilungsvorgängen, welche die unnützen Werte abstoßen, die benötigten Werte beschaffen sollen, spielen die Forderungsrechte und die Gestaltungsrechte ihre Rolle (cf. § 1 No. 4).

7. Die meisten Rechte sollen dem Unternehmen wirtschaftlichen Nutzen bringen, seine materiellen Interessen fördern. Solche Rechte haben „Geldwert": eine Eigenschaft, die für die Haftbarkeit der Rechte gegenüber den Gläubigern (§ 2 No. 5) von Bedeutung ist.

Viele Rechte sollen ihrem Unternehmen aber nichtwirtschaftlichen Nutzen bringen, seine ideellen Interessen fördern (z. B. das „Recht am eigenen Bilde", das „Recht am bürgerlichen Namen", das Recht auf eine ehrende Bezeichnung, der Anspruch auf die Konservierung eines Kulturwertes, z. B. eines gotischen Hausgiebels, eines merkwürdigen Baumes). Solche Rechte haben keinen Geldwert und kommen als haftbare Rechte nicht in Frage.

8. Nach dem Arbeitsfelde, anders ausgedrückt, nach der Funktion betrachtet, erschöpft die Einteilung in Herrschafts-, Gestaltungs- und Forderungsrechte sämtliche in dieser Richtung möglichen Rechtsarten.

Diese Einteilung der Rechte ist die praktisch wichtigste. Die früher allein beliebte in dingliche und obligatorische Rechte ist, weil der Art des Rechtschutzes entnommen, nur von sekundärer Bedeutung. Sie

1) cf. Enneccerus § 65 III; § 68 I 3; II 4; § 96.

ist außerdem unvollständig, denn sie übersieht, daß manche Gestaltungsrechte eines Rechtschutzes überhaupt nicht bedürfen; und sie ist auch in ihrer Unterscheidung zwischen dinglichen Rechten, die gegen Jedermann, und Forderungsrechten, die nur gegen den Schuldner geschützt seien, nicht scharf durchdacht. Denn auch bei den dinglichen Rechten wird der Schutz nur gegen den gegeben, der (durch Schadenstiftung oder Bereicherung) Schuldner geworden ist.

§ 3.

III. Das Vermögen [1]).

Die für dasselbe Unternehmen bestimmten Rechte bilden das Vermögen des Unternehmens.

1. Ein Vermögen ist also stets eine Zweckgemeinschaft von Rechten; jedes Vermögen ist ein Zweckvermögen, mag es nun für den Nutzen des Unternehmens der Lebensführung (§ 1 ad 1) oder für den Nutzen sonstiger Unternehmen bestimmt sein; es sind also die sogenannten „Privatvermögen" und die Vermögen „nicht rechtsfähiger Gebilde" ebenso Zweckvermögen wie die Vermögen der sogenannten „Juristischen Personen"; die Scheidung, welche Brinz zwischen Privatvermögen und Zweckvermögen machte, ist logisch nicht haltbar.

Und der Zweck, der die Rechte zu einem Vermögen zusammenschließt, ist die Förderung eines und desselben Unternehmens. Jedes Vermögen ist also charakterisiert durch die einheitliche Bestimmung aller seiner Bestandteile.

2. Das Vermögen scheiden wir in das Wirtschaftsvermögen und das Idealvermögen. Jenes umfaßt die Rechte, die dem Unternehmen wirtschaftlichen Nutzen bringen sollen, dieses die Rechte, die den ideellen Interessen des Unternehmens zu dienen bestimmt sind (§ 2 No. 7). Man nennt herkömmlich das Wirtschaftsvermögen schlechthin Vermögen und würdigt die zum Idealvermögen gehörenden Rechte keiner zusammenfassenden Bezeichnung; aber eine solche ist praktisch wünschenswert. Und da das Wort Vermögen alles ausdrückt, was für ein Unternehmen „vermocht wird", erscheint uns die Einführung unserer Terminologie

Vermögen

Wirtschaftsvermögen Idealvermögen

berechtigt.

---

1) Enneccerus §§ 124, 125.

3. Die Verwaltung eines Vermögens liegt dem Verwalter des Unternehmens ob, für dessen Nutzen das Vermögen bestimmt ist. Das ist nicht so selbstverständlich, wie man auf den ersten Blick deshalb annehmen möchte, weil doch der Verwalter des Unternehmens der Ausüber der zu dem Vermögen gehörenden Rechte sei (§ 2 No. 4). Denn zu der Verwaltung eines Vermögens gehört außer der Ausübung der Rechte das Beschließen und die Ausführung aller zur Bewirtschaftung des Vermögens und zu seiner Verwendung für das Unternehmen erforderlichen Maßnahmen, — der faktischen wie der rechtlichen. Aber es liegt auf der Hand, daß aus praktischen Gründen die Verwaltung des Unternehmens und die Verwaltung des für den Nutzen des Unternehmens bestimmten Vermögens in einer Hand liegen m u ß. Wer einen Zweck verfolgt, ist auch der geborene Beherrscher der Mittel. Wenn die Verwaltung einer Aktiengesellschaft den Bau einer neuen Bahnlinie beabsichtigt, so ist es das Gegebene, daß von ihr auch die für die Vorbereitung und Durchführung des Planes nötigen Maßnahmen ausgehen (z. B. die Untersuchung des Geländes, die Klarstellung der Aussichten für die Beschaffung des Baumaterials und der Arbeitskräfte; der Abschluß und die Abwickelung der einschlägigen Rechtsgeschäfte). Aber auch die Bereitstellung der für dies Alles nötigen Mittel aus dem Gesellschaftsvermögen muß derselben Stelle zuständig sein, um die Einheitlichkeit der Leitung zu wahren. Und auch solche Verwaltungsakte über das Vermögen, die nicht mit seiner Verwendung für den Bahnbau zusammenhängen, sondern nur dazu dienen, das Vermögen zu bewirtschaften, damit es als taugliches Mittel für k ü n f t i g e Aufgaben b e r e i t s t e h e (wie z. B. die Nutzbarmachung von Grundstücken, die Anlage von Kapitalien, die Konservierung von Warenlagern) werden zweckmäßig ebenfalls der Verwaltung des Unternehmens zugewiesen, — damit eben in A l l e m die Einheitlichkeit der Führung sichergestellt werde. Daß übrigens mit dieser Sicherstellung einer Zentralleitung die weitgehendste Arbeitsteilung für Unterorgane verträglich ist, bedarf näherer Ausführung wohl nicht.

4. Das Vermögen hat ebensowenig ein einheitliches Subjekt, wie die zu ihm gehörigen Rechte. Es steht, logisch notwendig, in denselben verschiedenen Beziehungen zu Menschen als seinen Verwaltern, Genießern, Gläubigern, Schuldnern (§ 2 No. 5). Aber es kommen noch weitere Beziehungen zu Menschen hinzu bei solchen Unternehmen, die der Gründung durch besondere Rechtsakte bedürfen, wie etwa eine Stiftung oder ein Verein. Dann geht nämlich auch die G r ü n d u n g des V e r m ö g e n s von Menschen aus, indem die Gründer des Unternehmens in

seiner Satzung feststellen, aus welchen Quellen der Grundstock des für das Unternehmen bestimmten Vermögens entfließen soll (etwa aus Beiträgen, Sammlungen, Zuwendungen des Stifters). Und ebenso hat die effektive Spendung der Vermögensbestandteile hier ihre besondere Art. Menschen, in ihrer Eigenschaft als Verwalter von Unternehmen und deren Vermögen, steuern natürlich zur Entstehung und Vermehrung aller möglichen Unternehmensvermögen bei; aber in den oben genannten Fällen besteht die Besonderheit, daß es gewisse Klassen von Menschen sind, nämlich die Stifter resp. die Mitglieder des Unternehmens, die zu der Speisung des Vermögens, in Folge dazu obliegender Verpflichtung, beitragen.

So treten also bei den genannten Unternehmensarten zu den Verwaltern, Genießern, Gläubigern, Schuldnern noch die Gründer und die Spender des Vermögens.

Und bei solchen Unternehmen, deren Kredit durch ihr Vermögen allein nicht genügend gedeckt ist, kommt noch eine weitere Menschenklasse in Beziehung zu dem Unternehmensvermögen, durch ihre vom Gesetze angeordnete Mithaftung für die Schulden jenes Vermögens. Man denke an die Mithaftung der „offenen Handelsgesellschafter" für alle Schulden der offenen Handelsgesellschaft, oder der „Verwalter" eines nicht rechtsfähigen Vereins für die von ihnen kontrahierten Geschäftsschulden des Vereins (BGB. § 54). In solchen Fällen handelt es sich immer entweder um ein Mitglied oder um ein Verwaltungsorgan des Unternehmens, in ihrer Eigenschaft als Verwalter eines anderen Unternehmens (meist ihres eigenen Lebensführungs-Unternehmens), die das Gesetz als „Garanten" zur Mithaftung mit dem für dies andere Unternehmen bestimmten Vermögen heranzieht.

5. Die herrschende Lehre sieht auch in den Schulden Bestandteile des Vermögens. Das ist eine irreführende Formulierung: Sie verleitet zu der Vorstellung, daß die Schulden — die sogenannten Passiva — gewissermaßen in einer Reihe neben den Rechten — den Aktiva — ständen. Das nach den Rechtssätzen zwischen Aktiva und Passiva bestehende Verhältnis ist aber so, daß die Passiva die Aktiva „belasten", d. h. daß wegen der Schulden die Gläubiger dieser Schulden ihren Zugriff auf die zu dem Vermögen gehörenden Rechte nehmen können. Es besteht also kein Nebeneinander, sondern ein Gegeneinander.

6. Nicht alle einem Vermögen zugehörigen Rechte unterliegen der Haftung für seine Schulden. Es scheiden nicht bloß die Rechte des Idealvermögens aus (No. 2); sondern bei den Lebensführungs-Unter-

nehmen sind — aus Rücksicht darauf, daß dem Unternehmen durch den Zugriff seiner Gläubiger nicht alle Lebenskraft genommen werden darf, solange es solcher noch bedarf, auch solche Rechte des Wirtschaftsvermögens durch das Gesetz (z. B. ZPO. § 815, § 850) dem Zugriff entzogen (für unpfändbar erklärt) worden, welche dem Unternehmen der Lebensführung unentbehrlich sind.

Man muß deshalb innerhalb des Wirtschaftsvermögens das haftbare Vermögen und das haftungsfreie Vermögen unterscheiden.

§ 4.

IV. Einteilung der Darstellung.

Die bisherigen Systeme des Privatrechts sind n i c h t nach dem Grundsatz aufgebaut, das n a c h s e i n e n A u f g a b e n Z u s a m m e n g e h ö r i g e zusammenzubringen. Sie kranken deshalb sämtlich an einer bisweilen sinnlosen Auseinanderreißung des funktionell einander Verwandten.

Wir wollen versuchen, diesen Fehler zu vermeiden. Im Interesse geschlossener Darstellung erscheint es uns angezeigt, in der Ausführung des Einzelnen die oben in § 1 aufgezählten vier Materien — die ja den gesamten Inhalt der Privatrechtsordnung ausmachen — so zu gliedern, daß wir

zunächst die G e g e n s t ä n d e, welche der Machtverteilung unterliegen, behandeln, also die „Lehre von den Rechtsobjekten" voranstellen;

sodann die U n t e r n e h m e n u n d i h r e V e r m ö g e n erörtern — also eine Lehre herausarbeiten, die die bisher übliche „Lehre von den Rechtssubjekten" ersetzen, genauer: sie in einer, dem Inhalt der Rechtssätze entsprechenden Weise umgestalten und erweitern soll.

Auf die Lehre von den Unternehmen und ihren Vermögen folgt dann die Einzeldarstellung der M a c h t i n h a l t e, die in einem Vermögen vorkommen können — also die Lehre von den Rechten und ihrem Schutz.

Den Beschluß macht die Lehre von den V e r t e i l u n g s v o r g ä n g e n. Sie ist bei weitem der umfangreichste Teil des Systems, und umfaßt von den Teilen der bisher üblichen Systeme den Rest des „Allgemeinen Teils" (d. h. die Lehre von den sog. rechtsändernden Tatbeständen), ferner das ganze

„Recht der Schuldverhältnisse“, und alle diejenigen Materien des „Sachenrechtes“, die Verteilungsvorgänge regeln, während sein Rest bereits durch unsere Darstellung der Machtinhalte aufgesogen wird[1]).

Erstes Buch.

Die Gegenstände („Rechtsobjekte“).

§ 5.

I. Einleitung.

1. Der Kreis der Gegenstände wird durch Sachen, Geistesprodukte, Naturkräfte und menschliches Verhalten erschöpft; Rechte sind keine Gegenstände, die jenen anderen gleichzustellen wären[2]). Ein „Recht an einem Recht“ kann man nicht in demselben Sinne haben wie etwa ein Recht an einer Sache. Es wird zwar oft das Recht des Einen einem Andern zur Ausübung überlassen; z. B. einem Andern das Recht zur Einziehung einer Geldforderung eingeräumt. Aber dann liegt in Wahrheit eine „interne“ Abtretung des Rechtes vor, die nur nicht so, wie eine gewöhnliche Abtretung, nach außen hervortreten soll (etwa um dem Schuldner Einwände aus der Person des neuen Berechtigten abzuschneiden), — oder eine „inhaltlich beschränkte“ Abtretung, wie z. B. beim subpignus.

Ein „Recht an einem Recht“ ist widersinnig. Denn ein Recht ist eine für den Nutzen eines konkreten Unternehmens (A) bestimmte Macht; diese Zweckbestimmung der Macht ist mit ihr untrennbar verbunden; erhielte nun der Verwalter eines andern Unternehmens (B) ein Recht an diesem für A bestimmten Rechte, so bekäme er dadurch die Befugnis, die zum Nutzen von A bestimmte Macht für A auszuüben; träte also nur in die Funktion eines Verwalters von A ein. Eine solche Rechtsstellung wäre aber für B nutzlos. Nutzen kann dem Unternehmen B nur eine solche Abtretung der bisher für A bestimmten Macht, die diese Macht in den Dienst von B stellt. Und das vermag

1) Erbrecht und Familienrecht bleiben, mit Ausnahme des Vormundschaftsrechtes, besonderer Darstellung vorbehalten. Sie regeln die Verteilungsvorgänge, welche aus Anlaß eines Todesfalls bezw. aus Familienbeziehungen entstehen, und werden zweckmäßig in der üblichen Weise in sich abgeschlossen behandelt.

2) Enneccerus § 70.

nur eine solche Abtretung, die die abgetretene Macht aus dem Dienst des Unternehmens A herausnimmt (sei es nur intern oder auch nach außen erkennbar; sei es unbeschränkt oder nur beschränkt), und die herausgenommene ausschließlich dem Dienst des Unternehmens B überläßt. Diese Wirkung hat aber nur solche Abtretung, die für B ein direktes Recht an dem G e g e n s t a n d e einräumt, der bisher dem für A bestimmten Rechte unterstand.

Aus dem Gesagten folgt ohne weiteres, daß es auch ein Recht an einem Vermögen nicht geben kann, da ein Vermögen nur eine Zweckgemeinschaft von Rechten ist (§ 3).

So sind also Gegenstände von Rechten ausschließlich die oben genannten Gegenstände.

2. Ebenso ausschließlich beziehen sich aber Verteilungsvorgänge nie auf jene Gegenstände d i r e k t, sondern nur auf Rechte an ihnen (cf. § 1, ad 4). Mag man auch noch so häufig sagen, eine S a c h e werde verkauft, okkupiert, derelinquiert, ein R o m a n in Verlag gegeben, zur Übersetzung überlassen, eine A r b e i t s k r a f t gemietet, — in Wahrheit handelt es sich immer, bei allen Verteilungsvorgängen, um Herstellung oder Vernichtung von R e c h t e n an den fraglichen Gegenständen.

3. Aber die Gegenstände wirken durch verschiedene Momente doch auf die Verteilungsvorgänge ein; z. B. durch ihre Entstehungsart (Früchte, Produkte), durch ihre natürliche Beschaffenheit (res omnium communes), durch ihre Zweckbestimmung (res publico usui destinatae), durch ihre soziale Beanstandbarkeit (unsittliche Bücher).

Diese Einwirkung äußert sich bald darin, daß sie Verteilungsvorgänge verhindert oder beschränkt, — bald darin, daß sie die Verteilungsvorgänge nach Art, Umfang, Ausbau beeinflußt.

Die nähere Ausführung hierüber kann erst bei der Sonderbehandlung der einzelnen Gegenstandsarten erfolgen.

4. Auch der W e r t der Gegenstände ist in Wahrheit der Wert der auf sie bezüglichen Rechte. Wir unterscheiden den Nutzwert, den Tauschwert und den Beleihwert. Der Beleihwert drückt sich in der Höhe der Geldsumme aus, die man für Bestellung von Pfandrechten an dem Gegenstande anleihen kann; der Tauschwert in der Höhe der Geldsumme, die durch Einräumung eines solchen Rechtes an dem Gegenstande, wie es bisher dem Einräumenden selber zustand, als Gegenleistung erzielbar ist. Der Nutzwert ist in Geld schwer abzuschätzen; denn man muß die Summe feststellen, die dem Gebrauchsrecht an dem Gegenstande gleichkommt; und diese ist keineswegs immer gleich der

Tauschwertsumme. Dasselbe Recht kann zur selben Zeit hohen Nutzwert und geringen Tauschwert haben. Man wird dem Nutzwert wohl am nächsten kommen, wenn man die Summe annimmt, die man bei Verlust des Gegenstandes für eine Ersatzanschaffung aufwenden müßte.

§ 6.

II. Die Sachen.

1. Begriff. Übersicht des Folgenden[1]).

Sachen sind körperliche Gegenstände (cf. BGB. § 90), an denen Rechte, d. h. also Machtverhältnisse zum Nutzen eines Unternehmens, und zwar Rechte jeder Art in Frage kommen können.

Der lebende Mensch ist nach moderner Auffassung nicht mehr Sache, denn Herrschaftsrechte über ihn werden nicht mehr anerkannt; die Sklaverei ist auch in ihren modernen Formen (Leibeigenschaft) beseitigt.

Der entseelte Menschenkörper und abgetrennte Teile des Menschenkörpers sind Sachen.

Die Darstellung erörtert zweckmäßig zunächst (unter 2) die Beschränkungen der Herrschaftsrechte, welche durch Eigenschaften oder Beziehungen von Sachen bedingt werden. Erst im Anschluß daran sollen die Einflüsse, welche die Sachen auf die Verteilungsvorgänge ausüben, zur Behandlung kommen (unter 3).

2. Beschränkungen der Herrschaftsrechte über Sachen[2]).

§ 7.

a) res omnium communes.

Gewisse Sachen können nicht Gegenstand von Herrschaftsrechten sein wegen ihrer natürlichen Beschaffenheit, die eine Privatherrschaft über sie unmöglich macht, sondern nur den Gemeingebrauch Aller an ihnen zuläßt.

Dies trifft zu für die freie Luft, das offene Meer und das frei fließende Wasser.

Der Luftraum dagegen, die dienstbar gemachte Luft, die Küstengewässer des Meeres, der menschlicher Einwirkung zu-

1) Enneccerus § 114.
2) Enneccerus §§ 122, 123.

gängliche Teil des M e e r e s b o d e n s, der d i e n s t b a r gemachte Wasserstrom (in Mühlenwehren, Wasserleitungen) können Gegenstand von Rechten sein, soweit über sie eine Privatherrschaft möglich ist.

§ 8.

b) Beschränkungen wegen des Sittengesetzes.

Gewisse Sachen d ü r f e n grundsätzlich nicht Gegenstand von Herrschaftsrechten sein, weil eine Privatherrschaft über sie mit dem S i t t e n g e s e t z unvereinbar ist wegen ihrer u n s i t t l i c h e n Z w e c k b e s t i m m u n g. Beispiele: unsittliche Bücher oder Bilder, Abtreibungsmittel; Einbruchwerkzeuge. Herrschaftsrechte an ihnen sind aber soweit möglich, als diese Rechte zum Nutzen eines sittlich einwandfreien Unternehmens dienen (z. B. eines Kriminalmuseums); soweit also, wie der unsittliche Zweck nicht zur Geltung kommt.

Auf die Anforderungen des Sittengesetzes nimmt die Rechtsordnung Rücksicht auch bei der Behandlung des menschlichen Leichnams. Soweit und solange die Pietät gegen einen Verstorbenen es bedingt, darf sein entseelter Körper nicht Gegenstand von Herrschaftsrechten sein. Den Ausschlag gibt hier also die e i n s t i g e Z u g e h ö r i g k e i t der Sache zu einem menschlichen Wesen.

§ 9.

c) Beschränkungen wegen der Zweckbestimmung.

Bei vielen Sachen hindert ihre Z w e c k b e s t i m m u n g, trotzdem sie ganz e i n w a n d f r e i e r Natur ist, ihre Unterwerfung unter Privatherrschaft, zwar nicht gänzlich, aber in sehr erheblichem Maße.

α) Sachen, die dem Gemeingebrauch gewidmet sind, dürfen Herrschaftsrechten nur so weit unterworfen werden, als dies mit dem Gemeingebrauch verträglich ist. Dem Gemeingebrauch gewidmet sind

die Meeresgestade, die öffentlichen Flüsse und Seen,
die öffentlichen Wege, Plätze, Anlagen.

β) Sachen, die für den religiösen Kultus oder als Ruhestätte der Toten oder für den öffentlichen Dienst bestimmt sind (Kirchen und Kirchengeräte; Kasernen, Amtsgebäude; Stadthäuser; Schulen; Friedhöfe, Urnenhallen), dürfen Herrschaftsrechten nur soweit unterworfen werden, als ihre Zweckbestimmung es gestattet.

Beispiele gestatteter Rechte:

Kirchenstühle; Obst-, Gras-, Blumennutzung an Wegen resp. Anlagen; Fischerei, Badeanstalten; Erbbegräbnisse.

d) **Relative Beschränkungen.**

Die unter a—c besprochenen Beschränkungen treffen Jedermann; sie sind absolut. Ihnen stehen relative Beschränkungen gegenüber.

§ 10.

α) Bestimmter Unternehmensarten.

Herrschaftsrechte über gewisse Sachen dürfen für bestimmte Unternehmensarten nicht zuständig sein; z. B. sind von Rechten an Grundstücken nach Reichsrecht die nichtrechtsfähigen Vereine ausgeschlossen; die Rechtsordnung will ihnen diese sozial besonders wichtigen Gegenstände nicht zur Verfügung stellen, und dadurch ein Druckmittel ausüben, das zum Erwerb der „Rechtsfähigkeit“ antreibt.

§ 11.

β) Beschränkungen der Sonderrechte an Bestandteilen[1]).

Gewisse Sachen stehen notwendig unter demselben Herrschaftsrechte, unter dem sich gewisse andere Sachen befinden; an ihnen sind — wie man sich ausdrückt — Sonderrechte nicht möglich.

1. **BGB. §§ 93—95.**

Das BGB. regelt die Fälle in den §§ 93—95, und nennt die Sachen, an denen es keine Sonderrechte zuläßt, „wesentliche Bestandteile einer Sache“.

Es zählt (in § 93) zu den wesentlichen Bestandteilen jeder Sachart die, welche:

> nicht von einander getrennt werden können, ohne daß der eine oder der andere zerstört oder in seinem Wesen verändert wird.

Außerdem zu den wesentlichen Bestandteilen eines Grundstücks noch die mit dem Grund und Boden fest verbundenen Sachen (namentlich werden als solche genannt Gebäude, ungetrennte Erzeugnisse, ausgesäeter Samen, eingepflanzte Pflanzen). Doch gehören Sachen, die „nur zu einem vorübergehenden Zweck mit dem Grund und Boden verbunden sind“, überhaupt nicht zu den Bestandteilen eines Grundstücks; ebensowenig „Gebäude, oder andere Werke, die in Ausübung eines Rechtes an einem fremden Grundstück von dem Berechtigten mit dem Grundstück verbunden sind“ (§§ 94 [1], 95 [1]).

---

1) Enneccerus § 118.

Zu den wesentlichen Bestandteilen eines G e b ä u d e s gehören (nach § 94,[2]) noch die „z u r H e r s t e l l u n g d e s G e b ä u d e s e i n g e f ü g t e n Sachen". Doch gehören solche Sachen, die „nur zu einem vorübergehenden Zweck in ein Gebäude eingefügt sind", überhaupt nicht zu den Bestandteilen des Gebäudes (§ 95, [2]).

§ 12.

II. Wesensänderungsfall des § 93.

Wir erörtern zunächst den „Wesensänderungsfall" des § 93.

1. Das BGB.

Uns will nun scheinen, daß, soweit die „Wesensänderung" in Frage kommt, die allgemeine Umgrenzung der „wesentlichen Bestandteile jeder Sachart" in § 93 wenig gelungen ist, weil sie gar nicht angibt, in welchem Bedeutungsverhältnis der wesentliche Bestandteil z u d e r g a n z e n S a c h e stehen muß, und ebensowenig, welche Wirkung seine Abtrennung auf die g a n z e S a c h e haben muß (§ 93 spricht ja nur davon, was aus den z e r l e g t e n B e s t a n d t e i l e n wird), und weil die „Wesensänderung", die entscheidend sein soll, ein ganz widersinniger unklarer Begriff ist.

Das preußische Landrecht (I 2 § 4) umriß seinen „Substanz"-Begriff jedenfalls deutlicher, indem es als zur Substanz gehörig diejenigen Teile einer Sache ansah,

> „ohne welche dieselbe nicht das sein kann, was sie vorstellen soll, oder wozu sie bestimmt ist".

Die „Wesensänderung" des § 93 BGB. ist ein reines Blankettwort.

2. Reichsgericht, V. Senat.

Das Reichsgericht hat nun (unter Führung des V. Senats) dem Wesensänderungsfall des § 93 einen Inhalt gegeben, der geeignet ist, die Rechtsunsicherheit in dieser Materie zu einer dauernden zu machen. In RE. 87 No. 9 (V 1915) wird die Sache des BGB. definiert als

> „ein nach natürlicher Anschauung für sich allein bestehender, im Verkehrsleben besonders bezeichneter und bewerteter körperlicher Gegenstand"

und der Bestandteil der Sache als

> „ein unselbständiges Stück dieses Körpers"

bezeichnet.

Ein „aus bisher selbständigen Sachen zusammengesetztes Ganzes" ist nur dann als eine „einzige Sache" zu erachten, wenn

> „das Ganze sich nach allgemeiner natürlicher Anschauung als eine **Körpereinheit** darstellt und die zu dem Ganzen verbundenen Gegenstände ihre frühere Eigenschaft als selbständige Sachen durch die Verbindung dergestalt verloren haben, daß sie fortan nur als unselbständige Stücke jener Körpereinheit erscheinen".

Wohl zu unterscheiden sei zwischen einer solchen Körpereinheit und einer

> „zur Erreichung eines wirtschaftlichen Zweckes zusammengebrachten Sachgesamtheit, der im Verkehrsleben eine einheitliche Bezeichnung gegeben zu werden pflegt".

Letztere sei keine Körpereinheit.

> Als Beispiele der Körpereinheit werden u. a. die Lampe, der Wagen genannt.

Maschinen und anderen Gerätschaften dagegen, die bei einem für den gewerblichen Betrieb dauernd eingerichteten Gebäude zu dem Betriebe bestimmt, mit dem Gebäude aber durch Schrauben oder andere leicht lösbare Bindemittel verbunden waren,

> (hat der V. Senat in einer Reihe von Fällen) „die Eigenschaft von Bestandteilen der betreffenden Gebäudesachen unter der Annahme abgesprochen, daß sie zwar zur Erreichung eines wirtschaftlichen Zweckes mit den Gebäudesachen zusammengebracht seien und insofern mit diesen eine wirtschaftliche Einheit bildeten, (daß) sie aber ihre körperliche Selbständigkeit bewahrt hätten, und daß das Ganze nicht eine Körpereinheit, eine einzige Sache, sondern eine Mehrheit selbständiger Sachen sei".

Es dürfte, namentlich angesichts dieser Beispiele, klar sein, daß die Ausdeutung des § 93, — die auf die Bedeutung des Bestandteils für die Zweckbestimmung der ganzen Sache überhaupt keine Rücksicht nimmt, sondern lediglich auf die „Körpereinheit" abstellt, als auf ein Merkmal, für dessen Feststellung es auf die „allgemeine natürliche Anschauung" ankommen soll und, da eine solche sich niemals sicher feststellen läßt, tatsächlich einzig auf das subjektive Gutdünken des einzelnen Gerichtes ankommt, — daß diese, wir möchten sagen — Alles im Unklaren lassende Ausdeutung des § 93 zu einer heillosen Verwirrung in der Rechtsprechung führen muß.

Und, wegen des Ausschlusses der Zweckbestimmung von jeder Bedeutung, zu den seltsamsten Fehlentscheiden. Es ist doch wirklich nicht einzusehen, weshalb der Hypothekar eines Fabrikgrundstücks bezüglich einer zu dem Betriebe bestimmten und bereits in ihm arbeitenden Maschine dem Vorbehaltseigentümer dieser Maschine dann vorgehen soll, wenn die Maschine mit dem Gebäude „nach allgemeiner natürlicher Anschauung" eine Körpereinheit bildet, — und ihm dann, wenn die „allgemeine natürliche Anschauung" solche Körpereinheit nicht herausfindet, nachstehen soll, — während das Vorhandensein der Maschine in dem Gebäude für die Fähigkeit des Ganzen, seine Zweckbestimmung zu erfüllen, in beiden Fällen etwa gleich notwendig oder gleich unbedeutsam ist.

Es ist ferner nicht verständlich, weshalb der Käufer eines kostbaren Schachspiels, an dessen Königsfiguren der Künstler, der sie reparierte, noch Eigentumsvorbehalt wegen seiner Ansprüche hat — oder der Pfandnehmer eines Konversationslexikons, dessen einer Band noch unter Eigentumsvorbehalt des Buchhändlers steht, anders gestellt sein sollen, in Bezug auf den Rechtserwerb an den noch unter Eigentumsvorbehalt stehenden Bestandteilen jenes körperlichen Zweckganzen, wie etwa der Hypothekar eines Hotels, dessen Lift, oder der Käufer eines Automobils, dessen Motor noch dem Eigentumsvorbehalt der Lieferanten unterliegt. Denn das Schachspiel und der Brockhaus sind ohne die unter Eigentumsvorbehalt stehenden Bestandteile mindestens so wertlos, wie das Hotel ohne den Lift und das Auto ohne den Motor. Aber wie soll die „allgemeine natürliche Anschauung" in den 20 Bänden des Lexikons und den 32 Figuren des Schachspiels eine „Körpereinheit" erblicken? Die Folge ist, daß bei „Sachgesamtheiten, die nicht Körpereinheit sind", in Rechtsordnungen, die gutgläubigen Erwerb vom Nichtberechtigten her statuieren, der Vorbehaltseigentümer, in Rechtsordnungen aber, die jenen gutgläubigen Erwerb versagen, der Andere zurückstehen muß, ganz gleichgültig, ob bei diesen Sachgesamtheiten der unter Eigentumsvorbehalt stehende Bestandteil für den Wert des Zweckganzen ausschlaggebend oder ohne Bedeutung ist, während nach der RG.-Praxis bei den Körpereinheiten der Eigentumsvorbehalt am Bestandteil stets dem Recht an der Körpereinheit weichen muß.

Die schlimmste Verlegenheit bereiten aber wohl der Theorie des Reichsgerichts die Fälle, wo zwei „Körpereinheiten" sich darum streiten, welcher von ihnen der Bestandteil zugehören soll. Ein Beispiel gibt der Tatbestand in RE. 61 Nr. 45:

Die Wasserhaltungsanlage eines Kohlenbergwerks ist auch in

das über dem Bergwerk liegende landwirtschaftliche Grundstück eingebaut. Der Bergwerkshypothekar und der Grundstückshypothekar streiten darüber, wer den Zugriff auf die Anlage hat.

Der V. Senat kann hier dem Bergwerkshypothekar gegen den Grundstückshypothekar nur dadurch helfen, daß er annimmt, die Anlage sei mit dem Grundstück „nur zu einem vorübergehenden Zwecke verbunden" (im Sinne des § 95, [1], da das Bergwerk doch künftig einmal durch Abbau erschöpft werde) (die Herstellung der Anlage war nämlich seitens des Bergwerkseigentümers nicht „in Ausübung eines dinglichen Rechtes an dem Grundstück erfolgt (§ 95, [1] Satz 2), sondern unter Ausnutzung seines derzeitigen Pachtverhältnisses an dem Grundstück, das sich erst später in Eigentum verwandelt hatte). — Aber auch diese nach unserem Gefühl etwas an den Haaren herbeigezogene Hilfe würde versagen, wenn etwa folgender Tatbestand vorläge:

In einer Gebirgsgegend besitzt der Eigentümer eines über einem Felshang gelegenen Grundstücks unter diesem auch eine unterirdische Tropfsteinhöhle, die von dem Felshang zugänglich ist und als Sehenswürdigkeit eine Einnahmequelle abgibt. Zur Verbesserung der Ventilation legt er Luftschächte von oben durch sein Grundstück an. Demnächst verkauft und bestellt er einem Anderen ein dingliches Recht an der Höhle; es wird aber vergessen, für den Erwerber eine dingliche Berechtigung auf die Luftschächte einzutragen. Die Luftschächte sind für die Benutzung der Höhle unentbehrlich. Aber nachdem der Verkäufer in Konkurs geraten ist, besteht der Konkursverwalter unter Berufung auf § 94 [1] darauf, sie zur Konkursmasse zu ziehen, da er das Grundstück für einen Hotelbau verwerten kann, dem aber die Luftschächte im Wege sind.

Wohin gelangt man hier mit der Theorie der Körpereinheit?

§ 13.

3. Eigener Ausdeutungsversuch.

Wir wollen einen sachgemäßen Aufbau für den „Wesensänderungsfall" des § 93 versuchen. Dazu stellen wir zunächst die Vorfrage:

Welches ist der rechtspolitische Zweck des Ausschlusses der Sonderrechte an „wesentlichen Bestandteilen"?

Offenbar besteht dieser Zweck in der Erhaltung des Wertes (§ 5 No. 4), insbesondere des Tauschwertes und des Beleihwertes eines Sachganzen. Geht man die Entscheidungen der Gerichte durch, so zeigt sich, daß regelmäßig eine Kollision zwischen dem Hypothekar des Sachganzen und dem Vorbehaltseigentümer an dem mit jenem verbundenen Bestandteile (z. B. der eingebauten Fabrikmaschine) den Anlaß des Rechtsstreites gab; und auch der Rest der Prozesse bringt nur Kollisionen zwischen anderen sogenannten „dinglich" (am Sachganzen resp. am Bestandteil) Berechtigten zum Austrag [1]) (z. B. zwischen dem Ersteher des subhastierten Grundstückes und dem Subhastaten, der behauptet, daß ein in das Grundstück eingebauter Brunnenschacht nicht zu diesem, sondern zu dem darunter liegenden, dem Subhastaten gehörigen Bergwerk gehöre).

Daraus folgt nun, daß der Ausschluß der Sonderrechte genau so weit gehen muß, wie eine gerechte Interessenabwägung zwischen den kollidierenden Parteitypen es erfordert.

Um diesen Erfolg zu ereichen, müssen wir den § 93, soweit er unklar ist (also in dem Passus „ohne daß der eine oder der andere . . . in seinem Wesen verändert wird"), mit neuem Inhalt erfüllen. Wir haben dazu dasselbe gute Recht wie RG. V.; denn es liegt eine Rechtslücke vor, und der Versuch des RG.V., sie in brauchbarer Weise auszufüllen, ist, wie wir nachgewiesen haben, mißlungen.

Wir setzen zu diesem Behuf an die Stelle des von uns als unklar bezeichneten Passus den Satz:

An körperlich selbständigen, einer besonderen Zweckbestimmung fähigen Sachen sind Sonderrechte nicht möglich, wenn jene notwendige Bestandteile eines körperlichen Zweckgan-

1) Eigentumsvorbehalt steht z. B. in Frage in RE. 26 No. 66, V (Einrichtung einer Dampfschneidemühle), RE. 36 No. 66, V (Lichtanlage für Badeanstalt), RE. 50 No. 55, V (Maschine für Holzbearbeitungsfabrik), RE. 56 No. 73, III (Elektrizitätswerk im Kunstmühlengebäude), RE. 58 No. 87, VII (Lichtanlage für Hotel), RE. 62 No. 60, V (Dachgebälk eines Neubaues), RE. 62 No. 97, VII (Benzinmotor für Ziegelei), RE. 63 No. 46, V (Sauggasanlage für Brauerei), RE. 63 No. 75, VII (Lokomobile für Schotterwerk), RE. 63 No. 104, V (elektrische Kraftanlage für Papierfabrik), RE. 67 No. 10, V (Schnellpressen für Druckerei), RE. 69 No. 34, VII (elektrische Kraftanlage für Kokswerk), RE. 69 No. 25, II (Gasmotor für Wurstfabrik), RE. 90 No. 50, V (elektrische Aufzüge für Hotel).

In RE. 61 No. 45, V (Wasserhaltungsanlage für Bergwerk) stehen gegen einander der Hypothekar des Bergwerks und der Hypothekar des darüber liegenden landwirtschaftlichen Grundstücks, durch das die Anlage hindurchgeht. RE. 66 No. 23, V (Baumschule) entscheidet einen Streit unter Miteigentümern.

In RE. 87 No. 9, V (Stromfernleitung zu Überlandwerk) sind Parteien der Hypothekar des Werkes und der Käufer der Fernleitung.

zen sind, [d. h. einer — sei es körperlich unter einander verbundenen sei es nicht in körperlicher Verbindung mit einander stehenden — Mehrheit von Sachen, die durch eine ihnen allen gemeinsame Zweckbestimmung in Zusammenhang stehen] — und für den, der sich bei der Anlieferung der Sache ein Sonderrecht vorzubehalten suchte, zur Zeit der Anlieferung vermutbar war, daß die Sache notwendiger Bestandteil des Zweckganzen würde — sowie für den, der ein Sonderrecht an der bereits in das Zweckganze eingestellten Sache zu erwerben suchte, zur Zeit des Erwerbsversuches diese Einstellung vermutbar war.

Bedeutet aber die Einstellung der angelieferten Sache in das Zweckganze für den an dem Zweckganzen Berechtigten, der später mit dem, der sich bei der Anlieferung ein Sonderrecht vorzubehalten suchte, kollidierte, einen bei der Einräumung seines Rechtes nicht vorgesehenen reinen Wertzuwachs, so kommt der Geldwert dieses Wertzuwachses dem Sonderrechtspraetendenten zugute.

Wir fassen das eben Gesagte in die Formulierung zusammen:

> Sonderrechte sind ausgeschlossen an Sachen, deren notwendige Zugehörigkeit zu einem bestimmten körperlichen Zweckganzen für den Sonderrechtsprätendenten bei seinem Erwerbsversuch vermutbar war.
>
> Der Sonderrechtsprätendent kann, wenn der am Zweckganzen Berechtigte das Recht gegen ihn ausübt, Vergütung für den auf seine Kosten erlangten Wertzuwachs fordern.

Wir treten nun in die ausführliche Begründung unseres Satzes ein.

Es gibt unendlich viele Sachen, die zwar schon, für sich allein betrachtet, körperlich selbständige Sachen mit selbständiger Zweckbestimmung sind — die aber doch, sei es von der Natur, sei es durch menschliche Tätigkeit, zusammengebracht sind als Bestandteile zu einem körperlichen Zweckganzen, das eine von denen seiner Bestandteile verschiedene Zweckbestimmung hat, die keiner seiner Bestandteile, auch keine noch so große Gruppe derselben, für sich allein erfüllen könnte. Man denke nur an die vielen Bestandteile eines Tieres, eines Baumes, einer Maschine, eines Hauses, einer Wanduhr, einer Bettstatt, einer Lampe, eines Fächerschrankes; an ein Paar Stiefel oder Handschuhe, an ein Schachspiel, an Schloß und Schlüssel.

Eine Umgrenzung des „wesentlichen" Bestandteils des § 93, die zu praktisch brauchbaren Resultaten kommen will, muß nun ihr Augenmerk in erster Linie darauf richten, was der Bestandteil für das körperliche Zweckganze, zu dem er gehört, bedeutet. Kann das Zweckganze ohne ihn seiner Zweckbestimmung gar nicht oder nur unvollkommen genügen, und bewirkt deshalb das Fehlen des Bestandteils die Vernichtung oder erhebliche Minderung des Tauschwertes und Beleihwertes des Zweckganzen, so wird man den schützen müssen, dem gegenüber der Tauschwert oder Beleihwert des vollständigen Zweckganzen (bei einer Veräußerung oder Verpfändung an ihn) ausgenutzt ist — dann muß also der Sonderrechtsprätendent am Bestandteil zurückstehen. Denn sonst würde der Tausch- und Beleihverkehr an Zweckganzen, wegen der Unsicherheit seiner Resultate für den Rechtserwerber, großen Erschütterungen ausgesetzt sein. Der Sonderrechtsprätendent kann sich über seine Zurücksetzung nicht beklagen; gewiß nicht, wenn er selbst den Bestandteil unter Eigentumsvorbehalt angeliefert hat (oder Rechtsnachfolger bezw. Gläubiger des Vorbehalt-Eigentümers ist); aber auch in den Ausnahmefällen, wo er in andersartiger Rechtslage ist, etwa als Eigentümer eines Grundstücks, in dem das Streitobjekt als „zweckfremder" Bestandteil steckt (wie in RE. 61 Nr. 45), kann er sich durch den Ausschluß seines Sonderrechtes nicht unbillig behandelt fühlen.

Anders, wenn das Streitobjekt nur einen nebensächlichen, für die Erfüllung der Zweckbestimmung des Zweckganzen nicht bedeutsamen Bestandteil desselben bildet. Dann kann das Sonderrecht am Bestandteil unbedenklich anerkannt werden.

Aber auch bei notwendigen Bestandteilen erscheint seine Anerkennung in einem Falle gerechtfertigt, allerdings nur in bestimmter Richtung; nämlich bei Anlieferung des Bestandteils unter Eigentumsvorbehalt soweit, als die Anlieferung dem an dem Zweckganzen dinglich Berechtigten einen Wertzuwachs seines Rechtes verschafft, der bei der Begründung des Rechtes nicht in Rechnung gestellt wurde,

> z. B. der Hypothekar hat das Fabrikgrundstück beliehen, als es noch mit wenig leistungsfähigen Maschinen versehen war; später werden diese durch moderne Maschinen von sehr viel höherem Wert ersetzt, die unter Eigentumsvorbehalt angeliefert werden.

Hier würde es der Billigkeit entsprechen, wenn bei der Zwangsversteigerung der Fabrik der Mehrwert der neuen Maschinen dem Vorbehaltseigentümer zufiele [1]).

Ob das körperliche Zweckganze mit dem Bestandteil eine „Körpereinheit" im Sinne von RG. V. bildet, oder ob es mit ihm in nur loser

1) Die gesetzliche Grundlage läßt sich aus § 951 gewinnen. Denn die Rechtsänderung ist auch zu Gunsten des Hypothekars eingetreten.

oder in gar keiner körperlichen Verbindung steht, muß dagegen einflußlos sein. Das Rad am Wagen, der Bauer oder König im Schachspiel kann da rechtlich nicht anders behandelt werden wie das Dachgebälk eines Hauses oder der Dampfkessel einer Lokomotive.

Aber stets wird man fordern müssen als Voraussetzung für den Ausschluß des Sonderrechtes, daß für den, der es vorbehalten wollte, bei der Anlieferung vermutbar sein mußte, daß der von ihm angelieferte Gegenstand zum notwendigen Bestandteil des Zweckganzen bestimmt sei; und ebenso, daß für den, der ein solches Sonderrecht neu erwerben wollte, bei diesem Erwerbsversuch die Eigenschaft des Gegenstandes als notwendiger Bestandteil vermutbar sein mußte.

Wodurch dies vermutbar war, darauf kommt es aber nicht an. Die körperliche Verbindung des Bestandteils mit dem Zweckganzen ist nur eins von solchen die Vermutbarkeit erzeugenden Mitteln. Häufig ist jene Bestandteilseigenschaft schon allein an dem Gegenstande selber erkennbar; ein einzelner Handschuh oder Stiefel, ein Dominostein, eine Spielkarte, eine Schachfigur, ein Band eines mehrbändigen Werkes, ein Schlüssel, eine Kommodenschublade erzeugen schon für sich allein die Vermutung ihrer Eigenschaft als notwendiger Bestandteil.

Es mußte aber für den Sonderrechtsprätendenten bei seinem Versuch, das Sonderrecht zu erwerben, die „konkrete" Bestandteilseigenschaft vermutbar sein, d. h. er mußte damals vermuten können, daß die Sache, die er seinem Sonderrecht vindiziert, notwendiger Bestandteil eines bestimmten Zweckganzen schon sei oder werde. Gleichgültig ist dagegen die Erkennbarkeit der „abstrakten" Bestandteilseigenschaft, d. h. der sich aus der Natur der betreffenden Sache ergebenden Eigenschaft, daß sie als Bestandteil vom Zweckganzen verwendet zu werden pflegt:

> An dem Gasmotor, der in der Fabrik aufgestellt ist, kann man kein Sonderrecht erwerben, denn seine konkrete Bestandteilseigenschaft ist sicher vermutbar.
>
> Ist er dagegen vorübergehend von dort entfernt und steht zufällig in der Verkaufshalle eines Maschinengeschäftes, so steht einem Sonderrechtserwerb an ihm für denjenigen, der von den Beziehungen des Motors zu der Fabrik nichts weiß, nicht entgegen, daß er in ihm einen zum notwendigen Bestandteil gewisser Fabriken geeigneten Gegenstand erkennen muß.
>
> Anders liegt die Sache wieder, wenn der etwa reparaturbedürftig gewordene Motor in der Reparaturwerkstatt von dem

Sonderrechtsprätendenten angetroffen und ihm ungetreuer Weise dort verkauft worden wäre; denn da war ebenfalls die Vermutung nicht abzuweisen, daß der Motor notwendiger Bestandteil einer bestimmten Fabrik sein könne.

Gibt man dem unklaren Passus des § 93 diesen Inhalt, so wird das wahrscheinlich die Rechtsprechung als eine Erleichterung empfinden und ebenso das beteiligte Publikum. Jetzt steht das Gericht stets vor der — sagen wir es ruhig: durch den gesunden Menschenverstand oft unlösbaren Aufgabe, zu entscheiden, ob eine „Körpereinheit" im Sinne von RG. V. vorliegt oder nicht. Und bis das Reichsgericht gesprochen hat, kann kein Mensch auch nur mit einiger Sicherheit sagen, welche Partei in dem vorliegenden Falle obsiegen wird. Das Reichsgericht rühmt es ja selbst als einen besonderen Vorzug seiner Körpereinheits-Theorie, daß sie eine ganz besondere Elastizität besitze. Dieser Zustand der völligen Rechtsunsicherheit dürfte doch sein Ende finden, wenn man bei der Ausfüllung der Rechtslücke unseren Vorschlägen folgt. Denn dann gibt es Mittel, die Eigenschaft als notwendiger Bestandteil in objektiver Art festzustellen, die dem subjektiven Meinen des Gerichts keinen Raum mehr läßt: nämlich das Zurückgehen auf die Ortssitte und auf Gutachten Sachverständiger. Es gibt Zweckganze sehr verschiedener Art, technische, wissenschaftliche, ästhetische und noch andere; und ebenso eine große Mannigfaltigkeit notwendiger Bestandteile; aber es wird schwerlich einen Fall geben, wo nicht ein Fachmann mit Sicherheit entscheiden könnte, ob in konkreto ein notwendiger Bestandteil eines Zweckganzen in Frage stehe.

§ 14.

III. Inhalt der §§ 94, 95.

Das BGB. schließt des weiteren Sonderrechte aus an den mit dem Grund und Boden eines Grundstücks fest verbundenen Sachen, sofern die Verbindung nicht nur zu einem vorübergehenden Zwecke, oder (bei Gebäuden und „Werken") in Ausübung eines jus in re aliena von dem Berechtigten, geschehen ist (§ 94, 1, § 95, 1).

Diese Regel kommt darauf hinaus, die Bestandteile eines körperlichen Zweckganzen, das ein Grundstück ist, dann, wenn sie fest und für die Dauer mit ihm verbunden sind, von Sonderrechten freizuhalten, auch wenn sie keine notwendigen Bestandteile sind.

Mit Rücksicht auf die große Rolle, welche Grundstücke als Beleihungsobjekte spielen, wird man diesen Rechtssatz billigen können; freilich nur unter dem oben (p. 22 f.) für die Behandlung des Wertzuwachses gemachten Vorbehalt.

Die Einräumung von Sonderrechten ist hier aber von dem Augenblick an frei zulässig, wo die feste Verbindung gelöst wird, selbst wenn diese Lösung nur eine vorübergehende sein sollte; denn das Hindernis der Notwendigkeit des Bestandteils für das Zweckganze steht hier ja nicht entgegen[1]). Insofern besteht also ein wichtiger Unterschied gegenüber dem notwendigen Bestandteil des § 93: an diesem können Sonderrechte durch normalen Erwerb erst wieder entstehen, wenn seine Zugehörigkeit zu seinem Zweckganzen für die Dauer gelöst ist. Vor dieser dauernden Lösung kann bei notwendigen Bestandteilen nur gutgläubiger Erwerb von Sonderrechten stattfinden.

Die §§ 94, [2], 95, [2] verfügen den Ausschluß von Sonderrechten auch bei den zur Herstellung eines Gebäudes auf die Dauer eingefügten Sachen. Einfügung zu anderen Zwecken — etwa zur besseren Ausstattung (eingepaßter Linoleumbelag) oder zur Ausschmückung (Statuen, Kandelaber, Blumenkästen) fällt nicht unter diese Bestimmungen. Hier kommen also nur notwendige Bestandteile in Betracht, und der Ausschluß von Sonderrechten richtet sich deshalb nach unseren für § 93 entwickelten Grundsätzen. Hätte man den Wesensänderungsfall des § 93 mit dem von uns vorgeschlagenen Inhalt ausgestattet, so wären §§ 94 [2], 95 [2] überflüssig gewesen.

IV. Zerstörungsfall des § 93.

Nach § 93, soweit er klar spricht, sind Sonderrechte ausgeschlossen an „Bestandteilen von Sachen“, die von einander nicht getrennt werden können, ohne daß der eine oder der andere zerstört wird. Auch dies ist zu billigen.

Hier kommt es aber in Wahrheit auf die Eigenschaft als „Bestandteil“, d. h. als selbständige Sache, die mit anderen zu einem Zweckganzen zusammen gebracht ist, überhaupt nicht an. Ob die unlösbar mit einander verbundenen Bestandteile einer Maschine, die auseinandergesprengt werden müssen, ob Eisenstangen, die zerbrochen, ob Geld-

1) Der am Zweckganzen Berechtigte ist dann auf obligatorische Ansprüche gegen den Veräußerer beschränkt; z. B. der Hypothekar auf seine actio pigneraticia contraria wegen Verringerung des Pfandobjektes.

scheine, die zerrissen werden müsssen, um in Teile zu zerfallen, — in Frage stehen, ist gleich; an Teilen einer Sache, die nur in so unwirtschaftlicher Art hergestellt werden können, werden Sonderrechte, so lange sie noch verbunden sind, nicht zugelassen; denn die Zulassung wäre sinnlos und eine Prämie auf unwirtschaftliche Behandlung der Sache.

Vergütung von Wertzuwachs (p. 22 f.) kann auch hier in Frage kommen. — —

v. Eigenes Ergebnis für §§ 93—95.

Unser Ergebnis ist demnach kurz dahin zusammenzufassen: Sonderrechte sind ausgeschlossen:

1. an notwendigen Bestandteilen jedwedes körperlichen Zweckganzen, ohne Rücksicht auf körperliche Verbindung. Sie müssen aber als solche für den Sonderrechtsprätendenten vermutbar gewesen sein.
2. an nicht notwendigen Bestandteilen eines Grundstücks bei fester dauernder Verbindung.
3. an allen Teilen einer Sache bei unlöslicher Verbindung.

In allen Fällen ist Wertzuwachs zu vergüten.

§ 15.

vi. Vergleichung der Ergebnisse für den Wesensänderungsfall des § 93.

Wir schließen mit einer vergleichenden Schilderung der praktischen Folgen, welche die Behandlung der Sonderrechte an „Bestandteilen einer Sache“ hat,

> die von einander nicht getrennt werden können, ohne daß der eine oder der andere in seinem Wesen verändert wird.

1. Bei Auslegung nach dem Wortlaut des BGB.

Regelt man die Behandlung der Sonderrechte lediglich nach dem Wortlaut des § 93 und versteht man unter dem Blankettwort „Wesen“ das, was gewöhnlich darunter verstanden wird — nämlich die Summe der Eigentümlichkeiten des Bestandteils — so ergibt sich — (da doch nur solche Trennung in Frage steht, die ohne Zerstörung erfolgen kann) — daß Sonderrechte an Bestandteilen ohne Schranken zulässig sind; denn auch der für ein körperliches Zweckganzes zur Erfüllung von dessen Zweckbestimmung gänzlich unentbehrliche Bestandteil erleidet selber durch „Trennung ohne Zerstörung" nicht die mindeste Veränderung in der Summe seiner Eigentümlichkeiten. Jedes beliebige Gerät, das man ohne Zerstörung auseinandernehmen kann, liefert den Beweis hierfür.

Dadurch wird natürlich ein auf den Tausch- und Beleihwert von körperlichen Zweckganzen katastrophal wirkender Zustand geschaffen. Man sieht, wie es sich rächt, daß man von dem Wege abging, den das preußische Landrecht mit sicherem praktischen Instinkt in I 2 § 4 beschritten hatte, indem es die Wirkung der Trennung auf das Zweckganze betonte, nicht ihre Wirkung auf die getrennten Bestandteile.

2. Bei Auslegung des RG. V.

Die Ausdeutung, die das Reichsgericht (p. 18) dem strittigen Passus des § 93 gibt, gipfelt in dem Satz: (RE. 87 No. 9, V p. 45):

> (Es) ist ein aus bisher selbständigen Sachen zusammengesetztes Ganzes nur dann als eine einzige Sache zu erachten, wenn das Ganze sich nach allgemeiner natürlicher Anschauung als eine Körpereinheit darstellt und die zu dem Ganzen verbundenen Gegenstände ihre frühere Eigenschaft als selbständige Sachen durch die Verbindung dergestalt verloren haben, daß sie fortan nur als unselbständige Stücke jener Körpereinheit erscheinen.

Liegt dieser Fall vor, so sind nach der Auffassung des Reichsgerichts Sonderrechte ausgeschlossen; liegt er nicht vor, so sind sie möglich; die Sachen, aus denen das Ganze zusammengesetzt ist, sind dann überhaupt nicht Bestandteile einer Körpereinheit geworden, sie haben ihre Selbständigkeit bewahrt (p. 18), sind mehrere selbständige Sachen geblieben.

Auch das Reichsgericht nimmt also auf die Bedeutung, welche der Bestandteil für die Fähigkeit des Ganzen, seine Zweckbestimmung zu erfüllen, hat, keine Rücksicht, sondern fragt nur, ob aus der Sache, an der das Sonderrecht in Anspruch genommen wird, und den übrigen Sachen, aus denen das Ganze zusammengesetzt ist, durch ihre Verbindung eine „Körpereinheit" geworden sei.

Diese Feststellung ist dem Reichsgericht offenbar deshalb wichtig, weil es der Ansicht ist, daß dann die früher selbständige Sache zu einem unselbständigen Stück der Körpereinheit umgewandelt sei, und daß folglich eine erneute Trennung von dem Ganzen den Tatbestand der in § 93 geforderten „Wesensänderung" — vom unselbständigen Stück zur selbständigen Sache — herstelle.

Ein scharfsinniges Vorgehen! Aber wir haben schon oben gesehen, daß es vollständige Rechtsunsicherheit erzeugt (p. 18 f.) und eine Fülle unbilligster Entscheidungen erzeugen kann. Es kann bei unentbehrlichen Bestandteilen Zubilligung und bei nebensächlichen Ausschluß von Sonderrechten bewirken, und macht die Bildung einer einheitlichen Praxis unmöglich.

Worin hat dieser Mißerfolg seinen Grund? Weil all jener Scharfsinn in dem verfehlten Bestreben, einer unklaren widersinnigen Gesetzesbestimmung zur Anwendung zu verhelfen (— anstatt sie zu ignorieren und im Wege der Interessenabwägung etwas Brauchbares an ihre Stelle zu setzen —), sich auf das (für solche verzweifelten Fälle demjenigen, der jede Änderung des Gesetzes durch den Richter wie einen horror empfindet, allein übrig bleibende) Allheilmittel der **rein konstruktiven Rechtsfindung** konzentriert hat! Von dieser haben wir hier wieder einmal ein Musterbeispiel vor uns. Man will den Fall der „Wesensänderung" herauskriegen, denn „der Gesetzgeber" muß sich ja doch etwas Verständiges dabei gedacht haben! Da aber nun jene Wesensänderung, im landläufigen Sinne genommen (wie wir eben sahen), zu widersinnigen Resultaten führt, wird so lange an der Konstruktion neuer Begriffe gearbeitet, bis man eine andere Art der Wesensänderung fertig hat, von der man sich mehr verspricht. Auf diesem Wege wird die „Körpereinheit" und die Wesensänderung der in sie eingestellten Sachen (von „selbständigen Sachen" in „unselbständige Stücke") entdeckt; damit ist man am Ziel; denn nun ergibt die erneute Trennung die erneute Wesensänderung vom unselbständigen Stück zur selbständigen Sache.

Aber — fragt man sich — wie ist es denn möglich, daß selbst unser höchstes Gericht bei einem so tief einschneidend wirkenden Vorgehen es ängstlich vermeidet, der praktischen Seite der Frage mehr Rechnung zu tragen — daß es m. a. W. namentlich auf den Umstand, ob ein notwendiger oder nebensächlicher Bestandteil des Ganzen für das Sonderrecht in Betracht kommt, gar nicht eingeht?

Dies erklärt sich nun wieder daraus, daß der Jurist alter Observanz die Subsumtion des Tatsächlichen unter die Rechtssätze mit einer Eleganz handhabt, um die ihn ein gewiegter Taschenspieler beneiden könnte [1]). Er weiß, dies Mittel versagt nie, auch bei dem widerhaarigsten Tatbestande nicht, und mit seiner Hülfe traut er sich zu, für jeden Fall aus dem Gesetz eine gerechte Entscheidung herauszu-

1) Beispiele habe ich oft gegeben; u. a. in meiner „Rechts- und Begriffsbildung" p. 29—37.

kriegen. Muß nach dem „Rechtsgefühl“ in concreto dem Hypothekar der Ganzsache geholfen werden, so entdeckt man in dem Tatbestand die Körpereinheit. Erscheint dagegen in konkreto der Vorbehaltseigentümer schutzwürdiger, so findet man die Körpereinheit nicht heraus. Was sind wir Freirechtler mit unserer mühsamen Rechtsfindung durch Interessenabwägung für kümmerliche Schächer gegenüber solchen gottbegnadeten Konstruktions- und Subsumtionskünstlern!

Nur schade, daß dies Verfahren e i n e Fehlerquelle nicht ausschalten kann: die sehr verschiedene Begabung mit dem „natürlichen Rechtsgefühl“. Und daß auch in unserem Fall an diesem Umstande das ganze Verfahren wieder einmal gründlich Schiffbruch gelitten hat!

Aber so ist tatsächlich das Verfahren gegenüber unklaren widersinnigen Gesetzen; die Hauptsache ist, eine Konstruktion, eine Formel zu finden, die es in abstracto ermöglicht, nach dem Wortlaut des Gesetzes brauchbare Entscheidungen zu treffen, das übrige wird dann schon die Tatsachensubsumtion in concreto machen!

§ 16.

3. Bei unserer Ausdeutung.

Wir sind reichlich scharf geworden. Aber wenn man als ergrauter Fachmann darüber klar sieht, welches große Maß von Mitschuld diese Konstruktions- und Subsumtions-Jurisprudenz — deren Methode an Gefährlichkeit nur noch durch den Hochmut übertroffen wird, mit dem sie sich als die wissenschaftlich allein mögliche hinstellt — an dem Zusammenbruch unseres armen Vaterlandes trifft, wird es verzeihlich gefunden werden, wenn man ihr deutlich die Wahrheit sagt.

Um so mehr ist es aber angebracht, auch gegen sich selbst strenge Kritik zu üben.

Kann vor einer solchen unsere Behandlung des § 93 bestehen, wenn man die praktischen Folgen erwägt?

Wir haben festgestellt, daß § 93 unklar, widersinnig ist; und daß wir deshalb für unsere Rechtsfindung durch Interessenwägung freie Hand hatten. Will man uns dies bestreiten, so verweisen wir statt jeder Antwort auf das, was die Gegenseite aus dem ebenfalls widersinnigen § 54 Satz 1

> auf Vereine, die nicht rechtsfähig sind, finden die Vorschriften über die Gesellschaft Anwendung

gemacht hat; wie man da im Wege der Tatbestandsfiktion (s t i l l - s c h w e i g e n d e r Vertrag über Haftungsausschluß! fingierter

Satzungsinhalt!) das Rückgrat des Gesellschaftsrechts, die unbeschränkte Gesamthaftung der Mitgliedervermögen, ausgemerzt hat!

Wer so im Glashause sitzt, darf wirklich nicht mehr mit Steinen werfen!

Beweist nun unser bisheriges Ergebnis, daß wir in der Interessenwägung richtig vorgegangen sind?

a) Notwendiger Bestandteil.

Wir fanden, daß der Ausschluß von Sonderrechten in § 93 auf notwendige Bestandteile eines körperlichen Zweckganzen zu beschränken sei, d. h. auf solche Bestandteile, die das Zweckganze nicht entbehren kann, wenn es seine Zweckbestimmung voll erfüllen soll. Das ergab sich aus der Rücksicht auf die Erhaltung des Tausch- und Beleihwertes des Zweckganzen (p. 22 f.).

Gegen diese Beschränkung wird sich Stichhaltiges nicht einwenden lassen. Sie steht auch in Einklang mit dem Inhalt der §§ 94, 95, die Bestandteile jeder Art (also auch nicht notwendige) nur bei Grundstücken — also nur bei den Gegenständen, die als Beleihwerte im praktischen Leben in erster Linie stehen — von Sonderrechten ausschließen; bewegliche Sachen also offenbar leichter den Sonderrechten zugänglich machen wollen.

b) Gutgläubiger Erwerb.

Wir ließen den Erwerb von Sonderrechten an notwendigen Bestandteilen vor ihrer endgültigen Trennung von dem Zweckganzen (p. 24 f.) soweit zu, als ihre Eigenschaft als notwendiger Bestandteil beim Erwerbe des Sonderrechts für den Erwerber nicht vermutbar ist; reden also einem bona fide-Erwerb das Wort.

Die herrschende Ansicht in Literatur und Praxis (cf. RE. 61 No. 45, V, p. 193/4) behauptet nun, daß die Zugehörigkeit als Bestandteil etwas im wesentlichen Tatsächliches sei, und deshalb guter oder schlechter Glaube bei dem Erwerb des Sonderrechtes nicht in Betracht komme.

Diese Auffassung beruht aber, soweit es sich um notwendige Bestandteile handelt, die zugleich wesentliche Bestandteile im Sinne von RG. V. sind, auf ungenauer Diagnose. Sobald eine Sache als „wesentlicher Bestandteil“ in ein Ganzes eintritt, scheidet sie nach der Auffassung desBGB. aus ihrer bisherigen Rechtsstellung aus und wird dem Recht am Ganzen unterworfen und bleibt dies so lange, bis die

Zugehörigkeit zu dem Ganzen für die Dauer wieder gelöst wird. Wenn jemand also nicht weiß, daß die Sache wesentlicher Bestandteil eines Ganzen ist, befindet er sich in Unkenntnis über eine an ihr infolge ihrer Eigenschaft als wesentlicher Bestandteil vorhandene fremde Rechtsstellung.

Wie schwer es fällt, diese einfache logische Wahrheit wegzudisputieren, sieht man aus der gewundenen Deduktion in RE. 61, No. 45, p. 193/4:

> Gegenüber dem Bergwerkshypothekar, der die durch das Grundstück über dem Bergwerk hindurchgelegte Wasserhaltungsanlage mit in Anspruch nehmen wollte, berief sich der Grundstückshypothekar auf gutgläubigen Hypothekenerwerb an dieser Anlage, weil letztere in dem Grundstücksgrundbuchblatt nicht als rechtlich dem Bergwerk zuständig eingetragen sei. Er behauptete also (wenn man seine Behauptung juristisch klassifiziert) gutgläubigen Erwerb eines Sonderrechts an einem wesentlichen Bestandteil des Bergwerks.
>
> RG.V. weist ihn ab, weil die Frage, welche Rechte an einem bestimmten Objekte bestehen, nicht identisch sei mit der anderen Frage, wieweit für ein bestimmtes, bestehendes Recht das Haftungsobjekt reicht. Die begriffliche Verschiedenheit beider Fälle werde auch dadurch nicht verwischt, daß die Entscheidung der zweiten Frage, ebenso wie die der ersten, nach rechtlichen Gesichtspunkten getroffen werden müsse.

Diese Deduktion ist falsch. Wird gefragt, ob eine Sache die ein Hypothekar in Anspruch nimmt, wesentlicher Bestandteil einer anderen Sache ist, die der Hypothek nicht unterliegt, so ist das einfach die Frage danach, ob die Hypothek mit einem fremden Recht an der in Anspruch genommenen Sache kollidiert, und nicht eine Frage nach einer rein tatsächlichen Beziehung dieser Sache. Die Frage, wie weit das Haftungsobjekt reicht, kann für einen wesentlichen Bestandteil ja garnicht eher beantwortet werden, als bis die Frage nach der Rechtsstellung an diesem Bestandteil geklärt ist! —

Und wer um die Eigenschaft als wesentlicher Bestandteil nicht weiß, ist in Unkenntnis über die fremde Rechtstellung, die an der Sache besteht.

Um in noch anderer Wendung zu sprechen: fragen wir, ob eine Auflassung vorliegt, so fragen wir nicht, ob ein rein tatsächlicher Tatbestand, sondern ob der Tatbestand für die Entstehung eines Rechtes gegeben ist; genau dasselbe fragen wir aber, wenn wir uns nach dem

Gegebensein eines wesentlichen Bestandteils erkundigen; auch dann wollen wir wissen, ob der für die Entstehung eines Rechtes nötige Tatbestand erbracht ist.

Für notwendige Bestandteile, die zugleich wesentliche Bestandteile im Sinne von RG.V. sind, ist also gutgläubiger Erwerb von Sonderrechten aus dem Grunde, weil die Eigenschaft als Bestandteil etwas rein Tatsächliches sei, nicht ausgeschlossen, weil dieser Grund eben für wesentliche Bestandteile nicht zutrifft. Aber auch für den Rest unserer notwendigen Bestandteile verfängt jener Grund nicht, denn auch ihre Bestandteileigenschaft ist nichts rein Tatsächliches, sondern genau so ein für die Entstehung eines Rechtes an ihnen wesentlicher Tatbestand, wie das bei den „zugleich notwendigen und wesentlichen" Bestandteilen zutrifft. Denn wir unterstellen doch unsere sämtlichen „notwendigen Bestandteile" dem Recht am Zweckganzen und deshalb dem in § 93 statuierten Ausschluß der Sonderrechte[1]).

Die praktische Möglichkeit für den Eintritt eines gutgläubigen Sonderrechtserwerbes an notwendigen Bestandteilen liegt jedenfalls in solchen Fällen vor, wo man, wie in RE. 61, No. 45, darüber irren kann, zu welchem von zwei Zweckganzen die Sache als notwendiger Bestandteil gehört. Sie ist aber namentlich auch bei solcher vorübergehenden Entfernung der Sache von ihrem Zweckganzen denkbar, die die Annahme rechtfertigt, daß man es nicht mit einer zu einem Zweckganzen gehörigen Sache zu tun habe.

Man denke z. B. an eine neue Maschine, die nach ihrer Einstellung in die Fabrik zwecks Vornahme einer Änderung an den Lieferanten zurückgegeben und nun von diesem ungetreu dem redlichen Dritten veräußert wird. Besonders durch den Umstand, daß unser „notwendiger Bestandteil" durch die vorübergehende Entfernung von dem Zweckganzen seine rechtliche Stellung nicht verliert, wird nun u. E. die Anerkennung gutgläubigen Erwerbes von Sonderrechten an ihm auch nötig. Denn sonst wäre der gutgläubige Erwerber an ihm — gegenüber sonstigen gutgläubigen Erwerbern (aus § 932 etc.) unbillig im Nachteil.

c) Wertzuwachs.

Wir haben dem an dem Zweckganzen Berechtigten eine weitere bisher nicht aufgerichtete Schranke gezogen, durch die Entziehung

1) Auch an dem gesetzlichen Veräußerungsverbot, das in § 93 steckt, scheitert der gutgläubige Erwerb nicht; denn dies Verbot bezweckt nur den Schutz bestimmter Personen, und dringt deshalb nach BGB. § 135[2] nicht durch.

des Wertzuwachses. Auch das dürfte sich rechtfertigen. Der typische Fall liegt so:

Ein Hypothekar hat auf das Zweckganze, so wie es war, krediert, also ohne Voraussetzung späterer Wertverbesserung; dann tritt dem Zweckganzen eine neue seinen Wert erhöhende Sache (etwa eine wertvolle, moderne Maschine an Stelle der alten minderwertigen) hinzu unter Eigentumsvorbehalt. (cf. p. 23).

Uns erscheint eine Erhöhung des Pfandrechtswertes durch einen nach der Verpfändung eintretenden Zuwachs an Bestandteilen schon dann unbillig, wenn der zuwachsende Bestandteil seinem Veräußerer bezahlt ist und als Gegeninteressenten mit dem Pfandgläubiger nur andere gewöhnliche Gläubiger kollidieren; das Gerechte wäre, daß er den Wertzuwachs mit ihnen teilte; hat er sich nicht von vornherein eine genügende Sicherheit für seine Forderung genommen, so ist nicht einzusehen, weshalb er sie durch diese Art späteren Zuwachses bekommen soll auf Kosten anderer.

Um so mehr muß man fordern, daß der Veräußerer selber, der sich, weil er nicht bezahlt wurde, das Eigentum an dem Bestandteil vorbehielt, nicht zugunsten des Pfandgläubigers bezüglich des Wertzuwachses leer ausgeht. Er vollzieht doch, im tatsächlichen Erfolge, eine in rem versio zugunsten des Pfandgläubigers, die, wie sein Eigentumsvorbehalt zeigt, durchaus nicht in seiner Absicht lag und den Pfandgläubiger, wenn auch nicht rechtlich, so doch durch eine „occasio juris" moralisch ungerechtfertigt auf seine Kosten bereichert[1]).

d) Keine körperliche Verbindung?

Wir glaubten ferner, von dem Erfordernis fester Verbindung für § 93 überhaupt absehen zu müssen, weil sonst in einer Reihe von Fällen der nötige Ausschluß von Sonderrechten nicht erreicht werden kann (p. 19, 23, 24).

Dies ist bisher der schwächste Punkt unseres Rechtfindungsversuches; denn wir erreichen zwar durch ihn die wünschenswerte Erweiterung des

1) Die sichere gesetzliche Grundlage für den Anspruch des Vorbehaltseigentümers bildet freilich § 951 (p. 23 Anm. 1). Aber den Gesichtspunkt der durch eine occasio juris ermöglichten **„unsittlichen"** Bereicherung sollte man künftig auch beachten, nachdem man der unsittlichen Schädigung in § 826 entgegengetreten ist. Heute ist dies Gebiet der beliebte Tummelplatz wüstester Schiebungen; wir nennen z. B. den Zahlungsempfang aus ergaunertem Gelde (RE. 60 Nr. 6) und die Einforderung des rein formalen Hypothekenausfalles von dem persönlichen Schuldner (cf. Grundriß p. 129—136). Weiteres noch unten p. 104.

Kreises der notwendigen Bestandteile; laufen aber dadurch Gefahr, den Kreis der „körperlichen Zweckganzen“ so zu vergrößern, daß unser ganzer Versuch an der Unzweckmäßigkeit dieser Vergrößerung scheitert. Eine Zimmereinrichtung, eine Herde, eine Bibliothek, ein Gutsinventar, ein Warenlager sind schließlich auch körperliche Zweckganze; und doch muß, wenn man den Kreis der Zweckganzen auf sie und ähnliche Gebilde ausdehnt, unser Postulat, an allen notwendigen Bestandteilen Sonderrechte auszuschließen, praktisch undurchführbar werden, weil es sonst zu einer Lähmung des gesamten Mobiliarverkehrs kommen würde.

Läßt sich diese unbrauchbare Vergrößerung des Kreises der körperlichen Zweckganzen vermeiden, wenn man das Erfordernis fester Verbindung der notwendigen Bestandteile aufgibt?

Ja, sie läßt sich auch in diesem Falle vermeiden dadurch, daß man den Kreis der nicht körperlich verbundenen Zweckganzen auf solche beschränkt, deren notwendige Bestandteile für sich allein normalen Nutzwert für einen Sonderrechtslustigen nicht besitzen. Dann ist eine Lähmung des Mobiliarverkehrs nicht zu fürchten. Einzelne Möbel muß ich erstehen können, auch wenn ihre Zugehörigkeit zu einer bestimmten Zimmereinrichtung klar erkennbar ist; ebenso den Bullen aus der Herde; Bücher aus einer Bibliothek, Teller aus einem Service, das Messer, die Gabel, den Löffel aus einem Besteck, Waren jeder Art aus einem Warenlager, einzelne Stücke aus Sammlungen; denn dies alles hat als Einzelnes seinen normalen, typischen Nutzwert. Aber nicht nötig ist, daß ich einen linken Stiefel oder Handschuh von einem Paar hinwegkaufe, oder einzelne Dominosteine, Schachfiguren, Karten aus einem vollen Spiel, — einen Schlüssel ohne das zu ihm passende Schloß; denn diese notwendigen Bestandteile von nicht verbundenen Zweckganzen haben keinen normalen Nutzwert für sich allein; und ihre Losreißung von ihrem Zweckganzen bedeutet eine sinnlose Entwertung dieses Zweckganzen[1]).

e) Abhanden gekommene Sachen.

Muß für den Eigentümer einer „abhanden gekommenen“ Sache (§ 935), die einem körperlichen Zweckganzen als notwendiger Bestandteil zugeführt ist, die Fortdauer seines Sonderrechts anerkannt werden?

1) Das dürfte auch zutreffen für die einzelnen Stationen einer beweglichen (fahrbaren) Distanzmeß- oder Funkspruchanlage.

Das Gesetz verneint dies stillschweigend, wenn die Sache unlösbarer Bestandteil irgend einer Sache, festverbundener Bestandteil eines Grundstückes, sowie irgendwie (fest oder lose) zur Herstellung eingefügter Bestandteil eines Gebäudes geworden ist (s. §§ 93, 94). Von den fest, aber lösbar verbundenen Bestandteilen der Nichtgrundstücke, sowie von den lose verbundenen Bestandteilen der Nichtgebäude spricht es nicht, — natürlich auch nicht von den garnicht verbundenen Bestandteilen.

In jenen durch das Gesetz geregelten Fällen ist der Eigentümer auf die in § 951 bestimmten resp. erwähnten Forderungsrechte beschränkt worden; ein dinglicher Anspruch steht ihm nicht mehr zu. Ob die Herstellung des Zweckganzen, dem die Sache als Bestandteil hinzugefügt wurde, im Interesse von Menschen nötig, nützlich, gleichgültig oder schädlich war, kommt nicht in Frage; ob das gestohlene Dachstuhlgebälk einem Wohnhause, einem Museum, einem Tanzpalast oder einem Bordell aufgesetzt wird, bleibt sich gleich.

Muß der Eigentümer in den vom Gesetz übergangenen Fällen besser gestellt werden? Wir glauben nicht. Gegen den fur selbst ist er durch die vorerwähnten Ansprüche genügend geschützt; gegen einen bösgläubigen dritten Erwerber des Zweckganzen wird man ihm einen Anspruch aus § 826 zubilligen können. Dinglichen Schutz gegen gutgläubige dritte Erwerber ihm zuzubilligen, tragen wir Bedenken; haben sie unentgeltlich erworben, so hilft § 816[1]); und wenn der Eigentümer gegen entgeltliche redliche Erwerber kein Rechtsmittel hat, so dürfte sich das rechtfertigen lassen; dafür spricht, daß das unter Mitverwendung der abhanden gekommenen Sache geschaffene und in dritte redliche Hand übergegangene Zweckganze einen wirtschaftlichen Wert darstellt, der nicht unnötig wieder zerstört werden darf; dafür spricht auch die Rücksicht auf die Einfachheit der Rechtsbildung, der durch Ausdehnung der in §§ 93, 94 enthaltenen Regelung Genüge geschähe.

Der Eigentümer der abhanden gekommenen Sache wird also wohl zweckmäßig niemals besser gestellt als die übrigen Sonderrechtspraetendenten.

f) Ergebnis.

Wir schließen also für § 93, soweit die Abgrenzung des Kreises der Zweckganzen in Frage steht, ab mit dem Ergebnis:

Sonderrechte an notwendigen Bestandteilen von körperlichen Zweckganzen sind ausgeschlossen, wenn die Zweck-

1) Wenn § 816 nicht direkt, so jedenfalls der Analogieschluß.

ganzen entweder körperlich verbunden sind oder als nicht verbundene aus solchen notwendigen Bestandteilen bestehen, die für sich allein einen normalen Nutzwert nicht haben.

Und wir glauben, damit unserem Rechtsfindungsversuch praktische Brauchbarkeit gesichert zu haben.

§ 17.

VII. Unser Gesamtergebnis für den Ausschluß von Sonderrechten (nach §§ 93—95).

Unser Gesamtergebnis für den Ausschluß von Sonderrechten in §§ 93—95 lautet:

1. an notwendigen Bestandteilen von körperlichen Zweckganzen der p. 21, 22 geschilderten Art findet normaler Erwerb von Sonderrechten erst nach endgültiger Lösung der Zugehörigkeit zu dem Zweckganzen statt — gutgläubiger Erwerb aber schon dann, wenn die Zugehörigkeit als notwendiger Bestandteil nicht vermutbar ist. (§ 93 Wesenänderungsfall; §§ 94^2, 95^2);
2. an für die Dauer festverbundenen nicht notwendigen Bestandteilen von Grundstücken findet Erwerb von Sonderrechten statt, sobald die feste Verbindung, sei es auch nur vorübergehend, gelöst ist (§§ 94^1, 95^1);
3. an Teilen einer Sache, die nur durch Zerstörung getrennt werden können, findet Erwerb von Sonderrechten erst nach der Zerstörung statt (§ 93 Zerstörungsfall).

Wir glauben in ihm eine praktisch brauchbare Abstufung des Ausschlusses der Sonderrechte entwickelt zu haben, die den schutzwürdigen Interessen der kollidierenden Parteien in rechtspolitisch richtiger Abmessung Rechnung trägt.

Nach dem Abschluß unserer Ausführungen kehren wir nun wieder zu der Terminologie des BGB. zurück und bezeichnen fernerhin die sonderrechts unfähigen Bestandteile und Teile als wesentliche, — die übrigen als unwesentliche Bestandteile. Zum Inhalt dieser Begriffe machen wir aber natürlich fortan ausschließlich das, was wir in unserer Beweisführung als ihren notwendigen Inhalt klargestellt haben: also das unter VII Zusammengefaßte.

§ 18.

3. Einfluß der Sachen auf die Verteilungsvorgänge.

a) Beschränkungen der Verteilungsvorgänge.

Soweit Herrschaftsrechte über Sachen deswegen ausgeschlossen sind, weil die natürliche Beschaffenheit der Sachen sie verbietet (res communes omnium, § 7) oder die Rücksicht auf das Sittengesetz ihnen entgegensteht (§ 8), — können auch Verteilungsvorgänge nicht stattfinden. Der Kauf von Einbruchswerkzeugen ist ebenso nichtig wie etwa die Okkupation einer Meeresfläche.

Wo aber menschliche Zweckbestimmung Herrschaftsrechte ausschließt oder beschränkt, wie an öffentlichen Flüssen, Wegen, Gebäuden, sind Verteilungsvorgänge soweit statthaft, als sie mit dem Wegfall der beschränkenden Zweckbestimmung rechnen. Ist die Verlegung eines Flußbettes in Aussicht genommen, — wird beabsichtigt, einen Friedhof eingehen zu lassen oder ein überflüssig gewordenes Schulhaus, so beeinträchtigt es die Gültigkeit von Kauf, Pacht, Schenkung usw. nicht, wenn solche Verteilungsvorgänge schon zu einer Zeit abgeschlossen wurden, wo die Sache von ihrer öffentlichen Zweckbestimmung noch nicht frei gemacht war. Die Durchführung solcher Verteilungsvorgänge bis zu ihrem Endziel ist freilich immer erst möglich, nachdem die öffentliche Zweckbestimmung endgültig aufgehoben ist; die Auflassung des früheren Schulhauses, die bekanntlich keine Bedingung verträgt (BGB. § 925, 2), könnte z. B. erst dann gültig stattfinden; auch die Uebereignung eines ausrangierten Dienstpferdes wäre vor der Ausrangierung nur bedingt, also nur für den Fall des Eintritts der Ausrangierung möglich.

Aber auch da, wo Herrschaftsrechte über Sachen gegeben sind, wo also ein erster Verteilungsvorgang jedenfalls stattgefunden hat, oder überhaupt bisher Verteilungsvorgänge möglich waren, kann gleichwohl die Eigenart der betreffenden Sache [1]) fernere Verteilungsvorgänge ausschließen oder beschränken, z. B. Gifte, Sprengstoffe, schädliche Nahrungsmitttel können weitgehenden Veräußerungsverboten unterliegen. Auch relative Beschränkungen kommen vor; der fundus dotalis der Frau, das landwirtschaftliche Grundstück des minor waren nach gemeinem Recht unveräußerlich; die Veräußerung von Grundstücken an Ausländer (§ 9), von Waffen an Zivilpersonen kann ungültig sein.

1) Nicht hierher gehören die Fälle, wo die Eigenart des Rechtstypus Verteilungsvorgänge ausschließt (Nießbrauch: § 1059; beschränkte persönliche Dienstbarkeit: § 1092).

§ 19.

b) Einfluß auf die Art des Verteilungsvorganges.

Soweit Verteilungsvorgänge zugelassen sind, stehen sie, wenn sie erste Verteilungsvorgänge sind, folgendermaßen unter dem Einfluß der Sache, die sie betreffen.

α) Herrenlose Sachen [1]).

Ist eine Sache herrenlos, so kann sie unter ein Herrschaftsrecht nur durch Aneignung treten, d. h. durch Wertzuweisung.

Herrenlos sind namentlich derelinquierte, d. h. durch das Wertausscheidungsgeschäft Dereliktion von dem bisherigen Herrschaftsrecht frei gewordene Sachen (Alt-Eisen, unbrauchbar gewordener Hausrat); aber auch solche Sachen. die bisher noch unter keinem Herrschaftsrecht standen (wilde Tiere, Muscheln, Seetang).

Die Aneignung ist nicht selten bestimmten Aneignungsberechtigten vorbehalten (Jagd, Fischerei, Bernstein); in den übrigen Fällen (z. B. an nicht jagdbaren Tieren, an Fischen in der offenen See) steht sie jedem frei.

β) Neu entstandene Sachen.

Ist eine Sache neu entstanden, so kommt es darauf an, wie sie entstand.

aa) Produkte [2]).

Ist sie ein Produkt aus umgestaltetem Stoff und umgestaltender Arbeit, so tritt sie, nach den näheren Vorschriften des § 950, erstmalig durch Wertzuweisung unter ein Herrschaftsrecht, das bald dem Bearbeiter, bald dem Stoffeigentümer zusteht. Mit dieser Wertzuweisung ist aber, wenn Bearbeiter und Stoffeigentümer verschiedene Menschen sind, notwendig verbunden eine Wertbewegung zu Gunsten des durch jene Wertzuweisung verlierenden Teiles; nach § 951 kann der verlierende Stoffeigentümer mindestens Wertvergütung, der verlierende Bearbeiter besonders Verwendungsersatz fordern.

Zwischen dem Bearbeiter und dem Stoffeigentümer besteht aber ein Unterschied in der Wirkung der Wertzuweisung. Zu Gunsten des Bearbeiters wirkt sie endgültigen Rechtserwerb, es sei denn, daß die Bearbeitung eine unerlaubte Handlung und deshalb der Bearbeiter zur Surrogatherausgabe an den Stoffeigentümer verpflichtet ist (§§ 852 [2],

1) Wolff § 78f. 2) Wolff § 73f.

281[1]); bei dem Stoffeigentümer hängt aber die Endgültigkeit seines Rechtserwerbes stets noch von dem weiteren Umstande ab, ob er endgültiges Eigentum an dem Stoffe hatte oder nur kondizierbares. Hatte er das Eigentum an dem Stoff z. B. durch eine ungültige Schenkung von dem D erlangt, so kann D ihm (gemäß § 818[1]) auch das Eigentum an dem Produkt wieder abverlangen.

Hat der Bearbeiter die Bearbeitung, die nach § 950 das Eigentum an dem Produkt ihm selber einbringen würde, für einen Dritten ausgeführt, auf Grund einer darüber eingegangenen Wertbewegung (z. B. als Geselle für seinen Meister, als Werkunternehmer für den Besteller), so fällt das Eigentum an dem Produkt direkt an den Dritten (die Gültigkeit der Wertbewegung vorausgesetzt). Im Gesetz ist das zwar nicht ausgesprochen; aber die Praxis hat diesen Satz aufgestellt, weil er rechtspolitisch notwendig ist. Auch die Pflicht zur Wertvergütung trifft dann nicht den Bearbeiter, sondern den Auftraggeber. Das Zusammentreffen der Bearbeitung mit der Wertbewegung zwischen dem Bearbeiter und seinem Auftraggeber verschiebt also die Richtung des ersten Verteilungsvorganges; die Wertzuweisung an dem Produkt erfolgt nicht an den Bearbeiter, sondern direkt an seinen Auftraggeber.

bb) Trennstücke, Erzeugnisse[1]).

Ist die neu entstandene Sache ein von einer „Restsache" abgelöstes T r e n n s t ü c k oder ein von einer „Muttersache" abgesondertes E r z e u g n i s, so tritt es erstmalig, durch Wertzuweisung, grundsätzlich in das Eigentum des Eigentümers der Restsache oder Muttersache. (Ausgebrochene Steine gehören dem Eigentümer des Steinbruchs, gestochener Torf fällt dem Eigentümer des Torfmoores zu; das Ei „folgt" dem Huhn; der Apfel dem Baum, das Kalb der Kuh.)

Aber ob die Wertzuweisung, die hier vor sich geht, endgültiges oder kondizierbares Eigentum verschafft, hängt a l l e m a l davon ab, ob an der Restsache oder Muttersache endgültiges oder nur kondizierbares Eigentum bestand. Hat der Steinbruch-Eigentümer kein gültiges Kaufgeschäft geschlossen, so muß er seinem Verkäufer mit dem Steinbruch auch die herausgebrochenen Steine herausgeben (§ 818[1]); und nicht anders ergeht es dem, der die Kuh ungültig geschenkt erhielt, mit Kuh und Kalb.

Diese Rechtslage verschiebt sich aber zugunsten des „kondizierbar Berechtigten", wenn er zugleich durch e n t g e l t l i c h e n Erwerb

---

1) W o l f f § 77.

(§ 988) **„gutgläubiger Besitzer“** der Rest- oder Muttersache ist; d. h. wenn er das „Recht zu Besitz und Nutzung“ (das jus possidendi) an ihr in der Art erlangt hat, daß er über die Mängel des Kausalvorgangs in entschuldbarem Irrtum war, also z. B. von der Ungültigkeit seines Kaufgeschäftes entschuldbarer Weise nicht wußte [1]). Dann erwirbt er nämlich an den Trennstücken und Erzeugnissen, die im Sinne von §§ 99 [1], 993 „Früchte“ sind (cf. p. 54f.), endgültiges Eigentum, soweit sie während der Fortdauer seiner Gutgläubigkeit „getrennt“ wurden, — als Entgelt für seine „cura et cultura“; § 955.

Ein Herrschaftsrecht auf Trennstücke und Erzeugnisse — wir nennen es Bezugsrecht — kann der Eigentümer der Rest- oder Muttersache auch Anderen einräumen durch rechtsgeschäftliche Wertbewegung, indem er an der Sache z. B. ein Erbbaurecht oder einen Nießbrauch bestellt oder die Sache verpachtet. Ein solches Bezugsrecht kann auch gegen den Eigentümer ersessen werden, indem z. B. ein Erbbaurecht oder ein Nießbrauch an der Sacbe ersessen wird. Dann erwerben, nach den Bestimmungen der §§ 954, 956 durch den ersten das Trennstück oder Erzeugnis betreffenden Verteilungsvorgang (der wiederum eine Wertzuweisung darstellt), die Berechtigten (an Stelle des Eigentümers) die Trennstücke oder Erzeugnisse mit der Trennung. Nur dann, wenn der Eigentümer Jemandem ohne Besitzüberlassung an der Sache ein Bezugsrecht auf Trennstücke oder Erzeugnisse einräumt (z. B. durch Verpachtung der Obsternte, oder durch Verkauf von Früchten auf dem Halm, die Käufer selbst abernten soll), erwirbt mit solcher Trennung, die nicht von Seiten des Berechtigten vorgenommen wird (z. B. durch den Eigentümer oder einen Dieb), zunächst der Eigentümer das Eigentum an Trennstücken oder Erzeugnissen; aber der Berechtigte kann dann sein Eigentum durch einseitige Besitzergreifung herstellen, braucht also eine Tradition des Eigentümers nicht abzuwarten [2]).

Von den Berechtigten können zumeist wieder Andere Bezugsrechte überkommen (z. B. durch Schenkung eines Nießbrauches an einem

1) Der Eigentümer, der um die Kondizierbarkeit seines Eigentumes weiß, kann als gutgläubiger Besitzer nicht gelten. Die „Abstraktheit“ des Eigentumserwerbes nach BGB., die es ermöglicht, auch trotz Ungültigkeit des Kausalvorganges Eigentum zu erwerben, schafft häufig solche Rechtslagen. Näheres Stampe, AZP. 107, p. 276/7.

2) Die Berechtigten sind fast sämtlich im BGB. besser gestellt als im Gemeinen Recht, wo nur Emphyteuta und Superficiar durch Separation erwarben, während der Nießbraucher auf Perception und der Pächter auf Tradition angewiesen war.

Erbbaugrundstück, durch Verpachtung der im Nießbrauch stehenden Sache). Für deren Erwerber gelten ebenfalls die Regeln der §§ 954, 956.

Für sämtliche Bezugsberechtigte gilt nun ebenso wie für den Eigentümer (p. 40, 41) der Satz, daß ihr Erwerb an Trennstücken oder Erzeugnissen nur dann unbedingt ein endgültiger ist, wenn sie zugleich durch entgeltlichen Erwerb „gutgläubiger Besitzer" der Rest- oder Muttersache sind. Andernfalls hängt die Endgültigkeit jenes Erwerbes davon ab, ob sie an der Rest- oder Muttersache eine endgültige Rechtsstellung erworben haben; ist letztere nur kondizierbar erworben, so sind auch ihnen die Trennstücke oder Erzeugnisse nur kondizierbar zugefallen. (cf. §§ 955, 957, 818 1).

Ein Bezugsrecht an Trennstücken oder Erzeugnissen, soweit sie „Früchte" im Sinne der §§ 99 1, 993 sind, hat endlich der auf entgeltlichen Erwerb hin „gutgläubiger Besitzer" Gewordene auch dann, wenn er unter solchen Umständen erwarb, daß er an der Rest- oder Muttersache nichts weiter als ein jus possidendi erlangen konnte (z. B. der redliche Käufer einer gestohlenen Stute). Sein Herrschaftsrecht an den Früchten ist stets ein endgültiges: cf p. 41 und § 955.

Ihm gleich steht der redliche Erwerber einer Aneignungsgestattung, der sie vom Nichtberechtigten erhielt, gemäß § 957; z. B. der, welcher die Grasnutzung von Chausseeböschungen redlich vom Nichtberechtigten pachtete.

Der unentgeltliche redliche Erwerber vom Nichtberechtigten her muß dagegen sämtliche Früchte gemäß § 988 herausgeben.

Das Hauptergebnis unserer Ausführungen unter b) geht somit dahin:

Die herrenlose Sache kann nur durch Wertzuweisung unter ein Herrschaftsrecht kommen; eine Wertbewegung in Bezug auf sie wäre als erster Verteilungsvorgang logisch unmöglich.

Für ein „Produkt" kommt als erster Verteilungsvorgang ebenfalls nur eine Wertzuweisung in Frage; bei „Bearbeitung für Dritte" bewirkt aber das Zusammentreffen der Bearbeitung mit der zwischen dem Bearbeiter und seinem Auftraggeber über die Herstellung des Produktes eingegangenen Wertbewegung, daß das Produkt direkt unter das Herrschaftsrecht des Auftraggebers fällt.

Bei neu entstandenen Trennstücken oder Erzeugnissen ist der erste Verteilungsvorgang grundsätzlich eine Wertzuweisung an den Eigentümer der Rest- oder Muttersache. Hat aber durch eine Wertbewegung ein Anderer (z. B. ein Nießbraucher, ein Pächter) ein Bezugsrecht auf Trennstücke oder Erzeugnisse erlangt, so treten sie grundsätzlich mit der Trennung in dessen Eigentum; der erste Verteilungsvorgang besteht also in einer Wertzuweisung an den Bezugsberechtigten. Anders nur, wenn das Bezugsrecht Jemandem zusteht, dem der Besitz der Rest- oder Muttersache nicht überlassen ist.

γ) Bereits unter Rechten stehende Sachen.

Während so an neu entstandenen oder neu in den Verteilungsverkehr eintretenden Sachen die Wertzuweisung der allein mögliche erste Verteilungsvorgang ist, kann eine Sache, die bereits in den Verteilungsverkehr eingeführt ist, weiteren Verteilungen nur durch Wertbewegungen unterzogen werden, sofern sie weiterhin im Verkehr bleiben soll. Kommt dagegen ihr Wiederausscheiden aus dem Verkehr in Frage, so ist dafür die Wertausscheidung der zuständige Vorgang (z. B. die Dereliktion).

§ 20.

c) Einfluß auf den Umfang einer Wertbewegung.

α) Zubehör[1]).

I. Das Problem.

1. Wenn ich ein körperliches Zweckganzes erwerben will, um es seiner typischen Zweckbestimmung gemäß auszunutzen, so muß ich als vernünftiger Mensch in die Wertbewegung, die ich deshalb eingehe, grundsätzlich sämtliche notwendigen Bestandteile des Zweckganzen einschließen. Kaufe ich z. B. ein Landgut, so muß ich das notwendige Inventar mitkaufen; sonst nützt mir das Landgut nichts. Anders nur, wenn ich einen Teil der notwendigen Bestandteile anderweit erhalten habe oder beschaffen will, z. B. das notwendige Inventar für das Landgut bereits anderweit gekauft habe oder etwa aus einer mir anfallenden Erbschaft entnehmen will; soweit können natürlich auch notwendige Bestandteile des Zweckganzen von der Wertbewegung ausgeschlossen werden. Anders auch, wenn die Gegenpartei gewisse notwendige Bestandteile von der Wertbewegung ausschließen will, um sie etwa allein oder als Bestandteil eines anderen Zweckganzen zu verwenden.

Im Verkehr bilden sich vielfach feste Gebräuche in Bezug auf den Ausschluß notwendiger Bestandteile von einer das Zweckganze betreffenden Wertbewegung; z. B. ist es fester Gebrauch, daß der Käufer eines Wohnhauses die Möbel und sonstigen beweglichen Geräte, die

1) Enneccerus § 119.

zur Erreichung des Wohnzweckes notwendig sind, mitbringt. Wo aber ein solcher fester Gebrauch nicht besteht, erstreckt sich die Wertbewegung über das Zweckganze auf sämtliche notwendigen Bestandteile, sofern solche nicht durch Vereinbarung der Parteien von der Wertbewegung ausgeschlossen worden sind. Und wenn ein notwendiger Bestandteil von solcher Beschaffenheit ist, daß er, von dem Zweckganzen losgelöst, keine Verwendbarkeit mehr besitzt oder doch nur eine so geringe (etwa lediglich als Altmaterial), daß eine unverhältnismäßige Wertminderung eintritt, so dürfte sein Ausschluß, weil wirtschaftlich sinnlos, unzulässig sein.

Wenn aber nicht notwendige Bestandteile von der Wertbewegung über das Zweckganze erfaßt werden sollen, wird grundsätzlich ihre Einbeziehung in die Wertbewegung von den Parteien vereinbart werden müssen. Nur dann werden nicht notwendige Bestandteile auch ohne besondere Vereinbarung in die Wertbewegung einbezogen sein, wenn sie so für das spezielle Zweckganze zugeschnitten sind, daß sie von ihm losgelöst keine Verwendbarkeit mehr besitzen oder nur noch eine unverhältnismäßig geringe und wertmindernde (wie etwa eine in einen Baum eingepaßte Gartenbank oder ein Wandfries), daß also ihre Nichteinbeziehung in die Wertbewegung sinnlos wäre.

2. Ob die Bestandteile körperlich zusammenhängen, ist nur insofern von Bedeutung, als unlösbare Verbindung eine Loslösung wegen der dadurch bedingten Wertvernichtung als wirtschaftlich sinnlos erscheinen läßt, und deshalb weder notwendige noch nicht notwendige Bestandteile, die unlösbar zusammenhängen, von einer Wertbewegung über das Zweckganze ausgenommen werden dürfen.

3. Fehlen dem Zweckganzen Bestandteile, deren Mitlieferung festem Gebrauch entspricht oder ausbedungen ist, so muß ihre Nachlieferung verlangt werden können.

4. Die Abwickelung der auf das Zweckganze gerichteten Wertbewegung muß dadurch erleichtert werden, daß die Herstellung des angestrebten Herrschaftsrechtes (des „dinglichen Rechtszustandes") so vereinfacht wird, daß sie nicht zu praktisch unerträglichen Weiterungen Anlaß gibt. Es muß also namentlich vermieden werden, für jede dem Zweckganzen zugehörige Sache grundsätzlich ein besonderes Übereignungsgeschäft zu fordern.

II. Ursprung und Ausbau der herrschenden Lehre.

Häufig ragt in dem körperlichen Zweckganzen einer seiner Bestandteile durch seine besondere Bedeutung und Wichtigkeit so hervor, daß er im praktischen Leben als „Hauptsache“ angesehen wird. Das ist namentlich so bei Grundstücken, die Bestandteil eines Zweckganzen sind.

Dieser Umstand hat im Verein mit der Gewohnheit, den Zweck im Rechtsleben wenig zu beachten, dazu beigetragen, daß man nicht dazu gelangte, den Begriff des körperlichen Zweckganzen, dessen Bestandteile selbständige körperliche Sachen mit eigener besonderer Zweckbestimmung sind (p. 21, 22), zu entwickeln; sondern statt dessen, ohne Betonung der gemeinsamen Zweckbestimmung des Sachenkomplexes, diesen ein für allemal in die Hauptsache und deren Zubehör einteilte. Die Folge hiervon war, daß man diejenigen durch gemeinsame Zweckbestimmung zusammengehaltenen Sachkomplexe, in denen keiner der Bestandteile als Hauptsache hervortritt (wie etwa ein Schachspiel, ein Paar Handschuhe oder Stiefel, eine Funkeinrichtung, eine Bühnendekoration) rechtlich allesamt ganz anders (nämlich als sogenannte Sachgesamtheiten) behandeln zu müssen vermeinte, und nicht herausfand, daß in Wahrheit beide Arten von Sachkomplexen dadurch, daß sie eben Zweckganze sind, auf das innigste verwandt und oft in fast allen Punkten gleicher rechtlicher Behandlung bedürftig sind.

Die weitere Folge war die Herausarbeitung eines Gegensatzes zwischen Bestandteilen und Zubehör einer Sache, wobei es üblich ist, das körperlich Zusammenhängende den Bestandteilen, und die selbständigen (beweglichen) Sachen, die „dem wirtschaftlichen Zweck der Hauptsache dienen“ (§ 97, [1]) dem Zubehör zuzurechnen.

III. Unser Lösungsversuch.

1. Diese Dogmen von der „Hauptsache mit Zubehör“ und von dem „Gegensatz zwischen Zubehör und Bestandteil“ haben die einschlägige Rechtsentwickelung sehr nachteilig beeinflußt.

Will man künftig bessere Ergebnisse in der Rechtsbildung erzielen, so ist es (wie schon unsere Lehre vom wesentlichen Bestandteil (oben p. 16ff.) bewiesen haben wird) unumgänglich nötig, den Begriff des körperlichen Zweckganzen einzuführen. Noch wichtiger ist es aber, den Gegensatz zwischen Bestandteil und Zubehör in der Weise, wie die herrschende Lehre ihn aufstellt, aufzugeben. Die Vorstellung, als ob ein Teil eines Sachkomplexes immer nur entweder Bestandteil oder Zubehör sein könnte, ist grundverkehrt. Und man wäre nie zu ihr gekommen, wenn man sich die Frage vorgelegt hätte, ob denn diese beiden Begriffe wirklich auf demselben Felde Arbeit zu leisten haben. Hätte man das ernstlich getan, so wäre ohne weiteres klar geworden, daß die beiden Begriffe auf so grundverschiedenen Gebieten Verwendung finden, daß sie einander so wenig ins Gehege kommen können, wie etwa die Begriffe Rechtsgeschäft und Rechtsobjekt, und einen kontradiktorischen Gegensatz deshalb garnicht bilden können. Der Begriff Zubehör kommt ja nur dann zur Verwendung, wenn es sich um die Feststellung handelt, auf welche Nebensachen sich eine über eine Hauptsache eingegangene Wertbewegung mit erstreckt — ob namentlich die obligatorische Leistungspflicht auch auf die Nebensachen ausgedehnt ist, und ob die Übereignung der Hauptsache den Eigentumsübergang an den Nebensachen ipso jure nach sich ziehen kann. Der Begriff Bestandteil mit seinen Unterarten „wesentlicher Bestandteil", „nicht wesentlicher Bestandteil" soll dagegen (auch nach nach der herrschenden Lehre) auf die in ganz besonderer Richtung liegende Frage Antwort geben, ob Teile eines zusammenhängenden Sachkomplexes in einem andern dinglichen Rechtsverhältnis stehen können als der Rest des Sachkomplexes.

Der praktische Antrieb zur Stellung der Fragen, auf welche die beiden Begriffe antworten, ist auch ein ganz verschiedener. Wer nach dem Zubehör fragt, will wissen, welche Nebensachen er außer der Hauptsache auf Grund der eingegangenen Wertbewegung zu verlangen hat. Wer nach der Bestandteilsqualität fragt, weiß schon, was er zu verlangen hat, und will nun noch darüber klar sehen, ob etwa dingliche Rechte Dritter an Teilen des Sachkomplexes der Durchsetzung seines Verlangens im Wege stehen.

Im Hinblick auf diese Wahrnehmungen wird es begreiflich werden, daß die bisher übliche, einen nicht vorhandenen Gegensatz vortäuschende Gegenüberstellung von Bestandteil und Zubehör besser einer anderen sprachlichen Ausdrucksweise Platz macht, und daß überhaupt ein anderer Aufbau der einschlägigen Begriffe nötig ist. Der Oberbegriff, von dem man ausgehen muß, ist das körperliche Zweckganze. Es zerfällt in die beiden Unterarten:

Hauptsache mit Nebensachen	Komplex gleich wichtiger Sachen

und in diesen beiden Fällen ist weiter zu scheiden zwischen

notwendigen Bestandteilen und nichtnotwendigen Bestandteilen des Zweckganzen,

sofern die Frage nach dem Umkreis der Wertbewegungsobjekte (also die bisherige Zubehörfrage) aufgeworfen wird — und zwischen

wesentlichen Bestandteilen und unwesentlichen Bestandteilen
des Zweckganzen (cf. p. 37)

sofern zur Untersuchung steht, ob dingliche Sonderrechte Dritter an einzelnen Bestandteilen der vollen Durchsetzung des an dem genannten Zweckganzen erstrebten Herrschaftsrechtes im Wege stehen.

An die Stelle der „Hauptsache mit Zubehör" setzen wir also das Zweckganze, das aus notwendigen und nichtnotwendigen Bestandteilen besteht, die sämtlich wieder selbständige, jede einer besonderen Zweckbestimmung unterliegende Sachen sind, aber zur Zusammenarbeit für einen gemeinsamen Zweck in dem Zweckganzen vereinigt werden. Ein solches Zweckganzes ist z. B. ein Landgut. Zu seinen notwendigen Bestandteilen gehören namentlich das Grundstück, die Wohn- und Wirtschaftsgebäude, der Obst- und Gemüsegarten, die Geräte und Maschinen, die Fahrzeuge, das Zugvieh, das Saatkorn, der Dünger, die nötigen Lebens- und Futtermittel; aber auch das Geflügel, die Rinder- und Schafherden gehören dazu; denn sie sind notwendig, um die sachgemäße Ausnutzung gewisser Erträge (der Weiden, Stoppeln, Wirtschaftsabfälle etc.) zu fördern, um bestimmte Betriebsmittel (Milch, Fleisch, Eier) zu produzieren, und durch ihre Gesamtproduktion das landwirtschaftliche Unternehmen ertragreicher zu machen.

Als nichtnotwendige Bestandteile dieses Landgutes kämen etwa in Betracht Parkanlagen; nützliche, aber für den Betrieb nicht notwendige Maschinen, Feldbahnen, Fernsprechleitungen, Kraftwagen.

Jeder einzelne Bestandteil — er sei notwendig oder nicht — spielt im Rahmen des Zweckganzen seine eigenartige Rolle (wie Überlegung leicht ergibt); aber alle wirken sie doch zusammen, jeder in seiner Art, zur Lösung der dem Zweckganzen zufallenden Aufgabe. Das Landgut als Zweckganzes soll ein landwirtschaftliches Unternehmen ermöglichen; an der Lösung dieser Aufgabe, an der Erreichung dieser Zweckbestimmung des Zweckganzen arbeiten sämtliche Bestandteile mit, aber jeder in besonderer Weise.

An jedem beliebigen Zweckganzen — sei es nun ein Hotel, eine Badeanstalt, ein Wohnhaus, eine Gärtnerei, ein Schiff, ein Wagen, eine Wanduhr oder was sonst immer — kann man dieselbe Beobachtung wiederholen. Auch an d e n Zweckganzen, in denen es keine Hauptsache gibt, wie etwa am Schach-, Domino-, Kartenspiel oder an einer für ein Theaterstück bestimmten Bühnendekoration.

2. Ist nun aber neben diesem so ausgeweiteten Begriff des Bestandteils eines Zweckganzen, in dem jedenfalls die M a s s e dessen, was

man sonst unter Zubehör begreift, aufgeht, nicht doch noch für einen gewissen Rest des Zubehörs eine besondere Begriffsbildung nötig, weil sich gewisse Sachen, — die mit einer andern in solchen Beziehungen stehen, daß die Frage sich aufdrängt, ob eine über die letztere eingegangene Wertbewegung sie mit ergreifen könne oder müsse — doch nicht als im Rahmen eines Zweckganzen zur Lösung von dessen Aufgaben mitarbeitende Bestandteile aufgefaßt werden können? Man denke an Borten für Bücher, an das Futteral für eine Brille, für ein Besteck, für Näh- und Toilettensachen, für ein Jagdgewehr; an das Kästchen für Schach- oder Dominosteine; an Scheide und Koppel für den Säbel, an Kork und Flasche für Wein oder Sekt; an Karten, Risse, Urkunden über ein Grundstück.

Es handelt sich hier um Sachen, die nicht so mit der anderen Sache zusammenarbeiten, wie ein Bestandteil eines Zweckganzen mit dem andern, — sondern die Aufgabe haben, in Bezug auf jene andere Sache eine gewisse Fürsorge zu treffen, damit sie der Erfüllung ihrer Zweckbestimmung um so besser zugeführt werden könne, — eine Fürsorge, die namentlich auf Konservierung jener Sache hinauslaufen wird (Brillenfutteral, Schachkästchen, Kork und Flasche), aber z. B. auch in Auskunfterteilung über sie bestehen kann (Karten, Urkunden), oder in Bereitstellung für ihre Arbeit (Bücherborte, Ordnungsmappe für Exzerpte).

Es stehen also „Hilfssachen" in Frage, die entweder notwendig (Kork und Flasche) oder doch nützlich (Futteral) dafür sind, die andere Sache ihrer Zweckbestimmung zuzuführen oder zu erhalten — wobei es gleichgültig ist, ob die andere Sache ihre Zweckbestimmung für sich allein oder als Bestandteil eines Zweckganzen erfüllen soll.

Auch bezüglich dieser Hilfssachen — die wir also neben den Bestandteilen als eine selbständige Begriffskategorie ansprechen —, wird die Frage, ob und wie sie in eine über die andere Sache stattfindende Wertbewegung einzubeziehen sind, ebenso von der Notwendigkeit oder Nichtnotwendigkeit ihres Vorhandenseins abhängen, wie bei den Bestandteilen eines Zweckganzen (p. 43, 44).

3. Unser Gesamtergebnis geht demnach dahin:

Ob und wie eine Sache in die über eine andere Sache stattfindende Wertbewegung einbezogen wird, hängt davon ab, ob sie mit jener anderen Sache zusammen Bestandteil eines Zweckganzen, — oder ob sie Hilfssache für jene andere Sache ist, — und ferner davon, ob sie als Bestandteil resp. als Hilfssache notwendig ist oder nicht[1]).

1) Von den Bestandteilen eines körperlichen Zweckganzen, das in den Dienst eines Gewerbebetriebes gestellt ist, muß man

IV. Die Bestimmungen des BGB.

Vergleichen wir nun mit unserer Auffassung die Bestimmungen des BGB, so ergibt sich, daß das BGB die Sachen, die wir Bestandteile eines Zweckganzen nennen, nur dann als Bestandteile (einer „zusammengesetzten Sache“) auffaßt, wenn sie in körperlicher Verbindung stehen, — andernfalls als Zubehör, wenn sie „dem wirtschaftlichen Zweck der Hauptsache dienen“ [1]) (§ 97[1]). Bestehen Zweckganze aus lauter gleich wichtigen Sachen, und sind diese Sachen nicht körperlich verbunden (Schachspiel), so sind sie nach BGB weder Bestandteil noch Zubehör. Unbewegliche Hilfssachen (Wagenschauer) sind dem BGB Bestandteile, bewegliche (Futteral) Zubehör. Auf die Notwendigkeit der Sache als Bestandteil oder Zubehör legt das BGB kein Gewicht; dagegen betont es, daß das Zubehör in einem seiner Bestimmung entsprechenden räumlichen Verhältnis zu der Hauptsache stehen müsse (§ 97[1]), und daß die Benutzung der Sache für den wirtschaftlichen Zweck der Hauptsache keine bloß vorübergehende sein dürfe.

Die Rechtswirkungen, die das BGB an die Eigenschaft als Bestand-

scheiden die selbständigen Sachen, die Hilfsmittel jenes Gewerbebetriebes sind. Schafft ein Gastwirt Gondeln für den naheliegenden See an, um dadurch Kundschaft für seine Wirtschaft anzulocken, so sind diese Gondeln Hilfsmittel seines Wirtschaftsbetriebes, aber nicht Bestandteile (Zubehör) seines Gastwirtschaftgrundstückes, denn dessen Fähigkeit, dem Betrieb zu dienen, beeinflussen sie nicht. Viele Sachen haben aber beide Eigenschaften. Das Zugvieh eines Landgutes ist z. B. Bestandteil (Zubehör) des Landgutes, also eines körperlichen Zweckganzen, das dem Landwirtschaftsbetriebe dient, denn ohne das Zugvieh kann das Landgut seinen Dienst für den Betrieb nicht tun; aber das Zugvieh ist zugleich Hilfsmittel des Landwirtschaftsbetriebes. Die Bedeutung des „Hilfsmittels für einen Betrieb“ liegt darin, daß eine über den Betrieb geschlossene Wertbewegung sich nach denselben Grundsätzen auf die Hilfsmittel erstreckt wie die Wertbewegung über ein körperliches Zweckganzes auf dessen Bestandteile. Aber selbständige Betriebshilfsmittel haben mit den dinglichen Rechtsverhältnissen der dem Betriebe dienenden körperlichen Zweckganzen [zu denen jene also nicht als Bestandteile gehören] nichts gemein. Die Gondeln in RE 47 No. 44 unterliegen also nicht der Hypothek an dem Gastwirtschaftsgrundstück.

1) Ein ganz unklarer Ausdruck. Dient die Ölkanne dem „wirtschaftlichen“ Zweck der Maschine? Dient sie nicht ausschließlich dem technischen Zweck derselben? Steht es mit dem Uhrschlüssel anders? Und ebenso mit tausend anderen Dingen, die anderen als „wirtschaftlichen“ Zwecken der Hauptsache dienen und dennoch wie „Zubehör“ behandelt werden müssen!

teil resp. als Zubehör knüpft, sind, soweit sie hier interessieren, ausgesprochen in den §§ 314, 2164; 926, 1017, 1031, 1093; 1120—22, 1265; 1096.

Die grundlegende Bestimmung ist § 314:

> Verpflichtet sich Jemand zur Veräußerung oder Belastung einer Sache, so erstreckt sich die Verpflichtung im Zweifel auch auf das Zubehör der Sache.

Bei Wertbewegungen, die auf dauernde Veräußerung einer Sache gerichtet sind [Schenkung, Kauf, Tausch, Vermächtnis (§ 2164)], erstreckt sich danach die Wirkung des Grundgeschäfts in dubio auch auf das Zubehör. Für Leihe, Miete, Pacht gilt ein gleicher Satz nicht, da bedarf es also ausdrücklicher Verabredung der Erstreckung. Auf die Notwendigkeit des Zubehörs für die Hauptsache kommt es nicht an; die „in dubio-Erstreckung" gilt für notwendiges wie nicht notwendiges Zubehör in gleicher Weise.

Die Abwickelung der Wertbewegung erfolgt bei Zubehör beweglicher Sachen in normaler Weise; das Zubehör muß also durch besonderen Rechtsakt übereignet werden.

Handelt es sich aber um Zubehör eines Grundstücks, und sind Parteien (was im Zweifel anzunehmen ist), darüber einig, daß der dingliche Veräußerungsakt auch das Zubehör mit ergreifen soll, so überträgt die Auflassung des Grundstücks ipso jure das Eigentum am Zubehör mit: § 926. Das gleiche gilt für Bestellung von Erbbaurecht (1017), Nießbrauch (1031), Wohnrecht (1093).

Zubehör, das dem Eigentümer etc. des Grundstücks nicht gehört, kann aber nur nach den Grundsätzen über den gutgläubigen Erwerb beweglicher Sachen (§ 932 ff.) besonders erworben werden (§ 926 ^{2}; §§ 1017, 1031, 1093).

Das Sicherungsgeschäft Verpfändung erstreckt seine obligatorischen Wirkungen ebenfalls im Zweifel auf das Zubehör. Die dingliche Abwickelung gestaltet sich aber bei Grundstückspfändern anders als bei Mobiliarpfändern: das Grundstückspfandrecht ergreift das im Eigentum des Grundstückseigentümers stehende Zubehör mit (§§ 1120—1122); cf. § 1265 (Schiffspfandrecht); [getrennte Bestandteile dagegen auch, wenn sie im Eigentum des Eigenbesitzers des Grundstückes stehen, wie z. B. Abbruchmaterialien.] Das Mobiliarpfandrecht an einer Hauptsache ergreift aber deren Zubehör überhaupt nicht. Das Zubehör (das ja nach § 314 in dubio von dem Verpfändungsgeschäft über die Hauptsache mit umfaßt ist) kann also hier nur durch besonderen dinglichen Akt einem Pfandrecht unterstellt werden. (Wolff § 161. III).

Der § 1096 spricht aus, daß die Verdinglichung eines Vorkaufsrechtes an einem Grundstück sich im Zweifel auf das mit dem Grundstücke verkaufte Zubehör mit erstreckt. (Wolff § 126, III).

v. Kritik der Bestimmungen des BGB.

Die Rechtsätze des BGB — die der Niederschlag der herrschenden Lehre sind — bleiben den Anforderungen des praktischen Lebens vieles schuldig.

1. Zunächst durch die Nichtbeachtung der aus lauter gleich wichtigen Sachen bestehenden Zweckganzen. Daß das Grundgeschäft einer Wertbewegung sich auf diese sämtlichen Sachen erstreckt, ist wohl selbstverständlich. Aber warum wurden keine Erleichterungen der Abwickelung geschaffen? Warum kann ich durch die Auflassung des gekauften Hauses die gerade beim Tischler zur Reparatur befindlichen Doppelfenster mit zu Eigentum erwerben, aber nicht durch die Uebergabe einer Bühnendekoration zugleich auch die gerade dem Maler zur Auffrischung zugeschickten Kulissenstücke? Man wende nicht ein, dieser Eigentumserwerb sei ja leicht gemäß § 931 durch Abtretung des Anspruches auf Herausgabe zu bewirken; oft werden die Parteien dergleichen vergessen, und dann muß die Praxis zu dem Allheilmittel der Tatbestandsfiktion greifen, indem sie „stillschweigende Abtretung" annimmt. Wozu aber der ganze Umweg?

2. Sodann: weshalb die enge Umgrenzung des § 314? Aus welchem Grunde werden sämtliche auf Ueberlassung zeitlich begrenzten Gebrauches an der Hauptsache gerichteten Wertbewegungen von der praktischen Bestimmung, daß ihr Grundgeschäft sich im Zweifel auch auf das Zubehör erstreckt, ausgeschlossen? Wenn ich Eigentümer der Hauptsache durch Schenkung werden will, erhalte ich einen Anspruch auf das Zubehör schon, wenn nur ein bei der Schenkung erkennbarer gegenteiliger Wille des Schenkers nicht erwiesen werden kann; eine auf die Einbeziehung des Zubehörs zielende Vereinbarung ist also unnötig (cf. Fischer-Henle, Einleitung II No. 8; Oertmann Kommentar Einl. p. XXI, XXII.); wenn ich aber einen Nießbrauch an der Hauptsache gekauft oder gepachtet habe, darf ich das Zubehör nur fordern, wenn sein Einschluß in die Wertbewegung besonders verabredet ist?

3. Ein weiterer Mangel liegt darin, daß bei der Frage, unter welchen Umständen die Wertbewegung das Zubehör mit ergreift, die Notwendigkeit oder Nichtnotwendigkeit eines Zubehörstückes garnicht in Betracht gezogen wird; eiserne Oefen und Haustürschlüssel

stehen da auf einer Linie mit Fahnenstangen und nebensächlichstem Gartenschmuck.

4. Befremdend wirkt auch, daß in Bezug auf das nicht notwendige Zubehör der Art der Wertbewegung kein Einfluß gewährt wird. Man pflegt doch sonst den Käufer besser zu stellen als den Beschenkten. Weshalb nicht auch hier? Weshalb auch dem Beschenkten das nicht notwendige Zubehör schon in dubio zubilligen?

5. Ganz widersinnig wird § 314 aber dadurch, daß die nebensächlichste körperlich mit der Hauptsache verbundene Sache, — weil „Bestandteil" — von jeder Wertbewegung über die Hauptsache ipso jure umfaßt wird, wenn nicht das Gegenteil besonders vereinbart wurde; das notwendigste Zubehör aber dem Käufer der Hauptsache schon durch den Nachweis entwunden werden kann, daß beim Kaufgeschäft erkennbar der innere (unausgesprochene!) Wille des Verkäufers bestand, das Zubehörstück von dem Verkauf auszunehmen.

VI. Unsere Regelung steht mit dem BGB. nicht in Widerspruch.

Das BGB schneidet demnach bezüglich der praktischen Brauchbarkeit seiner Bestimmungen so schlecht ab, daß die Frage aufgeworfen werden muß, ob es möglich ist, die von uns befürwortete Regelung an die Stelle der BGB-Sätze zu setzen. Wir glauben nun, diese Frage bejahen zu bedürfen.

Was wollen wir denn an Aenderungen?

1. Zunächst für die „Zweckganzen mit Hauptsache"?

a) Wir verlangen Ausdehnung von § 314 auf alle Wertbewegungen, die sich auf ein solches aus Hauptsache und Nebensachen bestehendes Zweckganzes richten. Dazu bedarf es lediglich anologer Ausdehnung des § 314, deren praktisches Bedürfnis oben (p. 51) nachgewiesen ist.

b) Wir verlangen Einschränkung des Zubehörs auf Hilfssachen, und Ausdehnung des Bestandteilbegriffes auf den ganzen Rest des Zubehörs, also das grundsätzliche Fallenlassen des Postulates körperlichen Zusammenhanges für den Bestandteil, und wir sind für völlig gleiche Behandlung der Bestandteile und der Hilfssachen in der Frage, ob und wann das Grundgeschäft der auf die Hauptsache gerichteten Wertbewegung sich auch auf die Nebensachen erstreckt.

α) Von diesen Forderungen begegnet die Aufstellung des Begriffes der Hilfssache keiner Schwierigkeit.

β) Die Grenzverschiebung zwischen Bestandteil und Zubehör in Bezug auf § 314 würde sich, selbst wenn sie „Rechtsänderung" wäre, rechtfertigen durch die Massenkalamität unsicherer Prozeßausgänge und unbilliger Entscheidungen, die die bisher von der Praxis vorgenommene Grenzziehung herbeigeführt hat; aber es bedarf für sie gar keiner Rechtsänderung; sie ist lediglich das Resultat der Ausfüllung einer durch unklare und unvollkommene Rechtssätze entstandenen Rechtslücke.

Eine authentische Umreißung der Merkmale des Bestandteilbegriffes hat das BGB ja überhaupt nicht gegeben, wie die Vergleichung der §§ 93—95, 97—98 zeigt. Wenn wir also den Bestandteilsbegriff auch auf bewegliche Sachen erstrecken, so hindert das Gesetz uns nicht daran; eher gibt es uns noch eine Stütze durch § 97[1], aus dessen ersten Worten:

> Zubehör sind bewegliche Sachen, die, ohne Bestandteil der Hauptsache zu sein, dem wirtschaftlichen Zwecke der Hauptsache zu dienen bestimmt sind

man sehr wohl schließen kann, daß auch bewegliche, also körperlich nicht verbundene Sachen Bestandteil einer Hauptsache nach dem BGB sein können.

γ) Und die gleiche Behandlung der Bestandteile und Hilfssachen nach § 314 wird man auf Grund des Umstandes erreichen können, daß § 314 über die Bestandteile garnichts und über das Zubehör nur durch Auslegungsregel bestimmt. Da muß es zulässig sein, bei notwendigen Bestandteilen und Hilfssachen den Parteiwillen, der nicht eine Vereinbarung ihrer Ausschließung von der Wertbewegung durchzusetzen vermochte, überhaupt als „nicht erkennbar vorhanden gewesen" zu behandeln, er verdient es nicht anders; und dem Parteiwillen, der in Bezug auf nicht notwendige Bestandteile oder Hilfssachen ihre Einbeziehung in die Wertbewegung vom Gegner nicht erreichen konnte, das gleiche Schicksal zu bereiten. Wir können schlechterdings nichts Unbilliges in dieser „Auslegung" finden; jura vigilantibus scripta sunt.

c. Die „dingliche Abwickelung" der Wertbewegung über ein „Zweckganzes mit Hauptsache" wollen wir allgemeiner vereinfacht haben, als das BGB. dies vorsieht. Es ist ein praktisches Bedürfnis, namentlich auch dem Pächter und Grundstücksmieter die Erlangung des jus possidendi an den Nebensachen zu erleichtern. Das kann schon im Wege analoger Rechtswendung erreicht werden.

2. Für die „Zweckganzen ohne Hauptsache" enthält das BGB. überhaupt keine hier einschlägigen Bestimmungen. Die Ausfüllung dieser Rechtslücke durch analoge Anwendung der für die „Zweckganzen mit Hauptsache" unter 1 entwickelten Sätze begegnet also keinen Bedenken.

Wenn die Praxis es mit der Einführung unserer Regeln versuchen wollte, würde sie also in dem BGB. kein Hindernis finden.

Wir schließen ab mit dem Hinweis, daß es wünschenswert wäre, auch die Reaktionswirkungen[1]) der auf ein Zweckganzes gerichteten Wertbewegung in besonderen Sätzen auszubauen. Die wenigen Bestimmungen des BGB., die für diese Reaktionswirkungen in Betracht kämen (namentlich §§ 266, 280[2], 283[2], 307[2], 320[2], 323[1], 325, 326[1]; 469, 470, 471, 472[2]), lassen sich zumeist nicht unverändert verwenden. Es ist eben nicht Einerlei, ob Jemand eine teilbare Quantität (10 Doppelzentner Kohlen), oder ein Zweckganzes (Wohnhaus, Bühnendekoration), oder endlich eine Mehrheit zufällig zusammen offerierter Sachen um einen Gesamtpreis kauft (etwa ein Huhn und einen Regenschirm für zusammen 30 Mark).

§ 21.

β) Sachfrüchte[2]).

Auch der Begriff der Sachfrucht dient dazu, den Umfang gewisser Wertbewegungen festzustellen.

I. Früchte einer Sache sind nach § 99[1]:

> die Erzeugnisse der Sache und die sonstige Ausbeute, welche aus der Sache ihrer Bestimmung gemäß gewonnen wird.

Ein Erzeugnis ist also unter allen Umständen Frucht der Muttersache; sonstige Ausbeute aber nur, wenn ihre Gewinnung der Bestimmung der Muttersache entspricht. Das Füllen, das Ei, der Kohlkopf, die Pflaume, die Blume sind also stets Frucht; Steine, Sand, Mergel, Torf, Erze, Quellwasser, Kohle, Kali, Guano nur dann, wenn die Muttersache zu dieser Ausbeute bestimmt ist.

Das Erzeugnis ist also Frucht „von Geburt", die sonstige Ausbeute ist Frucht nur durch die der Muttersache gegebene Zweckbestimmung. Wird aus einem eingegangenen Bergwerk Kohle entnommen, so ist sie nicht Frucht.

II. Die rechtliche Bedeutung der Frucht liegt nun darin, daß gewisse über die Muttersache eingegangene Wertbewegungen sich auch auf die Frucht erstrecken.

Diese Wertbewegungen bilden zwei Gruppen. Die erste besteht aus Pacht; Nießbrauch-Pacht, -Kauf, -Schenkung, -Vermächtnis (usw.); Vorerbschaft; Antichrese.

---

1) cf. Grundriß I p. 14, 17ff., 44ff.

2) Enneccerus, §§ 120, 121; Wolff, § 77.

Die zweite umfaßt nur nichtrechtsgeschäftliche Wertbewegungen, welche die Herausgabepflicht eines Besitzers gegenüber dem Berechtigten regeln[1]).

1. Die erste Gruppe enthält Wertbewegungen, welche ein auf Zeit begrenztes Nutzungsrecht vermitteln sollen.

a) In ihr steht voran die Pacht. § 581 verpflichtet den Verpächter, dem Pächter

> den Genuß der Früchte, soweit sie nach den Regeln einer ordnungsmäßigen Wirtschaft als Ertrag anzusehen sind, während der Pachtzeit zu gewähren.

Dem Pächter fällt also das durch Raubbau oder aus sonstigen Gründen (Windbruch im Forst, Felssturz im Steinbruch) gewonnene Übermaß überhaupt nicht zu; dies wird und bleibt Eigentum des Herrn der Muttersache; der Pächter hat nur Ansprüche auf die Früchte, welche ein ordentlicher Pächter herauswirtschaften darf; diese erwirbt er mit der Trennung (§ 956).

b) Die auf Nießbraucherlangung abzielenden Wertbewegungen — mögen sie entgeltliche oder unentgeltliche, als entgeltliche kauf- oder pachtähnliche sein — bieten ein anderes Bild. Nach § 1039 wird nämlich der Nießbraucher auch Eigentümer der „Übermaß-Früchte" (Wolff § 116).

Das bedeutet nun aber nicht, daß ihm die Übermaßfrüchte als naturalia negotii (d. h. als Abwickelungswirkung des Kausalvorganges)[2]) endgültig zufallen. In natura freilich verbleiben sie ihm[3]); aber er muß bei Beendigung des Nießbrauchs ihren Wert ersetzen und für die Erfüllung dieser Verpflichtung Sicherheit leisten.

Auch für die nichtrechtsgeschäftliche Wertbewegung der Nießbrauch-Ersitzung gelten dieselben Rechtssätze.

c) Auch der Vorerbe steht in Bezug auf den Erwerb der Übermaßfrüchte dem Nießbraucher gleich und unterliegt in seiner Pflicht zum Wertersatz an den Nacherben analogen Vorschriften (§ 2133).

---

1) § 2184 gehört schon deshalb nicht hierher; denn die Herausgabepflicht ist dort nicht auf die Früchte beschränkt; Kipp § 106 V.

2) cf. Grundriß I p. 14 f.

3) Praktische Gründe für diese vom gemeinen Recht und ALR. abweichende Ausdehnung des Fruchterwerbes sind nicht erfindlich; wer die Materialien liest (Motive p. 501, Mugdan p. 278; Protokolle p. 4067—8, Mugdan p. 746), wird den Verdacht nicht los, daß man lediglich der Dinglichkeit des Nießbrauchrechtes eine Verbeugung gemacht hat. (cf. Dernburg, BR. III, § 186 No. 3).

d) Nach § 1213—14 ist der Nutzpfandgläubiger berechtigt, die „Nutzungen“ zu ziehen; ihr Reinertrag wird auf die geschuldete Leistung angerechnet. Der Pfandgläubiger einer „von Natur fruchttragenden“ Sache, dem diese zum Allein besitz übergeben ist, gilt im Zweifel als zum „Fruchtbezuge“ berechtigt — unter der gleichen Anrechnungspflicht.

2. Gegenüber einem dinglichen Anspruch (§ 985 usw.) oder einem solchen aus „besserem Recht“ (§ 1007) hat der redliche Besitzer einer Muttersache (§ 993) — der ja selbst noch die nach eingetretener Rechtshängigkeit gezogenen Früchte zu Eigentum erwirbt (Wolff § 85 Anm. 12, § 78, III, V) — die gezogenen Früchte, die er vor der Rechtshängigkeit erwarb, dem Gegner nur soweit (nach Bereicherungsgrundsätzen) herauszugeben, als sie nach den Regeln einer ordnungsmäßigen Wirtschaft nicht als Ertrag der Sache anzusehen sind — vorausgesetzt, daß er selber die Muttersache entgeltlich erworben hat. [Erwarb er die Muttersache unentgeltlich, so muß er alle Nutzungen (nach § 988) herausgeben. Die nach der Rechtshängigkeit gezogenen Nutzungen muß er nach § 987 stets restituieren.]

§ 2020 sieht bei der Erbschaftsklage den Erbschaftsbesitzer (§ 2018) schärfer an, er muß dem Erben schlechthin die gezogenen Nutzungen herausgeben; diese Verpflichtung erstreckt sich auch auf alle Früchte, an denen er das Eigentum erworben hat (Kipp § 68, II, 4; III).

III. Hat Jemand das Recht, Früchte einer Sache bis zu einer bestimmten Zeit oder von einer bestimmten Zeit an zu beziehen, so gebühren ihm diese Sachfrüchte insoweit, als sie während der Dauer der Berechtigung von der Sache getrennt wurden (§ 101). Dies trifft auch für den gutgläubigen Besitzer des § 993 zu [Enneccerus § 121].

IV. Muß Jemand Früchte herausgeben, so kann er Ersatz der Gewinnungskosten insoweit verlangen, als sie ordnungsmäßiger Wirtschaft entsprechen und den Wert der Früchte nicht übersteigen (§ 102). [Enneccerus § 120, V.]

V. Die (unklaren) Bestimmungen über die „Früchte eines Rechtes“ (§ 99²) sind überflüssig; cf. § 30 p. 87 Anm. 1; und die sog. „Zivilfrüchte“ (§ 99³) (z. B. der Mietzins) gehören systematisch nicht in die Lehre von den Sachen.

§ 22.

d) Einfluß auf den technischen Ausbau des Verteilungsvorganges.

α) Bewegliche und unbewegliche Sachen.

Im Anschluß an das deutsche und preußische Recht hat das BGB. die Verteilungsvorgänge über unbewegliche Sachen vielfach anders ausgestaltet als die über bewegliche Sachen; namentlich die dingliche Abwickelung der Wertbewegungen steht unter ganz verschiedenen Grundsätzen; cf. §§ 873ff., 925ff., 929ff., 937ff. usw. Die rechtsgeschäftliche Erwerbung und Veräußerung von Immobilien steht unter dem Eintragungsprinzip, die von Mobilien unter dem Traditionsprinzip; das Immobiliarrecht wird überhaupt von dem Grundbuch weithin beherrscht. Auch der Abschluß und die Wirkung der Grundgeschäfte der Wertbewegungen wird von dem Gegensatz beeinflußt; das Immobiliar-Grundgeschäft bedarf mehrfach besonderer Form (§§ 313, 566, 581²); über die Verschiedenheit der Wirkungen vergleiche man z. B. die Titel Kauf, Miete, Pacht passim[1]).

Die Grenzen beider Sacharten [deren Unterschied ja auf ihrer natürlichen Beschaffenheit beruht] sind durch gesetzliche Bestimmungen mehrfach gegeneinander verschoben; Schiffe, die ins Schiffsregister eingetragen sind, werden z. B. in Bezug auf Pfandrechtsbestellung und -wirkung ähnlich wie Grundstücke behandelt; und Sachen, die mit einem Grundstück fest aber nur zu einem vorübergehenden Zweck verbunden sind (§§ 94², 95²), verbleiben unter Mobiliarrechtgrundsätzen. [Näheres bei Enneccerus § 115].

β) Verbrauchbare Sachen.

Enneccerus § 115ff.

I. Als verbrauchbare Sachen bezeichnet § 92 sehr verschiedenartige Dinge:

1. Sachen, die wegen ihrer natürlichen Beschaffenheit durch einmaligen bestimmungsmäßigen Gebrauch aufgezehrt werden [Brot, Fleisch, Gemüse, Wein, Speiseöl, Zündhölzer, Brennholz, Kohlen, Petroleum, Sprengkörper, Leuchtraketen]. Sie sind ganz verschieden von den Sachen, die durch dauernden bestimmungsmäßigen Gebrauch abgenutzt werden, wie Kleidungsstücke, Werkzeuge. Letztere gehören, ebenso wie die wenigen selbst durch dauernden bestimmungsmäßigen Gebrauch nicht abnutzbaren Sachen [etwa Kristall,

1) Über Dereliktion und Okkupation von Grundstücken: § 928.

Diamanten], zu den Gebrauchsachen; erstere sind Verbrauchsachen. Unter den Verbrauchsachen nehmen die dem Verderb ausgesetzten (die also schnell verbraucht werden müssen, da sie sonst wertlos werden, wie z. B. viele Lebensmittel) eine besondere Stelle ein.

2. Sachen, die durch menschliche Zweckbestimmung zu Tauschwerten gemacht sind (wie namentlich das Geld). Unter ihnen gibt es solche, die dauernd nur die Zweckbestimmung als Tauschwert haben (wie das Geld); ihnen stehen andere gegenüber, die nur vorübergehend Tauschwerte sein sollen; dahin gehören z. B. die einem Warenlager (als „Verkaufsartikel") einverleibten Sachen.

Über das Geld verweisen wir auf Enneccerus § 116.

II. Die rechtliche Bedeutung der beiden Arten verbrauchbarer Sachen ist darin gleich, daß sie als Gegenstand von Wertbewegungen, die auf zeitweisen Gebrauch gerichtet sind, deren technischen Ausbau beeinflussen.

Sie gehen nämlich in das Eigentum resp. Verbrauchsrecht des Empfängers über, und dieser hat nach Beendigung seines Gebrauchsrechtes dem Gegner ihren Wert zu ersetzen; den Gläubigern des Gegners haftet er mit diesem Wert unter Umständen schon früher. So beim Nießbrauch (§§ 1067, 1086; cf. 1075); bei der Verwaltung und Nutznießung des Ehemannes am eingebrachten Gut der Frau (§§ 1376 No. 1; 1377[2], 1411[2]); bei der Nutznießnng des Vaters am Kindesvermögen (§§ 1653, 1659[2]). Auch wenn in eine Gesellschaft verbrauchbare Sachen eingebracht werden, werden sie wenigstens im Zweifel zu Eigentum eingebracht, so, daß bei der Liquidation des Unternehmens Wertersatz in Frage kommt (§§ 706, 733[2]).

§ 23.

e) Einfluß auf die Ermöglichung gewisser Wertbewegungs- resp. Hilfsgeschäftsarten: (Vertretbare Sachen).

I. § 91: „Vertretbare Sachen im Sinne des Gesetzes sind bewegliche Sachen, die im Verkehr nach Zahl, Maß oder Gewicht bestimmt zu werden pflegen".

Den Verfassern des BGB. ist mit dieser Begriffsbestimmung ein eigentümliches Mißgeschick passiert.

Das Römische Recht gibt zwei Definitionen:

res quae pondere numero mensura constant,
res quae in genere suo functionem recipiunt per solutionem quam specie. [Gaj. III § 90; l. 2 § 1 D. 12. 1].

Beide treffen keineswegs immer dieselben Sacharten; es gibt Sachen, die für den Verkehr nur als Quantitäten in Betracht kommen und die doch in dem Sinne unvertretbar sind, daß sie durch nichts ihresgleichen ersetzt werden können; z. B. die letzte Flasche 93er Rauentaler, der letzte Scheffel dänischen Saathafers vorjähriger Ernte. Und es gibt andererseits Sachen, die in dem Sinne vertretbar sind, daß sie durch ihresgleichen ersetzt werden können, und die doch für den Verkehr nur als Einzelsache, nicht als Quantität in Frage zu kommen pflegen; z. B. ein Buch, ein Werkzeug, namentlich alle fabrikmäßig hergestellten, aber im Verkehr als Einzelexemplare begehrten Sachen.

Die Verfasser des BGB. haben nun gerade diejenige der beiden Definitionen ausgewählt, die für die Rechtssätze, in denen sie funktionieren sollte, die verkehrte war, denn die §§ 607, 651, 700, 706, 783 können ohne eine durch ihresgleichen ersetzbare Sache nicht bestehen[1]).

II. Die rechtliche Bedeutung der durch ihresgleichen ersetzbaren Sache zeigt sich in Folgendem:

1. Über wegen ihrer natürlichen Beschaffenheit verbrauchbare Sachen sind nur dann, wenn sie durch ihresgleichen ersetzbar sind, solche Wertbewegungen möglich, die sie nur zu zeitweisem Gebrauch überlassen wollen und Restitution in natura (also nicht etwa bloß Geldersatz für den Verbrauch) verlangen. Deshalb kann ein Darlehn (§ 607) und ein depositum irregulare (§ 700) nur über vertretbare verbrauchbare Sachen geschlossen werden.

Auch die nur ihrer Zweckbestimmung nach verbrauchbaren Sachen sind diesen Wertbewegungen nur dann zugänglich, wenn sie durch ihresgleichen ersetzt werden können. Ich kann Geld oder Getreide zu Darlehn geben, aber nicht das Gemälde aus dem Kunstladen. [Aber freilich kann bei den kraft Zweckbestimmung verbrauchbaren aber unvertretbaren Sachen die Ueberlassung zeitweisen Gebrauches durch andere Wertbewegungstypen — Miete, Leihe — hergestellt werden.]

2. Ein ganz nach **Kauf**grundsätzen zu behandelnder Werklieferungsvertrag (§ 651) kommt nur für Sachen, die durch ihresgleichen ersetzt werden können, in Frage.

3. Ein besondersartiges Hilfsgeschäft, nämlich das Zahlungsverfahren durch Anweisung, ist nur in Bezug auf ebensolche Sachen möglich.

1) Die in diesem Sinne unvertretbarste Sache dürfte heute das Zwanzigmarkstück sein.

III. Tatsächlich wird es sich in den Fällen II 1—3 vorwiegend um solche Sachen handeln, die im Verkehr nur als Quantitäten in Betracht kommen; aber der Grund, der jene Geschäftsarten ermöglicht, ist trotzdem nicht der, daß der Tauschverkehr solche Sacharten nur als Quantitäten zu beachten pflegt, sondern der Umstand, daß sie durch ihresgleichen ersetzbar sind.

IV. Der Umstand, daß die Sachart im Verkehr nur als Quantität in Frage zu kommen pflegt, spielt auch bei dem Aenderungsgeschäft Minderung des § 473 keine Rolle; dort ist (implicite) bestimmt, daß, wenn in concreto eine teilbare Quantität von Nichtgeldsachen neben dem Geldkaufpreis ausbedungen **ist** (z. B. 100 Mk. und 3 Pfund Butter), auch diese teilbare Quantität bei der Minderung entsprechend herabgesetzt wird [cf. Oertmann, Komm. zu § 473, No. 1, b α].

Die im Sinne von § 91 vertretbaren Sachen spielen also bei keinem Rechtsatz des BGB eine ausschlaggebende Rolle!

[In welchem Sinne die Auslegungsregel des § 706 von vertretbaren Sachen spricht, ist nicht klar.]

§ 24.

4. Rückschau.

Getreu unserm Grundsatz:

Feststellen, wo ein Begriff Arbeit zu leisten hat! haben wir das Arbeitsfeld der verschiedenen Sachbegriffe genau in Augenschein genommen. Das führte zu einem Aufbau der Darstellung, der von dem üblichen in mancherlei Richtung abweicht und Gelegenheit zu allerlei neuartigen Beobachtungen gab. Wir ersahen Folgendes:

Der Einfluß der Sachen äußert sich gegenüber den Herrschaftsrechten in Beschränkungen derselben; der Grund dafür liegt vorwiegend in der Zweckbestimmung der betreffenden Sachart, — in einem Fall auch in ihrer natürlichen Beschaffenheit; die res omnium communes sind von Natur für Privatherrschaft unzugänglich, aber zugleich doch auch für den Gemeingebrauch bestimmt.

Auch den Verteilungsvorgängen erwachsen aus den gleichen Gründen Beschränkungen; doch steht die Zweckbestimmung der betreffenden Sachart ihnen nicht so absolut entgegen, weil es zumeist möglich ist, über eine zur Zeit dem privaten Herrschaftsrecht wegen ihrer Zweckbestimmung noch unzugängliche Sache doch bereits einen Verteilungsvorgang, der mit künftiger Aenderung ihrer Zweckbestimmung rechnet, wenigstens einzuleiten.

Auf die A r t des Verteilungsvorganges übt der Umstand Einfluß, ob die Sache schon einem Recht unterworfen war oder noch nicht. Auf den U m f a n g des Verteilungsvorganges wirken wieder namentlich Zweckbestimmungsmomente ein (Zubehör, Frucht[1]). Auch für seinen t e c h n i s c h e n A u s b a u werden solche entscheidend (T a u s c h-sachen des § 92); aber wiederum auch die natürliche Beschaffenheit (verbrauchbare Sachen des § 92; bewegliche und unbewegliche Sachen). Die Ersetzbarkeit von Sachen durch ihresgleichen e r m ö g l i c h t gewisse Wertbewegungstypen und Hilfsgeschäftsarten.

Als Hauptgewinn unserer Betrachtungsweise möchten wir aber die Erkenntnis buchen, daß die Begriffe Bestandteil und Zubehör in neuer Art ausgebaut werden müssen, wenn sie zweckdienliche Arbeit leisten sollen.

§ 25.

III. Die Naturkräfte.

Die Sachen dienen den Menschen teils mit ihrem Körper, als „Stoff", — teils durch ihr Arbeitsvermögen. [Nahrungsmittel — Maschinen.] Manche Sacharten können in beiden Rollen Dienste leisten; z. B. das Wasser.

Arbeitsvermögen ist manchen Sachen von Natur eigen: so manchen Haustierarten; andere Sachen müssen erst durch besondere Vorgänge in solchen Zustand versetzt werden, daß sie Arbeit leisten können. Unter diesen Vorgängen spielen Temperaturveränderungen und elektrische Strömung eine große, wirtschaftlich sehr bedeutsame Rolle. Erwärmung stellt z. B. die Spannkraft des Wasserdampfes her, welche den Kolben der Maschine treibt; und durch den in ihn geschickten elektrischen Strom wird der Leitungsdraht befähigt, motorische Kraft zu entfalten.

In unserer Dogmatik ist es üblich geworden, solche durch besondere Vorgänge hervorgerufenen Arbeitsvermögen — die man Energieen nennt — ebenso wie die Sachen als mögliche Gegenstände von Rechten aufzufassen und dementsprechend zu fragen, ob und wieweit die thermische bezw. die elektrische Energie rechtlicher Beherrschung zugänglich seien. Wir möchten glauben, daß damit eine unklare Frage gestellt ist. Denn die Energie ist kein selbständiger Gegenstand, sondern eine der Menge nach meßbare Eigenschaft einer bestimmten Sache. Und sowenig wie tierisches Arbeitsvermögen für sich allein, also losgelöst von dem Tier, als Gegenstand von Rechten aufgefaßt wird,

1) Bei der Frucht ist aber auch die Herkunft von der Muttersache bedeutsam.

sondern stets nur ein Recht an dem Arbeitsvermögen eines bestimmten Tieres anerkannt wird, — ebensowenig geht es an, von Rechten an andersartigen „Energieen schlechthin“ zu sprechen; es können nur Rechte an der thermischen oder elektrischen Energie einer bestimmten Sache in Betracht kommen. Das thermische bezw. das elektrische Arbeitsvermögen ist genau so Eigenschaft einer Sache wie das natürliche Arbeitsvermögen eines Tieres.

Von den Sachen, in denen solches Arbeitsvermögen (Energie) lebendig wird, muß man wohl unterscheiden die andern Sachen, die in jenen die Arbeitskraft entstehen lassen, — die jene also in den Zustand bringen, in dem sie Arbeit leisten können. Wie Hafer und Heu das Arbeitsvermögen des Pferdes erzeugen, so speist (erfüllt) das galvanische Element den Leitungsdraht mit elektrischer Energie, und ruft die Kohle verbrennend die Spannkraft des Wasserdampfes hervor. Den Trägern der Energie stehen also die Erzeuger der Energie gegenüber. Träger aber wie Erzeuger der Energie sind Sachen.

Die Frage, ob und wieweit eine Energie Gegenstand von Rechten sein kann, muß deshalb u. E. aufgelöst werden in die beiden Fragen:

Inwieweit sind Rechte an Trägern von Energie — und inwieweit sind sie an Erzeugern von Energie möglich?

Es handelt sich demnach lediglich um Fragen, die Sachen von bestimmten Eigenschaften betreffen und nach den Regeln der §§ 6—24 zu beantworten sind. Energieen als eine besondere Gattung von Rechtsgegenständen gibt es u. E. nicht.

IV. Die Geistesprodukte.

§ 26.

Einleitung.

[Kohler, Patentrecht (1878), Einleitung; Kohler-Holtzendorff, Bd. 1, p. 621 ff. (1904).]

Geistesprodukte sind Gedankenschöpfungen technischen, ästhetischen oder theoretischen Inhalts, die eine jenen Kulturgebieten entstammende Aufgabe in neuartiger Weise lösen.

Entdeckungen vorhandener Tatsachen, die bisher nur noch nicht zutage lagen, entstammen zwar auch zumeist angestrengter geistiger Tätigkeit, entbehren aber des schöpferischen Inhaltes. Freilich können sie von größter Tragweite sein. Kolumbus entdeckte Amerika, Kopernikus die Drehung der Erde um die Sonne, Leonardo da Vinci das Trägheitsgesetz, Galvani die chemische Elektrizität.

Aber so groß das Verdienst eines Entdeckers oft sein mag, so darf er doch keinen andern Anspruch daraus herleiten als den auf Wahrung der Entdeckerehre. Das Recht zu ausschließlicher Verwertung seiner Entdeckung kann ihm nicht zugebilligt werden; denn der Menschheit neu aufgedeckte Kulturwerte um eines einzelnen willen vorzuenthalten, wäre widersinnig.

Mehr Rücksicht darf der Neuschöpfer geistiger Güter beanspruchen. Wie Großes wurde der Welt durch Johann Gutenbergs Erfindung gegeben, durch Michelangelo, Dürer, Rembrandt, Shakespeare, Beethoven, Goethe, durch James Watt und Werner von Siemens! Wenn nun die Rechtsordnungen schon dem rein handwerksmäßigen Hersteller einer neuen Sache weitgehend das Eigentum an dieser Sache zuweisen, selbst wenn der Stoff, aus dem sie gefertigt wurde, einem andern gehörte, — so erscheint der Schöpfer eines geistigen Gutes gewiß erst recht würdig, an seiner Schöpfung eine Herrschaftsstellung zu erhalten, die wirtschaftliche Ausnutzung ermöglicht.

Aber die Rechtsordnungen haben sich gegen diese Forderung der Gerechtigkeit lange ablehnend verhalten. Dem Schutze technischer Erfindungen arbeitete natürlich von jeher das Interesse der sich bedroht fühlenden Konkurrenz entgegen. Und der Erzeuger theoretischer oder aesthetischer Geistesgüter stand Jahrhunderte hindurch niedriger im Kurse als Drucker und Verleger; die altrömische Anschauung, daß es nicht wohlanständig sei, für geistige Arbeit Entgelt zu nehmen, mag dabei mitgewirkt haben und den Gegnern des Autorschutzes eine willkommene Unterstützung gewesen sein.

Ein Schutz von Geistesprodukten entwickelt sich erst seit dem Ausgang des Mittelalters. Er wird zunächst in sehr unregelmäßiger Weise erteilt, namentlich durch Privilegien, die keineswegs immer dem Schöpfer des Geistesproduktes verliehen werden, sondern oft wohl dem unter den Bewerbern, der am besten bezahlte. Besonders häufig begegnen in älterer Zeit Privilegien an Schriftwerken für Buchdrucker. Von Kunstwerken wurden besonders Stiche und Holzschnitte (im Anschluß an die Bücherprivilegien) privilegiert. Auch für technische Erfindungen waren Privilegien üblich, die man in England Patente nannte.

Seit dem 17. Jahrhundert tritt an die Stelle der Privilegienwirtschaft allmählich ein Schutz der Geistesprodukte durch allgemeine Gesetze. Und zugleich entsteht die Erkenntnis, daß nicht der Vervielfältiger, auch nicht der Verbreiter (Verleger) des Werkes, sondern allein sein Schöpfer solchen Schutz verdiene. Dieser Umschwung geht für das Gebiet der technischen Erfindungen von England aus (seit 1623), und das Patentrecht findet dann namentlich in den Vereinigten Staaten von Amerika schon früh eine vollkommene Ausgestaltung, welche diesen Ländern lange eine weltbeherrschende Stellung ihrer Industrie sicherte.

Auch der allgemeine Schutz für Schriftwerke ist zuerst in England, durch ein Gesetz von 1709, eingeführt. Aber das englische und mit ihm das amerikanische Recht haben auf diesem Gebiet später eine verfehlte, rückständige Entwickelung genommen und die Führung an Deutschland abgegeben, wo dieses Autorrecht besonders durch die Reichsgesetzgebung von 1870 und 1901 ausgebaut ist.

Im Kunstwerkschutz hat England ebenfalls die moderne Entwickelung eingeleitet; auf Betreiben des berühmten Malers und Kupferstechers Hogarth begründete ein Gesetz von 1735 das Autorrecht an Stichen. Das Kunstwerkrecht an Gemälden und Skulpturen ist erst später entstanden, namentlich deshalb, weil im 18. Jahrhundert geeignete Vervielfältigungsverfahren für diese Gattungen von Kunstwerken noch mangelten. Das deutsche Kunstwerkrecht von 1876 war noch sehr unvollkommen, schloß z. B. die Baukunst vom Kunstschutz aus. Das deutsche Gesetz von 1907 hat den Kunstschutz erheblich verbessert und erweitert.

Die Unkörperlichkeit des Geistesproduktes hat zur Folge, daß die Rechtstellung seines Autors, räumlich angesehen, Verletzungen in viel weiterem Umfange ausgesetzt ist als ein Recht an körperlichen Dingen; Beeinträchtigungen eines Erfinders, Schriftstellers, Malers, Bildhauers, Tonkünstlers sind an geographische Grenzen nicht gebunden. Deshalb nahm die moderne Rechtsbildung die Aufgabe in Angriff, einen internationalen Autorschutz zu schaffen, der sich möglichst über die ganze Erde erstreckt; die Berner Literarkonvention von 1886/1908 und der sog. Unionsvertrag von 1883, der, durch die Brüsseler Zusatzakte von 1900 in neue Fassung gebracht, einen Weltschutz für technische Erfindungen anstrebt, — bilden wertvolle Ergebnisse jener Bestrebungen.

Ringt so das Autorrecht, wegen der natürlichen Beschaffenheit seiner Gegenstände, um räumliche Erweiterung des Schutzes, so verlangt andererseits die Zweckbestimmung dieser Gegenstände die zeitliche Beschränkung des Schutzes. Sachen können zumeist dem freien Allgemeingebrauch dauernd entzogen werden, ohne daß die Menschheit Schaden daran nähme.

Aber die dauernde Ausschließung der Allgemeinheit von der freien Benutzung geistiger Güter würde das Fortschreiten der Kultur in so verhängnisvoller Weise hemmen, daß es unmöglich ist, dem Autor sein Erzeugnis dauernd vorzubehalten. Deshalb wird jedes Autorrecht nur für einen verhältnismäßig kurzen Zeitraum gewährt, der um so kleiner bemessen wird, je mehr das geistige Gut für die wirtschaftliche Entwickelung von Bedeutung ist; Erfindungspatente erlöschen z. B. weit schneller als die Herrschaftsrechte des Schriftstellers oder Künstlers.

§ 27.

Das Wesen des Geistesproduktes.

1. Das Wesen der geistigen Produktion muß man aus ihrer Aufgabe zu begreifen suchen.

Die Produktion von Sachen hat die Aufgabe, körperliche Gegenstände zu schaffen, die den Menschen dienen, entweder als Gebrauchsgegenstände oder als Arbeitsgeräte (cf. § 25).

Entsprechend fällt der geistigen Produktion die Aufgabe zu, den geistigen Plan zu schaffen, nach dem Sachen, die sich als „Gebrauchsgegenstände“ („Stoffe“) oder als „Arbeitsgeräte“ („Geräte“) [diese Ausdrücke hier im weitesten Sinne genommen] eignen, hergestellt werden können. Das Geistesprodukt ist dieser geistige Plan, der „Modellplan“, der die Entfaltung von Sachproduktion ermöglicht.

Aber der geistigen Produktion ist noch eine zweite Aufgabe gestellt. Sie soll nicht bloß Sachmodelle, sondern auch Arbeitsmethoden ersinnen, die Verwendung finden entweder bei der Herstellung von Sachen bzw. von Geistesprodukten oder bei sonstiger (körperlicher oder geistiger) Arbeit. Dann besteht das Geistesprodukt also in dem „Arbeitsplan“.

Die geistige Produktion erschöpft sich demnach in der Erzeugung von Modellplänen (zu „Gerätmodellen“ oder „Stoffmodellen“) und Arbeitsplänen[1]).

Diese Behauptungen wollen wir jetzt an den Einzelfällen der geistigen Produktion erweisen.

2. Das Wesen der **technischen** Erfindung.

a) Wer vor die Aufgabe gestellt ist, ein technisches Gerät-Modell bestimmter Art zu erfinden — etwa ein elektrisches Läute-

1) cf. unten § 28.

werk für Wohnungen —, muß einen Plan entwerfen, der zur Erreichung seines Zweckes führt. Der Erfinder des jetzt allgemein gebräuchlichen Apparates kam zu der Erkenntnis, daß ein zweckdienliches Läutewerk sich am einfachsten und billigsten herstellen lasse durch Herbeiführung des Zusammenwirkens elektrischer, magnetischer und elastischer Energie. Er sah ein, daß der von der elektrischen Batterie ausgehende Strom auf einen Elektromagneten wirken müsse — und dessen magnetische Energie benutzt werden müsse zum Anziehen eines an einer Feder befestigten Ankers, mit dem ein Hammer so verbunden ist, daß er, sobald der Anker angezogen wird, gegen eine Glocke schlägt. Er erkannte ferner, daß, um ein dauerndes Läuten zu erreichen, die Feder mit dem Anker so zu lagern sei, daß sie in ihrer Ruhelage den Stromkreis, der auf den Elektromagneten wirken soll, schließt, — daß aber ihre dann durch die magnetische Anziehung erfolgte Abbiegung jenen Stromkreis unterbricht. Dies bewirkt nämlich, daß der Elektromagnet nach Abbiegung der Feder wieder stromlos wird, also seine Anziehungskraft verliert und der Feder die Rückkehr in ihre Ruhelage und damit die erneute Schließung des Stromkreises frei gibt; worauf der Prozeß von neuem beginnt. — Als praktischer Effekt wird dadurch ein anhaltendes, durch viele sehr kurze Pausen unterbrochenes Läuten der Glocke hervorgerufen.

Der Erfinder sah ferner ein, daß, um dies Läutewerk vom Zimmer aus in Tätigkeit zu setzen, von der Batterie und dem Läutewerk Leitungsdrähte in das Zimmer führen müssen, und daß die Schließung des Stromkreises vom Zimmer aus in bequemster Weise durch Druck auf einen Druckknopf bewirkt wird, so daß das Läutewerk so lange ertönt, als der Druckknopf hineingedrückt wird[1]).

Die Erfindung war demnach vollendet, sobald der Modellplan für das Läutewerk vollständig ersonnen war, d. h., sobald dem Erfinder die notwendigen Bestandteile des Werkes (die Batterie mit den Leitungsdrähten, der Elektromagnet, die Feder mit dem Anker und dem mit diesem verbundenen Hammer, die Glocke, der Druckknopf) — die Art ihres Zusammenwirkens — und die dazu nötige Art ihrer räumlichen Gruppierung so klar geworden waren, daß er andere mit Erfolg über Zweck und Inhalt seiner Erfindung unterweisen konnte.

Allgemein gesprochen, ist also eine Gerät-Modell-Erfindung in dem Augenblick vollendet, in dem der Erfinder die gestellte Aufgabe durch seine geistige Arbeit gelöst hat; — in dem er das Stadium der

1) cf. H. Bohn, Leitfaden der Physik, 1917, § 90.

Versuche überwunden hat und das Modell, nach dem die Fabrikation geschehen kann, klar vor seinem geistigen Auge stehen sieht. Zur Vollendung einer Erfindung gehört also nicht mehr die Ausführung des Modellplanes durch Herstellung eines Exemplars der nach dem Modellplan fabrizierbaren körperlichen Sache; ja nicht einmal die Niederlegung des Planes in Beschreibungen oder Zeichnungen gehört dazu; die Erfindung ist fertig, sobald sie im Geiste klar erfaßt ist; auf eine äußerliche jedem Dritten erkennbare Verlautbarung oder Darstellung kommt es für ihre Vollendung nicht an. Das ist von Bedeutung für das Recht auf die Erfinderehre; diese kann mir nicht genommen werden, wenn ich nur irgendwie beweisen kann, daß ich der erste war, vor dessen geistigem Auge die Erfindung erstand.

Das Recht auf gewerbliche Ausnutzung der Erfindung ist freilich, wie wir unten sehen werden, an noch weitere Voraussetzungen geknüpft. Aber dies steht der Tatsache nicht entgegen, daß die Erfindung ein völlig unkörperliches, rein geistiges Erzeugnis ist, das niemals mit den nach ihm als Vorbild fabrizierten körperlichen Sachen durcheinandergebracht werden darf.

b) Ganz das gleiche gilt für eine „Stoffmodell-Erfindung“ (Indigo, Soda, Kunstseide, wasserdichtes Segeltuch).

c) Das gleiche gilt natürlich erst recht von der Erfindung eines Arbeitsplanes — die man herkömmlich „Erfindung eines Verfahrens“ nennt. Sie ist vollendet, sobald der Arbeitsplan von dem Erfinder in allen seinen Einzelheiten klar erkannt ist; die praktische Ausübung des Verfahrens braucht nicht hinzuzukommen. Das Verfahren, Tiegelstahl herzustellen[1]), war erfunden, sobald der Erfinder über die chemischen Folgen der Verwendung von Graphittiegeln[2]) zum Schmelzen des Stahles klar sah. Ebenso war die Erfindung, Davys Sicherheitslampe zur Verhütung von Gasexplosionen in Bergwerken zu verwenden, vollendet, sobald ihre Geeignetheit für diesen Zweck erkannt war[3]).

Das Recht auf gewerbliche Ausnutzung ist jedoch auch hier an noch weitere Voraussetzungen gebunden.

1) R. Sachsze, Chemische Technologie, Aufl. 2 (1917), p. 54; H. Ost, Lehrbuch der Chemischen Technologie, Aufl. 9 (1918), p. 699.

2) Der Graphittiegel gibt an den in ihm schmelzenden Stahl härtenden Kohlenstoff ab.

3) Kohler, Patentrecht (1878), p. 47, 48; cf. Remsen-Seubert, Anorganische Chemie (1914), p. 120.

3. Der technischen Erfindung — die wir auch nach ihrem Ziel als die praktische bezeichnen können, weil sie den Menschen die Lebensbedingungen erleichtern und verbessern will — stehen die **theoretische** und die **ästhetische** Erfindung gegenüber. Jene will den Geist, diese die Seele der Menschen vervollkommnen; jene stützt sich besonders auf theoretisches Wissen, diese vorwiegend auf künstlerische Inspiration. Jene schafft Rüstzeug für Erkenntnis, für geistige Fortbildung auf allen Gebieten der Wissenschaft, diese Genuß-, Läuterungs-, Erhebungsmittel für das Seelenleben. **Endresultat** auch dieser beiden kann ein Modell- oder ein Arbeitsplan sein. Die theoretische Erfindung kann z. B. wissenschaftliche Abhandlungen, aber auch wissenschaftliche Lehr- und Forschungsmethoden erzeugen; und die ästhetische Erfindung kann Lieder und Dramen, Bildwerke und Tonwerke schaffen; aber auch Methoden der künstlerischen Produktion, z. B. Eigenarten in dem Vortrag einer Komposition oder in der Wiedergabe einer Bühnenrolle, hervorbringen.

Auch die theoretische und die ästhetische Erfindung sind vollendet, sobald ihr Inhalt klar vor dem geistigen Auge des Erfinders steht; auch sie brauchen also das Gebiet der Idee nicht verlassen, das Gebiet der Verkörperung nicht betreten, um zu einem selbständigen, von der Person des Erzeugers getrennten Lebensgut zu werden.

Das Recht der gewerblichen Ausnutzung hat zwar auch hier fast durchweg noch weitere Voraussetzungen; aber sie sind viel mehr erleichtert als für die technische Erfindung. Letztere bedarf zur Erlangung jenes Rechtes der staatlichen Patenterteilung oder Gebrauchsmustereintragung, die verhüten sollen, daß Erfindungen Schutz erhalten, die nicht neu sind [ein Fall, der sich auf dem Gebiet der Technik wegen dessen enger Umgrenzung und vielfacher Bearbeitung leicht und oft ereignet]. Die theoretische und die ästhetische Erfindung werden nicht unter diese staatliche Vormundschaft gestellt; denn wegen der Unbegrenztheit des Arbeitsgebietes ist hier die Gefahr unbewußten Plagiates sehr gering.

Aber die gewerbliche Ausnutzung ist — gegenüber der technischen Erfindung — auch sonst noch sehr erleichtert, — aus Gründen, die in der Natur jener Erfindungen liegen. Nur das Bildwerk bedarf, ähnlich wie die technische Erfindung, der Darstellung im Modell; das Tonwerk und das Werk der Sprache ziehen dagegen aus dem Umstande, daß sie nicht bloß dem Auge, sondern auch dem Ohr mitgeteilt werden können, den Vorteil, daß ihre Ausnutzung durch mündlichen Vortrag möglicherweise sogar stattfinden kann, ohne daß sie auch nur schriftlich festgelegt sind (Improvisatoren!). Die Ausnutzung, welche auf Mitteilung an das Auge beruht, kann natürlich ohne graphische Fixierung nicht auskommen und muß, um weitere Kreise des Publikums anzuziehen, die Drucktechnik in Anspruch nehmen.

§ 28.

Was kann an einer Erfindung neu sein?

I. Die technische Erfindung fußt namentlich auf der praktischen Erfahrung der Physik und Chemie. Und das durch sie geschaffene „Vorbild" [so wollen wir fernerhin ihren „geistigen Plan" (p. 65) nennen] zeigt eine Neuartigkeit entweder in der Art der Kraft-Verwendung, oder in der Art der Verteilung des Stoffes im Raum, oder in der Wahl der Stoffart; oft auch in zwei oder allen drei dieser Richtungen. Das Vorbild zum lenkbaren Luftschiff ist z. B. neuartig in der Verwendung der Auftriebskraft des Gases und des Widerstandes der Luft gegen die rotierenden Luftschrauben, wodurch die Bewegung in vertikaler und horizontaler Richtung erzeugt wird. Aber neuartig ist es auch durch die Wahl der zur Überwindung des Luftwiderstandes besonders geeigneten langgestreckten Form und ebenso durch die Benutzung gewisser Stoffe (Aluminium oder Furnierholz zum Gerüst, Gummistoff oder Kunstseide zur Hülle).

1. Vorbilder zu Maschinen und sonstigen Arbeitsgeräten, also Gerätmodelle, werden wohl oft in allen drei Richtungen Neuartiges aufweisen; doch ist auch bloße Neuartigkeit der Stoffverteilung im Raum häufig; z. B. bei einer neuen Form des Stiefelknechtes oder der Kneifzange [1]). Am seltensten wird bei Arbeitsgeräten bloße Neuartigkeit des Stoffes vorkommen; RE. 41 Nr. 8 gibt dafür ein gutes Beispiel (Celluloidmantel für einen Mastdarmspiegel, um die Bruchgefahr bei Einführung des Instrumentes in den Körper zu vermindern).

2. Vorbilder zu technischen Arbeitsverfahren werden immer eine Neuartigkeit in der Ausnutzung von Naturkräften aufweisen. Zumeist werden sie heute chemische, seltener physikalische Prozesse in Anwendung bringen; vielfach beides in einander ver-

1) Dem im RE. 65 No. 33 das Streitobjekt bildenden „Läutewerkkontakt in Form zweier an einem Zweige hängender Kirschen" konnte Schutz technischer Erfindung nicht zugebilligt werden, weil die neuartige Form keinen technisch neuen, sondern nur einen aesthetisch neuen Effekt hatte.

flochten. Viele Verfahren bedürfen aber auch neuartiger Geräte, um sich vollziehen zu können; oder auch neuartiger Stoffe zu ihrer Ausführung. So kann auch bei Verfahren die Neuartigkeit auf verschiedenen Gebieten liegen.

Ein Beispiel[1]): Roheisen zerspringt beim Hämmern. Der Grund dafür liegt in seinem hohen Gehalt an Kohlenstoff (2,3 bis 7 %). Um das Roheisen in schmiedbares Eisen zu verwandeln, muß deshalb sein Gehalt an Kohlenstoff verringert werden. Zur Erreichung dieses Zieles erfand man das Verfahren, zu dem Roheisen einen Stoff zu bringen, der größere chemische Anziehungskraft zum Kohlenstoff hat als das Eisen, nämlich den Sauerstoff. Da aber Sauerstoff solche Anziehungskraft nur bei hohen Wärmegraden zeigt, mußte man das Roheisen schmelzen, um die beabsichtigte Einwirkung des Sauerstoffes zu erzielen.

Es ist für den, der die allmähliche Vervollkommnung eines Verfahrens beobachten will, lehrreich, diese Entwickelung beim Schmiedeeisen zu verfolgen. Klar und kurz schildert dies J. Remsen, Anorganische Chemie[2]), 1914, p. 462—64; er bespricht nach einander das Puddelverfahren, das Bessemer-, Thomas-Gilchrist- und Siemens-Martin-Verfahren:

„Beim Flammofenfrischen oder Puddelprozeß wird das Gußeisen auf flachen, bedeckten, mit Eisenoxyden gefütterten Herden geschmolzen, wobei die Feuergase über das geschmolzene Eisen hinstreichen. Nach und nach wird das Metall zäher und wird nunmehr, um die Oxydation von Kohlenstoff und Silicium u. a. m. zu erleichtern, fortwährend umgekrükt (to puddle = umrühren). Die aus erweichten Eisenkörnern, durchsetzt von dünnen Schlackenlagen, bestehende Masse, die „Luppe", wird glühend gehämmert, wodurch die Schlacke herausgepreßt und die Eisenkörner zusammengeschweißt werden; das so gewonnene Eisen heißt daher auch „Schweißeisen."

„Bessemerprozeß oder Windfrischverfahren. Hierbei wird das geschmolzene Gußeisen in ein eisernes, mit feuerfestem „saurem" Futter (feuerfester Ton mit Quarzsand) ausgekleidetes Gefäß — Konverter oder, nach seiner Form, auch Bessemerbirne genannt — eingelassen und durch einen von unten her durch das flüssige Eisen eingepreßten Luftstrom der Kohlenstoff und das Silicium verbrannt. Hierdurch steigert sich die Temperatur so hoch (über 2000°), daß

1) R. Sachsze, Chemische Technologie (1917), p. 41, 46, 48.
2) 5. Auflage, bearbeitet von V. Seubert.

keine künstliche Feuerung weiter nötig ist, und das gebildete Flußeisen ... durch Umkippen der Birne ausgegossen werden kann. Um Stahl zu erhalten, muß erst wieder durch Zusatz von sehr kohlenstoffreichen Eisensorten (Ferromangane) der Kohlenstoffgehalt des Flußeisens entsprechend erhöht werden."

„Thomas-Gilchrist-Verfahren. Ein einigermaßen erheblicher Gehalt an Phosphor verändert die Eigenschaften des Eisens in sehr unliebsamer Weise, indem er es kaltbrüchig macht. Er läßt sich entfernen durch ein Verfahren, das dem Bessemerprozeß sehr ähnlich ist und ebenfalls im Konverter ausgeführt wird; doch erhält dieser eine „basische" Ausfütterung von Kalk und Magnesiumoxyd, und außerdem setzt man beim Blasen des geschmolzenen Eisens noch Ätzkalk zu. Das Verfahren wird daher auch als „basischer Prozeß" bezeichnet. Der Phosphor verbrennt hierbei zu Phosphorsäure, die sich mit dem Kalk zu Calciumphosphat verbindet, das in die Schlacke geht.

Diese Thomasschlacke, mit einem Gehalt an Calciumphosphat bis zu 50 Proz., findet als phosphorsäurehaltiges Düngemittel ausgedehnteste Anwendung."

„Als eine Vereinigung von Frisch- und Flußeisenverfahren erscheint der neuerdings sehr in Aufnahme gekommene Siemens-Martin-Prozeß. Man gibt dem Roheisen einen starken Zusatz von Flußeisenabfällen und (rostigem) Alteisen, deren Oxydgehalt entkohlend wirkt. Je nach der Beschaffenheit des Roheisens erhält der Herd ein „saures" oder (bei Phosphorgehalt) „basisches" Futter und Kalkzusatz. Die Heizung ist nach dem Siemensschen Regenerativverfahren eine Gasheizung (Generatorgas oder auch Gichtgase) mit Vorwärmung von Gas und Verbrennungsluft. Die Temperatur steigt so hoch, daß auch das entstandene Schmiedeeisen flüssig erhalten wird. [Die Kohlung auf Stahl geschieht dann wie im eigentlichen Flußeisenverfahren durch Zusatz von Spiegeleisen und Ferromangan.]"

Diese Schilderung entrollt vor unserm Auge eine Menge gewaltiger Fortschritte[1]). Das Bessemerverfahren (1858) liefert 15 t Flußeisen in 20 Minuten, während ein Puddelofen für 15 t Schweißeisen 4 Tage braucht. Und an die Stelle des langwierigen Hämmerns der „Luppe" tritt für das Flußeisen das einfache Ausgießen in Formen. So ermöglichte erst das Bessemerverfahren die moderne Massenproduktion. Außerdem entfernt es den Schwefel [der „Rotbruch" veranlaßt] in ein-

1) Ost p. 691 ff.

facher Art: Sachsze p. 49. Das Thomasverfahren (1878) brachte die gründliche Beseitigung des Phosphors und lieferte das wichtige Nebenprodukt Thomasschlacke. Das Siemens-Martin-Verfahren (seit 1865) erzeugte namentlich durch die Wiederverwendung des Alteisens (Schrott) eine wirtschaftliche Umwälzung von großer Tragweite, außer seinen technischen Vorzügen. So wird die Produktion andauernd verbilligt und verbessert.

Die Gewinnung des Schmiedeeisens zeigt uns also neue Ausnutzung von Naturkräften, neuartige Geräte für sie (Bessemerbirne, Siemens-Martin-Ofen) und auch neuartige Materialverwendung (z. B. beim Siemens-Martin-Verfahren in der Wiedernutzbarmachung des Schrottes).

3. Die Neuartigkeit eines S t o f f modelles zeigt sich in der besonderen Zusammensetzung des Stoffes. Man denke an künstlichen Indigo (Sachsze p. 134—35); Leblanc-Soda und Solway-Soda (Sachsze p. 28—29); Kunstseide, Dynamit (Ost p. 520—24, 217—19).

II. Bei der theoretischen Erfindung liegt die Neuheit auf geistigem, bei der ästhetischen liegt sie auf seelischem Gebiet, — der oben (p. 68) geschilderten Aufgabe dieser Erfindungsarten entsprechend.

1. Beide Erfindungsarten setzen natürlich ebenso wie die technische Erfindung voraus, daß der Erfinder die Aufgabe, die er lösen will, sich klar umgrenzt. Ob man nun ein Lehrbuch schreiben will oder einen Roman, ein Gedicht machen, eine Oper komponieren, eine Landschaft malen oder ein Denkmal entwerfen, — man muß zuvor genau wissen, w a s man will; wer schon vorher loslegt, pflegt nur den Kladderadatschbriefkasten zu bereichern.

2. Für die Arbeit selbst liegt bei der t h e o r e t i s c h e n Gerät-M o d e l l - Erfindung das Schwergewicht zweifellos in dem Entwurf eines neuartigen D a r s t e l l u n g s p l a n e s, also in der Erfindung der „Disposition", des systematischen Aufbaues. M. a. W., der Schwerpunkt liegt auch bei dem t h e o r e t i s c h e n **Gerät**-Modell in der Erfindung des Darstellungs v e r f a h r e n s. Dieser Arbeit gegenüber, die die volle Denkkraft des Erfinders in Anspruch nimmt (man denke nur an die Festlegung eines auch alle Einzelmaterien gliedernden Lehrbuchsystems), ist das, was dann noch zu tun übrig bleibt, — nämlich die Erfindung der Sprachwendungen für die auszudrückenden Gedanken — die ungleich leichtere Tätigkeit. Ist das V e r f a h r e n erst erfunden, so macht die Fertigstellung des theoretischen G e r ä t - M o d e l l e s für das geistige Rüstzeug „Lehrbuch" keine große Mühe mehr.

Die reine V e r f a h r e n s - Erfindung auf theoretischem Gebiet kann Neuartiges nur in der Art dieses Verfahrens und der Verwendung von Hilfsmitteln aufweisen.

Von der Erfindung eines Stoffmodelles, d. h. neuartigen Stoffes, kann bei der theoretischen Erfindung nicht die Rede sein; denn diese Erfindungsart dient ausschließlich der Verfechtung von Entdeckungen, nämlich von (wirklich oder vermeintlich) entdeckten wissenschaftlichen Wahrheiten, für welche sie eben das Rüstzeug („Gerät“) herstellen will.

3. Die ästhetische Modellerfindung (also das Lied, das Drama, das Tonstück, das Bild, die Skulptur) erfindet nur „Stoffmodelle“, denn sie schafft nicht so, wie die theoretische Erfindung, Rüstzeug zu geistiger Arbeit, sondern seelische Genußmittel (p. 68). Sie kann Neuartiges aber nicht nur in der Herstellung des Stoffes aufweisen; sondern es gibt bei ihr auch eine Erfindung von Material zur Herstellung des Stoffmodelles, von sogenannten „künstlerischen Motiven“.

Die ästhetische Verfahrenserfindung (p. 68) offenbart, wie die theoretische, Neuartiges in der Art des Verfahrens und seiner Hilfsmittel. Der Stoff, den sie verarbeitet (z. B. die Bühnenrolle, für welche sie eine eigenartige Darstellungsart erfindet), ist auch ihr gegeben.

§ 29.

Was muß an einer Erfindung neu sein?

Um das Recht auf wirtschaftliche Ausnutzung einer Erfindung zu erlangen, muß die Erfindung in bestimmter Beziehung neu sein.

1. Für die technische Erfindung gilt darüber folgendes: beim Gerätmodell muß allein das Gerät (nicht aber auch das Material oder das Herstellungsverfahren) neu sein; beim Stoffmodell ebenso allein der Stoff; bei der Erfindung eines Verfahrens muß allein das Verfahren neu sein.

Der Begriff der Neuheit ist in § 2 des Patentgesetzes von 1891 und in § 1[1] des Gebrauchsmusterschutzgesetzes vom selben Jahre gesetzlich festgelegt. Eine Erfindung, für die ein Patent begehrt wird, gilt nicht als neu, wenn sie zur Zeit ihrer Anmeldung beim Patentamt in öffentlichen Druckschriften aus den letzten hundert Jahren bereits derart beschrieben oder im Inlande bereits so offenkundig benutzt ist, daß danach die Benutzung durch andere Sachverständige möglich erscheint.

Erfindungen (von Arbeitsgerätschaften oder Gebrauchsgegenständen), für die der Gebrauchsmusterschutz begehrt wird, gelten nicht als neu, wenn sie zur Zeit der Anmeldung beim Patentamt bereits in öffentlichen Druckschriften beschrieben oder im Inlande offenkundig benutzt sind.

Es ist demnach für die Neuheit einer technischen Erfindung zunächst unbedingt erforderlich, daß sie originaliter, aus eigener Geisteskraft, ersonnen ist. Aber da es, bei dem begrenzten Gebiet der Technik, leicht möglich ist, daß eine Erfindung gleichzeitig oder schon früher auch von anderer Seite gemacht wurde, so gilt eine Erfindung trotz ihrer Originalität nicht als neu, wenn sie in der in den zitierten Gesetzesbestimmungen formulierten Weise bereits Gemeingut geworden ist [1]).

2. Bei theoretischen und ästhetischen Erfindungen bestehen außer dem Erfordernis der Originalität grundsätzlich keine anderen Voraussetzungen der Neuheit, da auf diesen Gebieten der Fall, daß mehrere die gleiche Erfindung machen, praktisch nicht vorkommt. Nur bei Erfindungen, die in einer ästhetischen Ausgestaltung von Gebrauchsgegenständen bestehen, ist zur Erlangung des Geschmacksmusterschutzes nötig, daß die Erfindung zur Zeit ihrer Anmeldung noch nicht Gemeingut geworden ist [2]).

Dem Erfordernis der Originalität ist bei theoretischen Erfindungen, soweit sie Modell-Erfindungen sind, nur dann genügt, wenn sie auch in ihrem Darstellungsverfahren (p. 72), also nicht bloß in der Erfindung der Sprachwendungen für den Gedankenausdruck, neu sind. Denn nur dann sind sie so vollwertig, daß sie des Autorschutzes würdig erscheinen. Wer das Gedankensystem eines andern unverändert übernimmt und das Skelett bloß mit neuem Sprachkleide umgibt, ist kein Erfinder [3]).

Für die theoretische Verfahrenserfindung wird natürlich nur Neuheit des Verfahrens verlangt.

Bei ästhetischen Modell-Erfindungen muß der Inhalt, der auf die Seele wirken soll, neu sein. Die Dichtung, die musikalische Komposition, das Bildwerk muß die empfangende Seele mit neuartigen

1) Kohler in Holtzendorff, 1904, I p. 631.

2) Kohler, Musterrecht (1909), p. 79—82.

3) Anders ist die Stellung des „Übersetzers"; denn die Durchführung der Übersetzung in dem Geist der Übersetzungssprache ist eine freie geistige Tätigkeit; p. 93.

Empfindungen erfüllen. Ebenso muß die ästhetische Verfahrenserfindung neuartige Seelenregungen veranlassen.

Die rechtliche Behandlung der Erfindung.

§ 30.

A. Die technische Erfindung.

I. Die Herrschaftsrechte.

1. Inhalt.

Patentgesetz § 4 und Gebrauchsmustergesetz § 4 bezeichnen als Inhalt des Herrschaftsrechtes die ausschließliche Befugnis zur **gewerbsmäßigen** Ausnutzung der Erfindung. Aus § 5 [2] des Patentgesetzes geht aber hervor, daß das Wort „gewerbsmäßig" nicht in dem üblichen Sinne verstanden werden darf, nach dem „gewerbsmäßig" so viel bedeutet wie „auf Erwerb oder Gewinn gerichtet" [1]). Denn § 5 [2] PG. läßt die Wirkung eines Patents insoweit nicht eintreten, als die Erfindung

> nach der Bestimmung des Reichskanzlers für das Heer oder für die Flotte oder sonst im Interesse der öffentlichen Wohlfahrt benutzt werden soll.

Diese drei Benutzungsarten sind nun sicher nicht auf Erwerb oder Gewinn gerichtet. Wäre nun der Patentschutz im Sinne des PG. wirklich nur für die auf Erwerb oder Gewinn gerichtete Ausnutzung bestimmt, so wäre § 5 [2] überflüssig und würde eine ganz besondere Gedankenlosigkeit der Gesetzgeber bedeuten, da er ja auf den § 4, der das Erfordernis der Gewerbsmäßigkeit aufstellt, unmittelbar folgt. Daraus, daß § 5 [2] erlassen ist, geht vielmehr hervor, daß der Ausdruck „gewerbsmäßig" eine der üblichen gegenüber ausgeweitete Bedeutung haben muß. Welche Bedeutung, geht aber aus dem Gesetz nicht hervor. Diese Lücke hat nun die Praxis dahin ausgefüllt, daß sie als gewerbsmäßig jede Ausnutzung auffaßt, die über den Kreis des „Häuslichen", der rein privaten Lebensführung, hinausgeht. Zum Hausgebrauch für mich und meine Angehörigen oder zu Studienzwecken darf ich ein patentiertes Gerät oder Verfahren nachmachen, aber schon nicht mehr zum Gebrauch für einen weiteren

1) RE. 66 No. 41 (I 1907); Dernburg-Kohler, Das bürgerliche Recht, Band VI, 1910, § 87, VIII (p. 260); Kohler, Musterrecht, 1909, § 20, II (p. 217).

Menschenkreis (etwa für einen Verein, dem ich angehöre) — und nie zum Gebrauch für meinen Gewerbebetrieb[1]). Gegenüber einer geschützten Erfindung sollen eben andere ihre eigene technische Geschicklichkeit nur für ihre Häuslichkeit, nicht auch für ihr Geschäft und auch nicht für die Interessen eines weiteren Kreises ausnutzen dürfen.

Demnach gibt das Herrschaftsrecht über eine Modell-Erfindung die ausschließliche Befugnis zu jeder Herstellung und zu jedem Gebrauch der Fabrikate, die anderen als rein „häuslichen" Zwecken dienen, — und ferner die ausschließliche Befugnis zum Vertrieb der Fabrikate, sowie zur Ausnutzung des Tausch- und Beleihwertes des Herstellungsrechtes, Gebrauchs- und Vertriebsrechtes.

Und das Herrschaftsrecht über eine Verfahren-Erfindung gibt die ausschließliche Befugnis zu jeder den häuslichen Kreis überschreitenden Anwendung des Verfahrens und zu jeder Ausnutzung seines Tausch- und Beleihwertes. Ist ferner das Verfahren auf Herstellung von Sachen gerichtet [also nicht bloß auf reine Bearbeitung, wie etwa das Trockenlegen von Sümpfen oder das elektrische Löten und Schweißen], so schließt das Herrschaftsrecht auch die ausschließliche Befugnis zum Gebrauch und Vertrieb der hergestellten Sachen ein[2]).

2. Beschränkungen.

a) Gewisse Erfindungen dürfen einem privaten Herrschaftsrecht nicht unterstehen:

α) Mit Rücksicht auf das Sittengesetz und die öffentliche Ordnung „Erfindungen, deren Verwertung den Gesetzen oder guten Sitten zuwiderlaufen würde". PG. § 1 [2] Nr. 1. Kohler, Patentrecht (1878), p. 70, nennt als Beispiele u. a.: ein Verfahren zur Fälschung von Nahrungsmitteln; ein Modell für ein Taschendiebstahlwerkzeug; ein Verfahren, menschliche Leichen gewerbsmäßig zu verwerten; ein Modell für eine Gebetmaschine.

Ein Verfahren zur Herstellung von Giften oder Explosivstoffen, ein Modell für eine Waffe kann aber natürlich patentiert werden, weil von diesen Dingen auch ein erlaubter Gebrauch gemacht werden kann.

1) Lehrreich, wenngleich schlecht begründet, ist RE. 66 No. 41: Ein Synodalverband hatte eine patentierte Glockenläutmaschine für seine Kirche nachmachen lassen. RG. sieht darin eine Verletzung des Patents.

2) Dernburg-Kohler, p. 259—60; PG. § 4; GMG. § 4[1].

β) Mit Rücksicht auf die Ernährung und die leibliche Wohlfahrt des Volkes sind Stoff-(Modell-)Patente für Nahrungs-, Genuß- und Arzneimittel ausgeschlossen: PG. § 1² Nr. 2[1]). Eine unglückliche Bestimmung, die den Erfindergeist lähmt, aber auch zur Geheimhaltung wichtiger Produktionen führt. Daher möglichst restriktiv auszulegen[2]).

γ) Nicht patentierbar sind auch Erfindungen von Stoffen, die auf chemischem Wege hergestellt werden; Patente werden nur für chemische Verfahren erteilt: PG. § 1² Nr. 2. Modellpatente würden die Ausnutzung von Fortschritten der chemischen Technik hemmen. Hätte Bessemer das Schmiedeeisen, also nicht bloß sein Verfahren zur Herstellung von Schmiedeeisen patentiert werden können, so wäre für die Dauer des Patentschutzes die Herstellung von Thomas-Gilchrist- und Siemens-Martin-Eisen unzulässig gewesen[3]).

b) Auch wenn ein Herrschaftsrecht über eine technische Erfindung besteht, unterliegt es gewissen Beschränkungen.

α) Es ist absolut beschränkt nach Inhalt, Zeit und Raum. Inhaltlich muß es die „rein häusliche" Benutzung der Erfindung durch andere dulden (p. 75, 76). Seine Zeitgrenze ist für ein auf Patenterteilung beruhendes Recht grundsätzlich auf 15 Jahre festgesetzt (PG. § 7) und für ein auf Zubilligung von Gebrauchsmusterschutz beruhendes auf höchstens 6 Jahre (Gebr.MG. § 8).

Räumlich macht das Recht Halt an den Grenzen des Staates, in dem es erteilt ist[4]). Es gilt also der Grundsatz der Territorialität. Für jeden Staat, in dem man seine Erfindung geschützt haben will, muß man ein besonderes Herrschaftsrecht über sie erwerben.

[Einen Fortschritt brachte der Unionsvertrag (p. 64). Jeder Verbandstaat erteilt den Ausländern der übrigen Verbandstaaten Patente und Muster in derselben Art wie seinen eigenen Angehörigen. Und

1) Dernburg-Kohler (1910), p. 255—56.

2) Zu den Nahrungsmitteln rechnet Kohler deshalb nicht die Futtermittel für Tiere; zu den Genußmitteln nur die, welche auf Geruch- und Geschmacksinn wirken, wie Rauchstoffe, Wohlgerüche; aber nicht Schminken und ähnliches.

3) Auch diese Versagung chemischer Modellpatente ist des Öfteren in ihren Folgen bedenklich; deshalb ist auch hier vorsichtige Anwendung am Platze. Und namentlich ist immer scharf zu untersuchen, ob der Stoff auf chemischem und nicht etwa auf physikalischem Wege hergestellt ist. Beispiele bei Kohler, Patentrecht, p. 75—77.

4) Dernburg-Kohler, p. 13; Kohler, Musterrecht p. 38, p. 154ff.

die Anmeldung einer Erfindung zu Patent oder Muster in einem Verbandstaat sichert dem Anmelder die Priorität für spätere Anmeldungen in anderen Verbandstaaten, wenn diese späteren Anmeldungen binnen bestimmter Frist erfolgen.]

Von diesen drei absoluten Beschränkungen ist die inhaltliche und die zeitliche durch das Interesse der Allgemeinheit gefordert, durch die Zweckbestimmung jeder Erfindung, an dem Fortschreiten der Kultur mitzuarbeiten, die ihre baldmöglichste Freigabe verlangt. Die räumliche Beschränkung entspringt dagegen dem erklärlichen Egoismus der einzelnen Staatsgebilde.

β) Den absoluten Beschränkungen stehen relative gegenüber. Wir machten die gleiche Beobachtung schon in der Lehre von den Sachen (cf. §§ 7—17).

aa) Hier kommen Beschränkungen gegenüber bestimmten Personen vor.

αα) Ein auf Patenterteilung beruhendes Herrschaftsrecht kann sich nicht gegenüber dem völlig durchsetzen, der zu der Zeit, als die Anmeldung zur Patentierung erfolgte, bereits im Inlande die Erfindung in Benutzung genommen oder die zur Benutzung erforderlichen Anstalten getroffen hatte[1]).

Dieser sog. „Vorbenutzer" ist gegenüber dem Patent befugt, die Erfindung für die Bedürfnisse seines Betriebes, also „gewerbsmäßig", in eigenen oder fremden Werkstätten auszunutzen. Veräußern und vererben kann er diese Befugnis aber nicht als solche, sondern nur zusammen mit seinem Betriebe. — Diese Rechtstellung des Vorbenutzers ist Ausfluß des Erfindungsbesitzes. Das Recht des Gemeingebrauches, das er vor der Patentierung an der Erfindung ausübte, verstärkt sich nach der Patentierung zu einem beschränkten Herrschaftsrecht (PG. § 5[1]).

Das Gleiche muß gegenüber einem Gebrauchsmusterrecht gelten, obgleich das Gebr.MG. die Frage nicht berührt.

Eine Parallele aus dem Rechte der Sachen ist nicht vorhanden; erklärlicherweise; denn der Vorbenutzer wird regelmäßig die Erfindung ebenfalls gemacht und nur von ihrer Patentierung abgesehen haben, etwa weil er sich von ihrer Bewahrung als Geschäftsgeheimnis mehr Vorteil erhoffte. Da nun Rechtsätze auf den typischen Fall zugeschnitten werden müssen, ist dieser Schutz des Vor-

1) Dernburg-Kohler p. 260—62 (§ 88); Kohler, Musterrecht p. 122—23.

benutzers einer Erfindung berechtigt, — während für den Schutz dessen, der eine Sache im Gemeingebrauche hatte, an der demnächst ein anderer ein privates Herrschaftsrecht erwirbt (z. B. einen öffentlichen Weg, der an seinem Grundstück vorbeiführt, demnächst aber als öffentlicher Weg eingeht und von dem Nachbarn angekauft wird), die Interessenwägung nicht spricht; er hat keinen moralischen Anspruch darauf, daß sein bisheriges Gemeingebrauchsrecht nun in ein privates Nutzungsrecht übergeführt werde.

ββ) Bei gewissen Erfindungen kann sich, ihrem Patent- (oder Muster-)Schutz gegenüber, der Staat (durch Enteignung) in den Besitz eines Mitbenutzungsrechtes setzen[1]). Nach PG. § 5[2] kann nämlich bei Erfindungen, die für das Heer oder die Flotte oder sonst im Interesse der öffentlichen Wohlfahrt benutzbar sind, der Reichskanzler die Enteignung (gegen Entschädigung) in der Art bestimmen, daß das Reich oder ein Bundesstaat ein Ausnutzungsrecht erhält, während dem Patent- oder Musterinhaber sein Recht im übrigen soweit verbleibt, wie das öffentliche Interesse es gestattet[2]).

γγ) Es kommen aber auch Fälle vor, wo ein Herrschaftsrecht über eine Erfindung ohne die Zustimmung eines andern gar nicht ausgeübt werden darf.

In der elektrischen Glühlampe glühte der Metallfaden bisher im luftleeren Raum; in der modernen Nitrallampe glüht er dagegen in einer Stickstoff- oder Argon-Atmosphäre und erzeugt dadurch helleres und billigeres Licht. Da nun aber die bisherigen Patente schlechthin für „Lampen mit Metallfäden" erteilt waren (also ohne Bezugnahme auf das Glühen im luftleeren Raum [weil die Einführung der Metallfäden seinerzeit die grundlegende Verbesserung gegenüber den alten Kohlenfadenlampen war]), so konnte der Nitrallampe freilich ein Patentschutz gegeben werden; aber die Verwertung der neuen Erfindung ist nur bei Zustimmung der auf Metallfaden-Lampen Patentberechtigten möglich, da auch die Nitrallampe des Metallfadens bedarf. Und umgekehrt können die Inhaber der alten Patente die Füllung der Birnen mit Stickstoff oder Argon nicht ohne Einwilligung des Nitrallampen-

1) Dernburg-Kohler, § 88 p. 263; Kohler, Musterrecht, § 20 p. 123; ausführlich Kohler, Patentrecht, p. 115—126.

2) Als Beispiele von Wohlfahrtseinrichtungen nennt Kohler, Patentrecht p. 122: Vorrichtung zum sofortigen Anhalten der Eisenbahnzüge, Apparate zur Sicherung der Fabrik- und Grubenarbeiter; Mittel gegen die Reblaus; neue Feuerlöschgerätschaften. Die letzten Jahrzehnte brachten natürlich sehr Vieles auf diesem Gebiete hervor.

Patentinhabers vornehmen, weil diesem gerade diese Art der Füllung patentiert ist[1]),

Die drei Fälle αα, ββ, γγ zeigen, daß die „Beschränkungen gegenüber bestimmten Personen" bald in einem Duldenmüssen fremder Benutzung, bald in Verhinderung an der eigenen Ausübung des Rechtes bestehen[2]).

bb) Wiederholt sich auf dem Gebiet der technischen Erfindungen auch das Recht des „wesentlichen Bestandteils"? M. a. W., sind an Erfindungen, die einen notwendigen Bestandteil einer Gesamterfindung bilden, „dingliche" Sonderrechte möglich, in dem Sinne, daß dadurch ein an der Gesamterfindung Berechtigter (etwa der, dem sie verpfändet ist) benachteiligt werden kann?

Es gibt für ein „Verfahren" unentbehrliche Hilfsmittel (z. B. die Bessemerbirne) und unentbehrliche Bestandteile (z. B. jedes der vier Teilverfahren bei der Rübenzuckergewinnung; cf. Sachsze p. 93—98). Ebenso gibt es für ein „Modell" unentbehrliche Hilfsmittel seiner Herstellung (Maschinen, Material) und unentbehrliche Bestandteile (etwa die „frei pendelnde Nadelstange" bei der Kurbelstickmaschine: RE. 45 Nr. 17 [I 99]).

Unterstellen wir nun folgenden Tatbestand: A erhält (etwa weil er eine Verbesserungserfindung zu der Erfindung des B gemacht hat) ein Patent auf ein Teilverfahren oder auf einen Modellbestandteil oder auf ein Hilfsmittel zur Anwendung eines Verfahrens bezw. zur Herstellung eines Modelles. Später erhält er ein Patent auf ein Gesamtverfahren, in dem jenes ihm bereits patentierte Teilverfahren als unentbehrlicher Bestandteil vorkommt (wie z. B. das Verfahren der Rübenzuckergewinnung nicht ohne das Teilverfahren der Saftgewinnung in Diffusören möglich ist [Sachsze p. 93—95]). Oder er erhält später ein Patent auf ein Ganzsachen-Modell[3]), in dem der ihm bereits patentierte Modellbestandteil ein unentbehrlicher Bestandteil ist (etwa auf eine neue Kurbelstickmaschine, die ohne die frei pendelnde Nadelstange nicht funktioniert). Oder er erhält später ein Patent auf

1) Kohler, Patentrecht, p. 253ff., Urheberrecht p. 209, 161f.; cf. RE. 50 Nr. 24 (I 02): Gebrauchsmuster für einen Regenrohrsiphon, das mit einem älteren Patent kollidiert (p. 114).

2) Über das Verhältnis der Abhängigkeit eines Patentes von einem andern [im Gegensatz zur Nichtigkeit eines Patentes aus §§ 3, 10 PG.] sehr ausführlich und scharfsinnig: RE. 33 No. 32 (I 94) [Auslaßventil für Luftbremsen]; ferner RE. 12 No. 27 (I, 84). Guter Tatbestand (Knieblechröhren-Fall) in RE. 14 No. 17 (I, 85) + RE. 9 No. 28 (I, 83).

3) Ganzsachen-Modell in dem Sinne von: Modell für ein körperliches Zweckganzes.

ein Verfahren, zu dessen Anwendung — oder auf ein Modell, zu dessen Herstellung das ihm bereits patentierte Hilfsmittel unentbehrlich ist.

Verpfändet nun A den Gegenstand seines jüngeren Patentes [also das Gesamtverfahren usw.] an C, so muß es ihm, im Interesse des C, nicht bloß unerlaubt, sondern unmöglich sein, Dritten an dem Gegenstande des älteren Patentes dinglich wirkende Sonderrechte einzuräumen, die den Wert des dem C eingeräumten Pfandrechtes beeinträchtigen.

Fraglich ist aber, wie weit man, aus Rücksicht auf A und den Dritten, mit dem Ausschluß solcher Sonderrechte gehen darf.

Ist, wenn A dem C ein patentiertes Gesamtverfahren verpfändet hat, dessen unentbehrlicher Bestandteil das älter patentierte Teilverfahren ist, und A dann einem Dritten D dies ältere Patent abtritt, das Sonderrecht des D nur dahin beschränkt, daß er dem C bzw. dessen Abkäufer E die Anwendung des Teilverfahrens im Rahmen des Gesamtverfahrens nicht verbieten darf? Oder darf D das Teilverfahren trotz seines Patenterwerbes überhaupt nicht ohne Zustimmung des C bzw. E ausnutzen?

Kann ferner, wenn dem C das Ganzsachen-Modell verpfändet ist, D, der demnächst das ältere Patent auf den Modellbestandteil erworben hat, den C bzw. dessen Abkäufer E nur an der Herstellung und Verwendung des Modellbestandteils im Rahmen der Ausnutzung des Ganzsachenmodells nicht hindern, — oder ist D wiederum ganz von der Zustimmung des C bzw. E abhängig?

Und steht es anders, wenn das mit älterem Patent versehene Hilfsmittel, das für die Anwendung des jünger patentierten Verfahrens oder für die Herstellung des jünger patentierten Modells unentbehrlich ist, an D veräußert wird?

Wir möchten glauben, daß den Interessen des C bzw. E genügend damit gedient ist, daß D ihnen gegenüber das erwähnte Verbietungsrecht nicht hat, — daß es also einer vollkommenen Entrechtung des D nicht bedarf. Den weiteren Schaden des C bzw. E mag die actio pigneraticia contraria gegen A ausgleichen[1]).

In gleicher Weise werden Kollisionen zwischen allen sonstigen Erwerbern der Patente zu behandeln sein[2]).

---

1) [Ob D, wenn er das ältere Patent gutgläubig, d. h. ohne Kenntnis von dem jüngeren Patent, erwarb, noch besser zu stellen ist, sei hier nur als Frage aufgeworfen, nicht entschieden.]

2) Müssen auch Zusatzerfindungen (PG. § 7) als wesentliche Bestandteile der Haupterfindung gelten? Daß die zu einer Erfindung ge-

II. Die Ausführungspflicht[1]).

Wer auf eine Erfindung ein Patent erlangt hat, muß die Erfindung grundsätzlich auch ausführen; das verlangt das Interesse der Allgemeinheit; die Nutzung des neuen Kulturgutes darf ihr nicht vorenthalten werden[2]). PG. § 11 sieht deshalb die Verwirkung des Patentes vor; das Patent kann nach Ablauf von drei Jahren zurückgenommen werden, wenn der Patentinhaber es unterläßt, die Erfindung im Inlande selbst auszuüben oder im Widerspruch mit dem öffentlichen Interesse Lizenzen an andere verweigert.

Den, der ein Gebrauchsmusterrecht erlangt hat, trifft solcher Zwang nicht; sein Schutz ist ja zeitlich beschränkter. Aber unbedenklich ist seine Befreiung nicht; sie kann leicht zum Nachteil der Allgemeinheit ausgenutzt werden [cf. Kohler, Musterrecht, p. 126].

III. Einfluß auf die Verteilungsvorgänge.

1. Ausschluß von Verteilungsvorgängen.

Er ist soweit gegeben, wie Herrschaftsrechte an der technischen Erfindung ausgeschlossen sind (I 2a, p. 76, 77). Denn die dort behandelten Erfindungen sind sämtlich von dem Eintritt in commercium dauernd ausgenommen.

2. Einfluß auf die Art der Verteilungsvorgänge.

a) Der erste Verteilungsvorgang ist auch hier, geradeso wie bei den neu entstandenen Sachen, stets Wertzuweisung.

α) Aber dem Erfinder kann ein vollkommener Schutz nicht schon auf Grund des Umstandes, daß er die Erfindung gemacht hat, zukommen. Denn bei dem beschränkten Arbeitsgebiet der Technik ist es nicht selten, daß dieselbe Erfindung gleichzeitig von mehreren gemacht wird. Auch ist die Allgemeinheit daran interessiert, daß nur eine der Öffentlichkeit zugänglich gemachte Erfindung den vollen Schutz erhält. Um also Prioritätsstreit und Geheimhaltung zu vermeiden, gibt unser Recht dem technischen Erfinder als solchem nur ein vererbliches und veräußerliches Aneignungsrecht auf ein voll-

hörigen Urkunden als wesentliche Bestandteile der Erfindung zu behandeln sind, dürfe wohl Zweifeln nicht begegnen.

1) Kohler, Patentrecht, p. 128ff.; Dernburg-Kohler p. 273 bis 275; Kohler, Musterrecht, p. 125—26.

2) Im Recht der Sachen findet sich eine Parallele im Bergrecht und Jagdrecht; Wolff § 96, III, § 87, VII.

kommenes Herrschaftsrecht, das er durch „Anmeldung“ beim Patentamt in Berlin ausüben muß (PG. §§ 6; 3, 20). Das Patentamt tritt daraufhin, wenn ein Patent beantragt ist, in eine „Vorprüfung“ über die „objektiven“ Voraussetzungen der Patentierbarkeit ein. Erachtet es sie als gegeben, so erteilt es das beantragte Patent durch Beschluß (PG. § 27). Die Frage, ob der Anmelder auch wirklich der Erfinder sei, prüft das Patentamt nur auf Einspruch vor der Erteilung oder auf Nichtigkeitsklage nach der Erteilung; also nicht ex officio. Auf diesen Wegen kann dann der wirkliche Erfinder zu einem Vollrecht kommen. — Das Patent wird in die Patentrolle eingetragen. Die Eintragung wirkt für den ersten Erwerb nur deklarativ, aber für die ihm folgenden derivativen Erwerbe konstitutiv[1]).

Wird nur ein Gebrauchsmuster beantragt, so wird das Vollrecht einfacher erworben. Es entsteht durch Anmeldung beim Patentamt und Eintragung in die dort geführte Gebrauchsmusterrolle. Eine Prüfung findet hier, anders wie bei der Patenterteilung, nur über gewisse formale Voraussetzungen statt, die Gebr.MG. § 2 aufzählt (Kohler, Musterrecht, p. 92, 109; Gebr.MG. §§ 2, 3). Die Eintragung eines Gebrauchsmusters kann für Erfindungen beantragt werden, soweit sie eine besondere technische Wirkung allein durch Form, Stoff oder Farbe erzeugen (z. B. für einen besonders stabil gebauten Tisch, für einen mit kühlendem Stoff überzogenen Sessel, für eine Signallaterne mit einer besonders deutlich wirkenden Zusammenstellung der Glasfarben)[2]). Verfahren-Erfindungen sind deshalb nicht musterfähig, da ein Verfahren wohl stets nur durch Ausnutzung von Naturkräften technisch wirkt und deshalb ohne materielle Prüfung seiner Neuheit nicht zum Schutz zugelassen werden kann (Kohler, Musterrecht, p. 48). Gebr.MG. § 1[1] stellt ausdrücklich nur „Modelle von Arbeitsgerätschaften oder Gebrauchsgegenständen oder von Teilen derselben“ unter Musterschutz[3]).

1) PG. § 19[2]; Dernburg-Kohler p. 275—76.

2) Soweit Erfindungen außerdem auch noch durch Ausnutzung von Naturkräften technische Wirkungen erzeugen, sind sie zugleich patentierbar. Das Flugzeug würde z. B. wegen der technischen Wirkung seiner Form, seines Stoffes, seiner Farbe gebrauchsmusterfähig, und wegen der technischen Ausnutzung der Naturkräfte patentierbar sein.

3) Die Einschränkung „insoweit sie dem Arbeits- oder Gebrauchszweck durch eine neue Gestaltung, Anordnung oder Vorrichtung dienen sollen“, ist wenig klar und läßt deshalb der Umgrenzung des Musterbegriffes sehr freie Hand.

Patenterteilung und Mustereintragung sind beide abhängig von der Einzahlung der „Gebühr“, die für Patente höher ist als für Gebrauchsmuster (PG. §§ 8, 9; Gebr.MG. §§ 2^5, 8^1)[1]).

β) So, wie bei der Sachproduktion durch „Angestellte“ das Eigentum an dem Produkt direkt an den Auftraggeber fällt (cf. § 19, β, aa), geht auch bei der sogenannten „Etablissementserfindung“ das Erfinderrecht seinen besonderen Weg[2]). Die Erfindung, welche der in einem gewerblichen Betriebe zu „geistig-technischer Arbeit“ Angestellte „innerhalb des Kreises seiner beruflichen Wirksamkeit“ macht (z. B. der Laboratoriums-Vorsteher, der Musterzeichner), gebührt dem Dienstherrn; dieser allein hat das Recht auf Patent oder Muster.

b) Die weiteren Verteilungsvorgänge sind, ebenso wie bei Sachen, entweder Wertausscheidungen oder Wertbewegungen.

α) Unter den Wertausscheidungen spielt eine große Rolle das Erlöschen von Patent und Muster durch Zeitablauf (PG. § 7, Gebr.MG. § 8), das Erlöschen des Patentes wegen nicht rechtzeitiger Zahlung der „Fortsetzungsgebühr“ (PG. § 9), und die Zurücknahme des Patentes wegen „Nichtausführung“ (PG. § 11).

β) Wertbewegungen über Erfinderrechte, Patente und Muster, die sich auf das Recht in seiner Totalität beziehen, sind, gerade so wie bei Sachen, sehr verschiedenartig möglich, — als Kauf, Tausch, Schenkung usw.; auch das Sicherungsgeschäft Verpfändung ist häufig. Ihre „dingliche“ Abwickelung vollzieht sich durch Abtretungsvertrag (BGB. § 413) plus (bei Patenten und Mustern) Eintragung in die „Rolle“[3]).

Die besondere Natur der Erfindung ruft aber auch besondere Arten von Wertbewegungen hervor, die bei Sachen nicht vorkommen können: den Verlagsvertrag und die Lizenzverträge[4]).

aa) Dem Verlagsvertrag ist eigentümlich, daß er dem Verleger nicht bloß das Recht einräumt, die Erfindung (in den festgelegten Grenzen ausschließlich) auszunutzen, sondern ihm auch die Pflicht zu dieser Ausnutzung auferlegt, da der Erfinder sich durch den Verlagsvertrag gerade den Beistand des Verlegers dazu sichern will, daß seine Erfindung bekannt wird und für ihn einträglich.

1) Auch die Fortdauer eines Patentes ist, wie die zitierten Gesetzesstellen zeigen, von höheren Gebühren abhängig als die Fortdauer eines Gebrauchsmusters.

2) Dernburg-Kohler § 82; Kohler, Musterrecht, § 11.

3) PG. § 19^2; Gebr.MG. § 3^3, § 7; Kohler, Musterrecht, § 25 p. 138; Dernburg-Kohler § 93.

4) Kohler, Musterrecht, § 26; Dernburg-Kohler §§ 94, 95.

bb) Die Lizenzverträge werden durch die Unkörperlichkeit der Erfindung ermöglicht. Sie geben nur die Befugnis, nicht auch die Pflicht, die Erfindung auszunutzen; aber sie geben nicht so wie die unter β im Anfang erwähnten Verträge die Befugnis zu ausschließlicher Ausnutzung.

Die Lizenzverträge sind nicht, so wie der Verlagsvertrag, ein besonderer Wertbewegungstyp, sondern sie sind Wertbewegungen verschiedener Art (Kauf, Schenkung, Pacht etc.), die alle das Besondere haben, daß der Lizenzträger nur das Recht zu eigener Ausnutzung der Erfindung erhält, aber nicht auch das Recht, anderen die Ausnutzung zu verbieten; diese Verträge sind im Gegenteil darauf berechnet, daß eine ganze Anzahl derselben gleichzeitig von dem Erfinder mit verschiedenen Lizenzträgern (z. B. Fabriken) geschlossen wird; dadurch wird erst dem Erfinder die Ausbeutung seiner Erfindung in großem Umfange gewährleistet[1]). Die Unkörperlichkeit der Erfindung bewirkt, daß die mehreren Lizenzträger sich gegenseitig in ihrer Ausnutzung nicht stören; körperliche Sachen würden mehrere neben einander nicht so ohne Kollision gebrauchen können.

cc) Eine Eintragung der Lizenzrechte in die Rollen erfolgt nicht; wohl aber werden Verlagsrechte und die übrigen auch auf Ausschließung Dritter gerichteten Rechte (β am Beginn) eingetragen und entstehen deshalb als Herrschaftsrechte erst mit dieser Eintragung.

3. Einfluß auf den Umfang der Verteilungsvorgänge.

Kommen die Rechtsinstitute des „Zubehörs" und der „Frucht" (§ 20, § 21) auch bei Erfindungen in Frage? So daß die über eine Erfindung eingegangene Wertbewegung auch „Zubehör" oder „Früchte" dieser Erfindung ipso jure mit umfaßt?

a) Zubehör einer Erfindung darf man in diesem Sinne alle notwendigen Bestandteile derselben nennen, also namentlich bei einer Gesamterfindung alle zu ihr unentbehrlichen Teilerfindungen. Besteht daher außer dem Patent an der Gesamterfindung noch ein älteres Patent an jener Teilerfindung, so umfaßt z. B. der Anspruch aus dem Kauf der Gesamterfindung außer dem Recht auf Übertragung des „Gesamtpatentes" auch das Recht auf Einräumung einer Lizenz an dem „Teilpatent" (cf. oben I, 2, b, β, bb, p. 80f.). Denn die Wertbewegung über eine Erfindung muß, wenn sie für den Erwerber Sinn haben soll, alle notwendigen Bestandteile der Erfindung umfassen, falls nicht ein Aus-

1) Gut orientiert hierüber Dernburg-Kohler § 95, IV, V.

schluß vereinbart ist. Umgekehrt die nicht notwendigen Bestandteile nur, wenn ihre Einbeziehung vereinbart ist. Als solche könnten etwa ältere Teilerfindungen in Frage kommen, die im Gesamtpatent bereits durch eine Verbesserung ersetzt sind, aber doch noch eine wertvolle Instruktion oder Nothilfe bilden. Ob und wie Verbesserungserfindungen, die nach der Patentierung der Gesamterfindung von dem Veräußerer gemacht sind, von der über die Gesamterfindung eingegangenen Wertbewegung mit ergriffen werden, dürfte quaestio facti sein.

Die dingliche Abwickelung kann bezüglich solcher Bestandteile, deren Rechtsverhältnisse in die Rolle eingetragen sind, natürlich nicht nach Art von § 926 BGB. vereinfacht werden; möglich ist solche Vereinfachung, also Mitübertragung durch Übertragung des Hauptrechtes, nur bezüglich solcher Bestandteile, an denen lediglich Lizenzen einzuräumen sind.

Hilfsmittel in dem oben auf p. 80, 81 angeführten Sinne — sowie Urkunden über die Erfindung oder über die Rechtsverhältnisse an ihr sind Hilfssachen im Sinne von § 20, a III 2 und demgemäß zu behandeln.

Die auf Grund der Erfindung hergestellten Fabrikate werden dagegen nie als „Zubehör" der Erfindung aufgefaßt werden können. [Ob als Früchte derselben, wird unter b erörtert.]

Übrigens wird es richtig sein, den Ausdruck „Zubehör" in die Lehre von der Erfindung gar nicht einzuführen, sondern hier von vornherein die oben im § 20 (a III 1, 2) empfohlene Einteilung in Bestandteil und Hilfssache anzunehmen. Dabei sei hervorgehoben, daß auch der „wesentliche" Bestandteil der Erfindung, bei deren Unkörperlichkeit, ein stets rein teleologischer Begriff sein muß, und daß also bei der Erfindung der wesentliche Bestandteil, an dem Sonderrechte nicht möglich sind, nach seinem Tatbestande mit dem notwendigen Bestandteil, den die Wertbewegung ohne weiteres mitumfaßt, restlos zusammenfällt (also anders wie im Recht der körperlichen Sachen: cf. §§ 94, 95 BGB.).

b) Die rechtliche Bedeutung der Sachfrüchte ist in § 21 eingehend dargestellt. [Auch das Verhältnis des Sachfruchtbegriffes zum Erzeugnisbegriff ist aus §§ 19, 21 deutlich zu ersehen.]

Können rechtlich auch „Früchte einer Erfindung" von Bedeutung sein, — so daß sie bei den auf zeitlichen Gebrauch gerichteten Wertbewegungen (§ 21 II, 1) und für die Fruchtberechtigung eines gutgläubigen Besitzers (§ 21, II, 2) eine Rolle spielen?

α) Man könnte zunächst daran denken, ob die auf Zeit an einer Erfindung Nutzungsberechtigten etwa ein Recht darauf hätten, ihre Nutzung auch auf Tochtererfindungen (Verbesserungs-Erfindungen, Zusatzerfindungen) auszudehnen, die während ihrer Nutzungszeit durch den, von dem die Nutzungsberechtigten ihr Recht herleiten, gemacht werden. Aber dazu bietet sich u. E. keine rechtliche Grundlage; die Ergebnisse solcher weiteren Erfindertätigkeit müssen dem Erfinder verbleiben.

β) Wie steht es aber mit den auf Grund der Erfindung hergestellten Fabrikaten? In ihnen wird man „Erfindungsfrüchte" sehen dürfen. Die **Tatbestandsanalogie aus § 99 BGB.** erfordert diese Auffassung. [Wir glauben, das Gleichnis ist nicht zu kühn, das in der Erfindung den Acker sieht, der durch die Fabrikation bestellt wird, und infolge dieser Bestellung die Fabrikate als Früchte trägt.][1]).

aa) Das Eigentum an diesen Früchten wird aber nach den sachenrechtlichen Grundsätzen der Spezifikation (§ 950 BGB.) erworben. Es fällt also nicht etwa ipso jure dem an der Erfindung Nutzungsberechtigten zu, sondern dem Bearbeiter, oder wenn fremdes Material verwendet ist, unter Umständen dem Stoffeigentümer.

Ist nun der Nutzungsberechtigte selbst der Bearbeiter (Produzent) [oder nach § 950 BGB. erwerbender Stoffeigentümer], so **verbleibt** ihm dies Eigentum an allen während seiner Nutzungszeit so in sein Eigentum gelangten Fabrikaten wegen ihrer Fruchteigenschaft. Anders nur, wenn er über das ihm zuständige Maß hinaus produziert hat; dann muß er die „Übermaßfrüchte" seinem Gegenpart (also dem Patent- oder Musterinhaber) nach den in § 21, II, 1 entwickelten Grundsätzen herausgeben resp. ersetzen.

bb) Stellt aber ein anderer als der an der Erfindung Voll- oder Nutzungsberechtigte unberechtigt die Fabrikate her und wird er dadurch gemäß § 950 ihr Eigentümer, so hat er die **Erfindung** sine

1) Kohler, Musterrecht, p. 146 nennt die Nachbildungen „Früchte des (Geschmacksmuster-)Rechtes". Im Kunstwerkrecht p. 115 nennt er die widerrechtlich hergestellten Exemplare „Früchte der Kunstwerkidee"; und im Urheberrecht p. 362, 363 bezeichnet er die Exemplare eines Werkes als „Früchte des Autorgutes". Früchte eines Rechtes gibt es re vera nicht; sie sind Früchte des Gegenstandes, der dem Recht untersteht. Man vergleiche z. B. § 99[1] BGB. mit § 99[2] (Ausbeute aus der Sache — gewonnene Bestandteile).

causa ausgenutzt, also ohne durch eine zwischen ihm und dem Berechtigten eingegangene Wertbewegung dazu berechtigt zu sein. Infolgedessen muß er seine Fabrikate, trotzdem er qua Spezifikant an ihnen endgültiges Eigentum erlangt hatte, wegen ungerechtfertigter Bereicherung durch die **sine causa-Ausnutzung der Erfindung,** nach § 818 [1], § 102 dem Berechtigten übereignen. Hat er die Erfindung dolos oder grobfahrlässig widerrechtlich durch die Fabrikation ausgenutzt, so konkurriert mit der Bereicherungsklage gegen ihn auch die Deliktsklage aus § 823 BGB., § 35 [1] PG., § 9 Gebr.MG. Wenn man bisher annahm und es als eine schmerzliche Lücke empfand, daß das PG. und das Gebr.MG. dem Berechtigten keine Möglichkeit gäben, die von unberechtigter Seite hergestellten Exemplare an sich zu bringen, so scheint uns der Weg über die Bereicherungsklage aus der sine causa-Ausnutzung der Erfindung und auch die Tragweite der Deliktsklage übersehen zu sein[1]).

cc) Hat aber der Hersteller bona fide eine in Wahrheit ungültige Ausnutzungsberechtigung (Lizenz) entgeltlich erworben (etwa von jemand, den er fälschlich für den Berechtigten hielt, oder durch ungültige Wertbewegung mit dem Berechtigten), so wird man ihn als redlichen Besitzer der Erfindungsausnutzung ansehen müssen und ihm deshalb die während der Dauer seiner bona fides hergestellten Fabrikate, soweit sie nicht Übermaßfrüchte sind, belassen.

Diese Behandlung des „entgeltlichen redlichen Besitzers" nach Analogie der sachenrechtlichen Bestimmungen (cf. § 21, II 2) dürfte ernstliche Bedenken nicht erregen.

4. Da die Unterschiede zwischen beweglichen und unbeweglichen, verbrauchbaren und unverbrauchbaren, vertretbaren und unvertretbaren Objekten (§§ 22, 23) bei den Erfindungen nicht wiederkehren, so braucht über den Einfluß der Erfindung auf den technischen Ausbau der Verteilungsvorgänge und auf die Ermöglichung gewisser Wertbewegungsarten nicht noch besonders gehandelt werden. Unter III 2 b (p. 84, 85) haben wir in dem Verlagsvertrag und den sog. Lizenzverträgen bereits Erscheinungen kennen gelernt, die auch unter den eben genannten Rubriken hätten dargestellt werden können.

---

1) Dernburg-Kohler p. 283, VIII, p. 284, XI; cf. Kohler, Musterrecht, p. 144; Kohler, Patentrecht p. 448—49, 454. Anders als PG. und Gebr.MG.: UG. §§ 42, 43, Kunst-G. §§ 37, 38, Geschm.MG. § 14; dort wird überall die Restitutionspflicht anerkannt.

IV.

Auch außerhalb des Gebietes der Physik und Chemie gibt es technische Erfindungen, mit dem praktischen Ziel, die materiellen Lebensbedingungen besser, leichter, angenehmer zu machen,

z. B. Modelle für Kursbücher, Kalender, Reiseführer, Stadtpläne, Haushaltungsbücher, Postgebührentabellen, Warenkataloge.

Am meisten angebracht für diese meist schnell veraltenden Erfindungen wäre, soweit sie überhaupt als Erfindungen zu werten sind, der Gebrauchsmusterschutz. Doch ist ihre Rechtstellung zur Zeit noch wenig geklärt. Die bekannten Pharus-Bücher genießen z. B. den langjährigen Schutz literarischer Werke, also theoretischer Erfindungen.

§ 31.

B. Die theoretische und die ästhetische Erfindung.

I.

Die Erörterung über die rechtliche Behandlung der theoretischen und der ästhetischen Erfindung kann gemeinsam erfolgen, da für beide ziemlich gleichartiges Recht gilt [1]). Von vornherein fällt bei beiden auf, daß der Verfahrenschutz weit weniger durchgeführt ist als der Modellschutz. Das hängt damit zusammen, daß die wirtschaftlich lohnende Ausnutzung solcher Verfahren durch andere zur Zeit des Erlasses der einschlägigen Gesetze noch wenig möglich war; das Grammophon, die Sprechmaschine, der Film waren damals noch in den Anfängen ihrer Entwickelung begriffen [2]).

Für den Ausbau der Rechtsätze ist ferner der Umstand von großer Bedeutung, daß die Bilderfindung sich lediglich dem Auge mitteilen läßt, die Sprach- und die Tonerfindung aber dem Auge und dem Ohr (p. 68, 69).

Sehr wichtig für das Verständnis der Richtung, welche die Rechtsbildung auf dem Gebiet dieser Erfindungen einschlägt, ist ferner, daß man darüber klar sieht, zu welchem Zweck Erfindungen mitgeteilt werden. Die technische Erfindung teilt der Erfinder stets zu dem Zweck mit, damit nach ihr technische Arbeit geleistet

1) Gesetz betr. das Urheberrecht an Werken der Literatur und der Tonkunst vom 19. 6. 1901; Gesetz über das Verlagsrecht vom selben Tage; Gesetz betr. das Urheberrecht an Werken der bildenden Künste und der Photographie vom 9. 1. 1907.

2) Einen Fortschritt bringt das Gesetz vom 22. 5. 1910.

werde und deren Ergebnisse (Fabrikate oder sonstige Verfahrensresultate) den Menschen materiellen Nutzen bringen können.

Die theoretische und ästhetische Erfindung teilt der Erfinder aber zu dem ganz andern Zwecke mit, damit die Erfindungsidee selber auf den Geist oder die Seele der Menschen wirke. Technische Arbeit und deren Ergebnisse kommen hier nur dann in Betracht, wenn ohne sie diese Wirkung der Erfindungsidee auf Geist oder Seele nicht erreicht werden kann — also keineswegs immer, sondern vorwiegend nur dann, wenn diese Wirkung der Erfindungsidee nur durch das Auge (also nicht auch durch das Ohr) vermittelt werden kann. Und niemals ist hier die Hervorrufung technischer Arbeit und ihrer Ergebnisse normaler Weise der Hauptzweck, der zur Mitteilung der Erfindung veranlaßt; der Schriftsteller gibt sein Werk nicht in Verlag, um der Druckerei Arbeit zu verschaffen und seine Mitmenschen mit dem aus Papier und Druckerschwärze bestehenden Sachding „Buch" zu beglücken, sondern um auf sie durch das Mittel dieses Sachdinges seine Erfindungsidee wirken zu lassen.

Deshalb kann natürlich die Rechtsbildung hier nicht so wie bei der technischen Erfindung das ganze Gewicht auf den Schutz der Verwertung durch die Technik legen, sondern sie muß auch Rechtsätze über Verwertung durch mündlichen Vortrag, Aufführung auf der Bühne usw. entwickeln.

II. Die Herrschaftsrechte.

1. Inhalt.

a) Bei Sprach- und Tonerfindungen besteht das Herrschaftsrecht

α) an der Modellerfindung in dem ausschließlichen Recht:

aa) Die Erfindung zu Gehör zu bringen, durch Vortrag oder Aufführung. Die Aufführung ist bei Ton- (und Bühnen)werken besonders bedeutsam, genießt einen ausreichenden Schutz aber erst durch § 11² UG. v. 1901; früher war die Aufführung von Werken, die bereits im Druck erschienen waren, frei: eine höchst törichte Bestimmung, die von der Drucklegung abschreckte[1]).

bb) Daneben besteht das ausschließliche Recht, die Erfindung dem Auge mitzuteilen, durch Vervielfältigung in Druck oder Schrift, und Verbreitung der hergestellten Exemplare.

1) Kohler, Urheberrecht 1907, p. 172.

cc) Hinzu tritt das ausschließliche Recht der Übersetzung (in andere Sprachen oder Tonlagen); und der Umformung, d. h. der Wahl einer anderen Mitteilungsart der Erfindungsidee. (Der Autor darf z. B. den Roman dramatisieren, das Tonstück für andere Instrumentation einrichten; cf. UG. § 12.) Dieser Umformungsschutz ist auch erst neuen Datums und in fortschreitender Entwickelung begriffen[1]).

β) An der Verfahrens-Erfindung besteht das Herrschaftsrecht in der ausschließlichen Befugnis:

aa) das erfundene Verfahren (z. B. die Vortragsweise eines Gedichtes, eines Liedes, eines Klavierstückes) selbst wiederzugeben;

bb) es durch technische Mittel zu fixieren (z. B. die Membran zu „besingen“), und die Fixierung zu vervielfältigen und zu verbreiten[2]).

γ) Bei beiden Arten der Erfindung tritt auch hier die ausschließliche Befugnis, die unter α und β aufgezählten Rechte, soweit sie nicht wegen ihres Inhaltes nach dem Naturgesetz unübertragbar sind, auf andere zu übertragen.

b) Bei Bild-Erfindungen (mag es ein Flächen- oder ein Körperbild sein)[3]) gibt

α) die Modellerfindung das ausschließliche Recht, die Erfindung dem Auge mitzuteilen durch Vervielfältigung, Verbreitung der hergestellten Exemplare, sowie durch Vorführung mittelst mechanischer oder optischer Einrichtungen[4]) (Ausstellung eines Exemplars — Erzeugung von Augenblicksbildern im Skioptikon)[5])[6]).

β) Die Verfahrenserfindung gibt das Recht zur ausschließlichen Selbstwiedergabe (z. B. der Darstellungsweise einer Bühnenrolle); sowie zur Fixierung des Verfahrens durch technische Mittel (Kinematograph) und zur Vervielfältigung und Verbreitung dieser Fixierung.

---

1) Gesetz vom 22. 5. 1910.

2) Die moderne Schall-Technik gibt übrigens die Möglichkeit, eine Modellerfindung und eine ihr gewidmete Verfahrenserfindung uno actu zu fixieren. Wenn ein Dichter ein eben gedichtetes Sonett auf die Membran spricht, oder ein Komponist sein neues Tonwerk direkt auf die Membran singt, so sind Modell und Vortragsweise uno actu festgelegt.

3) Auch das Bauwerkbild gehört hierher.

4) Kunstgesetz § 15; cf. Kohler, Kunstwerkrecht, § 8, II.

5) Kohler, Kunstwerkrecht, § 7, § 8.

6) Auch das Recht der „Umformung“ (z. B. der plastischen Darstellung einer bisher in einem Gemälde dargestellten Idee) muß zuständig sein, ist im Kunstwerkgesetz aber nicht ausdrücklich anerkannt; cf. Kohler, Kunstwerkrecht, p. 42ff.

γ) Bei beiden Arten der Erfindung tritt auch hier die ausschließliche Befugnis hinzu, die übertragbaren Rechte aus α und β auf andere zu übertragen.

2. Beschränkungen.

a) Ausgeschlossen sind Herrschaftsrechte[1])

α) an unsittlichen Erfindungen der Literatur oder der Kunst[2]);

β) an amtlichen Erlassen (namentlich Gesetzen) [UG. § 16], an Reden, die bei gewissen öffentlichen Verhandlungen (z. B. vor Gericht oder im Reichstag) gehalten sind [UG. § 17], — wegen der Zweckbestimmung.

b) Die zugelassenen Herrschaftsrechte sind ebenso wie die Herrschaftsrechte an technischen Erfindungen inhaltlich, zeitlich und räumlich absolut beschränkt.

α) Inhaltlich. Auch hier macht das Herrschaftsrecht vor der Ausnutzung im „häuslichen Kreise" Halt; ausschließlich zuständig ist also nur die „gewerbsmäßige" Ausnutzung in dem in § 30, I, 1 dargestellten Sinne. [UG. § 11 [1], KG. § 15 [1].]

Über den häuslichen Kreis hinaus sind Ausnutzungen beschränkten Inhalts in mannigfacher Richtung gestattet; z. B. das Zitat [UG. § 19 Nr. 1, 2, § 21 Nr. 1, 2; KG. § 19]; ferner die Ganzaufnahme in gewisse Sammelwerke (z. B. in solche, die für den Schulunterricht bestimmt sind), bei Gedichten, kleineren Aufsätzen Kompositionen und Bildwerken [UG. § 19 Nr. 3, 4, § 21 Nr. 3; KG. § 19].

Ferner die Wiedergabe gewisser öffentlicher Reden in Zeitungen, und der Nachdruck gewisser Zeitungsartikel durch andere Zeitungen [UG. § 17 Nr. 1, § 18]; auch öffentliche Aufführungen von Tonwerken sind [durch UG. § 27] in einem Maße gestattet, welches die Interessen der Komponisten stark beeinträchtigt.

β) Die zeitliche Beschränkung nimmt sehr viel mehr Rücksicht auf den Erfinder als bei der technischen Erfindung. Das Recht überdauert grundsätzlich die Lebenszeit des Erfinders noch um 30 Jahre [UG. § 29, KG. § 25]; cf. oben § 26 i. f.

γ) Räumlich ist das Herrschaftsrecht ebenso territorial begrenzt wie bei der technischen Erfindung (cf. oben p. 77). [Kohler, UR. § 29, KR. § 37.]

---

1) Dernburg-Kohler, p. 173—200.

2) Kohler, Urheberrecht, p. 160f.; Kunstwerkrecht, p. 30.

Die Berner Literarkonvention (1886/1908) hat aber den internationalen Schutz innerhalb der „Verbandstaaten“ schon ziemlich weit ausgebaut, so daß die Mitglieder eines Verbandstaates in allen übrigen Verbandstaaten wenigstens in den meisten Beziehungen den Schutz der Inländer genießen: Kohler-Holtzendorff p. 628; Dernburg-Kohler p. 20—22.

c) Die relativen Beschränkungen gegenüber bestimmten Personen sind, soweit Vorbenutzung oder Enteignung (oben p. 78, 79) in Frage stände, bei der theoretischen und ästhetischen Erfindung nicht angebracht. Wohl aber tritt das Abhängigkeitsverhältnis (oben p. 79 f.) auch hier mannigfach zu Tage. Abhängig sind z. B. von einander der Übersetzer und der Erfinder des Schriftwerkes; keiner kann die Übersetzung ohne Zustimmung des andern ausnutzen; ebenso der Verfasser und der Dramatisierer eines Romans bez. der Dramatisierung[1]); der Komponist und sein Transskribent; der Bildhauer und der, welcher dessen Kunstidee in ein Gemälde überführt hat.

d) Die relative Beschränkung des Ausschlusses von Sonderrechten[2]) kehrt auch hier wieder, sobald ein Teil einer Erfindung für sie so unentbehrlich ist, daß er als wesentlicher Bestandteil des Ganzen aufgefaßt werden muß. Beispiele wären etwa: ein Teil eines mehrbändigen Romans, ein Satz aus einem Quartett, ein Einzelbild aus einem Bilderzyklus. Ausschließliche Sonderrechte Dritter an solchen wesentlichen Bestandteilen dürften jedenfalls nicht zulässig sein; die Einräumung von Lizenzen an Dritte würde aber wohl nicht so schwer wiegenden Bedenken begegnen.

Wird jedoch eine ältere Erfindung von ihrem Autor in seine neuere Erfindung als wesentlicher Bestandteil aufgenommen, z. B. ein Lied in eine Oper, so wird umgekehrt der Abkäufer oder Pfandgläubiger der Oper sich mit einer Lizenz an dem Liede begnügen müssen, und die sonstige Separatverwertung des Liedes dem Autor zuständig bleiben; so wie das oben p. 80, 81 für die technische Erfindung ausgeführt wurde.

III.

Eine **Ausführungspflicht** ist weder bei der theoretischen noch bei der ästhetischen Erfindung gegeben. Die Allgemeinheit hat daran kein Interesse.

---

1) Kohler, UR., p. 161, 162; KR., p. 44, 45; KG. § 15.
2) Oben p. 29—32.

IV. Einfluß auf die Verteilungsvorgänge.

1. Da die Gründe des Ausschlusses von Herrschaftsrechten (II 2a, p. 92) ebenso wie bei der technischen Erfindung dauernder Art sind, sind Verteilungsvorgänge soweit ebenfalls ausgeschlossen.

2. Einfluß auf die Art der Verteilungsvorgänge.

a) Der erste Verteilungsvorgang ist auch hier Wertzuweisung. Der Tatbestand, auf den hin er erfolgt, ist aber stets allein die Erfindung, also die Schöpfungstat. Schon diese für sich allein gibt das Vollrecht. Analogien des Patent- oder Musterrechtes sind nicht vorhanden (mit Ausnahme der unter V besonders darzustellenden Geschmacksmustererfindung).

Parallelen zur „Angestellten-Erfindung" ergeben sich auch hier; cf. Kohler, UR. p. 228, 229; KR. p. 76 f.

b) Für die weiteren Verteilungsvorgänge gilt:

α) bezüglich der Wertausscheidungen nicht die Verwirkungsfolge, die wir bei der technischen Erfindung kennen lernten; denn hier gibt es weder Ausführungs- noch Gebührenzwang.

β) Die Wertbewegungen zeigen die gleichen Erscheinungsformen wie bei der technischen Erfindung. Der Verlagsvertrag spielt hier seine Hauptrolle. Lizenzverträge werden namentlich über Aufführungsrechte geschlossen.

Auch die auf Übertragung des Vollrechtes abzielenden Wertbewegungen erstrecken sich nicht auf die Rechte der Übersetzung und der Umformung, wenn nicht ein anderes vereinbart ist: UG. § 14.

3. Der Einfluß auf den Umfang der Verteilungsvorgänge weist nur geringe Abweichungen von dem Recht der technischen Erfindung auf.

a) Das „Zubehör" einer Erfindung kann direkt unter die p. 85—86 entwickelten Grundsätze gestellt werden. Der Vereinfachung der „dinglichen Abwickelung" ist hier der Weg noch mehr frei gegeben, weil keine Rollen-Eintragung in Frage kommt.

b) Der Begriff der „Erfindungsfrucht" kommt hier den Herstellungsexemplaren, also z. B. dem gedruckten Buch, dem Kupferstich, dem Gypsabguß, zu. Die Pflicht zur Übereignung der widerrechtlich hergestellten Exemplare ist hier übrigens direkt in den Spezialgesetzen anerkannt: UG. § 43; KG. § 38. In erster Linie steht der Anspruch auf Vernichtung der widerrechtlich hergestellten Exemplare: UG. § 42, KG. § 37; aber der Berechtigte kann statt der Vernichtung die Übereignung verlangen. [Kohler, UR. p. 356 ff., 362 ff.; KR. p. 111, 115 f.]

V. Die Geschmacksmustererfindung

will Geräte oder Gebrauchsgegenstände in einer den Formensinn anregenden, also angenehme Empfindungen in dem Betrachter auslösenden Art ästhetisch ausgestalten, um dadurch den Absatzwert (die Vertriebsmöglichkeit) dieser Sachen zu erhöhen.

Mit einer „reinen" Kunstwerkerfindung hat sie, auch dem Zwecke nach, nichts zu tun. Die Kunst „soll nicht nach Brot gehen"; das Kunstwerk hat zum vornehmsten Zweck die Einwirkung auf die menschliche Seele; das Geschmacksmuster stellt sich dagegen als Hauptaufgabe die prosaische Hebung des Gewerbebetriebes. Zwischen dem Moses des Michelangelo und der in die Gestalt einer Schwarzwaldbäuerin gebrachten Garndose liegt, auch teleologisch angesehen, ein Weltenraum. Aber auch die Kunstgewerbe-Erfindung hat mit der Geschmacksmuster-Erfindung wenig gemein; jene spekuliert zwar auch in erster Linie auf den Geldbeutel des Publikums; aber die Erweckung eines nachhaltigen Seeleneindrucks ist ihr doch ebenfalls ein selbständiger Zweck; während die Geschmacksmuster-Erfindung die ästhetische Form nur als Mittel wertet, um Käufer anzuziehen. Bei einer Geschmacksmuster-Erfindung ist der Erfinder nur als Geschäftsmann interessiert, bei jeder Kunstwerk-Erfindung dagegen mindestens auch mit seiner Künstlerehre [1]).

Für das Geschmacksmuster gilt im wesentlichen das Recht des Gebrauchsmusters. Das Vollrecht entsteht auch bei ihm erst durch Eintragung auf Anmeldung hin; zuständig dafür ist aber nicht das Patentamt, sondern das Registergericht (§§ 7, 9 Gesch.MG.) Es ist aber verfehlter Weise auch die Anmeldung versiegelter Muster, also Geheimhaltung des geschützten Musters zulässig (Kohler, MR. p. 102 f.). Die Schutzfrist kann bis auf 15 Jahre erstreckt werden, wenn der „Urheber" die entsprechenden Gebühren zahlt; sie beträgt mindestens 1 Jahr; Gesch.MG. §§ 8, 12.

Entspricht eine Geschmacksmustererfindung auch den höheren Anforderungen der Kunstwerkerfindung, so steht ihr natürlich auch der Kunstwerkschutz zu.

§ 32.

Rückschau.

Die Lehre von den Geistesprodukten ist, entgegen der bisherigen Gepflogenheit, in das System der Gegenstände (Rechtsobjekte) des

1) cf. noch die guten Ausführungen in RE. 65, No. 33 (I. 07).

Bürgerlichen Rechtes aufgenommen, um den Blick zu erweitern und das juristische Verständnis zu schärfen durch die unmittelbare Gegenüberstellung des Gemeinsamen und des Gegensätzlichen, das sich zwischen Sachen und Geistesprodukten ergibt.

Die Erörterung ist auch hier grundsätzlich teleologisch gestaltet worden. Es wurde sogar die oberste Einteilung der Erfindungen (in technische, theoretische, ästhetische) ihrer Aufgabe entnommen; und auch sonst ist, gerade wie bei den Sachen, das Zweckmoment möglichst in den Vordergrund gerückt. Der Aufbau der Darstellung wurde genau so wie bei der Sachenlehre ausgeführt.

Hierdurch sind mehrfach neue Resultate gewonnen, die möglicherweise bleibenden Wert haben.

Wir möchten dahin rechnen:

1. den Nachweis, daß das Gebiet der technischen Erfindungen und des ihnen eigentümlichen kurzen und an besondere formale Bedingungen (Anmeldung, Eintragung) gebundenen Schutzes eine Erweiterung (über das Gebiet der Physik und Chemie hinaus) erfahren muß (IV, p. 89);

2. die Aufzeigung der Verfahrens-Erfindung auf dem theoretischen und ästhetischen Gebiet (§ 27 Nr. 3, § 28 Nr. 2, 3, § 29 Nr. 2);

3. die Entwickelung der Bestandteils-, Zubehör- und Fruchtlehre und ihrer weittragenden praktischen Folgen (§ 31, A I p. 79ff., III p. 85ff.; B II p. 93, IV p. 94).

Auch die Klarstellung des Zweckes, zu dem Erfindungen mitgeteilt werden (p. 89—90), und der Zweckverschiedenheit zwischen Kunstwerk-, Kunstgewerbe- und Geschmacksmuster-Erfindungen könnte didaktisch fördernd wirken.

Jedenfalls wird nicht bestritten werden können, daß die Aufnahme der Geistesprodukte in das bürgerlich-rechtliche System der „Gegenstände", im Verein mit der teleologischen Betrachtungsweise, sich als sehr fruchtbringend erweist.

Ist ja doch die Zweckbestimmung der Gegenstände neben ihrer natürlichen Beschaffenheit das Moment, welches für die Gestaltung der Rechtsätze am bedeutsamsten wirkt. Und erst durch die Gegenüberstellung von Sachen und Geistesprodukten tritt das besonders klar hervor.

§ 33.

V. Das menschliche Verhalten.

Menschliches Verhalten (das nicht direkt Herrschaftsausübung über Sachen oder Geistesprodukte ist) bildet in großem Umfang den

Gegenstand von Rechten. Es ist entweder eigenes Verhalten des Berechtigten oder fremdes Verhalten.

I. Das fremde Verhalten, also das Verhalten anderer Menschen, kann ein Tun oder ein Unterlassen sein.

1. Das Tun umfaßt alle denkbaren Arbeitsleistungen des Menschen. Sie können von körperlicher, geistiger, seelischer Art sein; Beispiele: die Tätigkeit des Handwerkers, des Schriftstellers, des Vorbeters; auch aus mehreren dieser Elemente gemischt, wie etwa beim Lehrer, beim Arzt, beim Seelsorger, beim Künstler.

Das Tun kann Verhalten in rechtlicher oder in faktischer Richtung sein, also die Vornahme von Rechtshandlungen oder tatsächlichen Handlungen zum Inhalt haben; trägt ein Sänger ein Lied vor, so ist das eine rein tatsächliche — schließt der Notar für seinen Mandanten einen Kontrakt, so ist das eine Rechtshandlung.

Das Unterlassen kann sich in denselben Richtungen betätigen wie das Tun; man kann die Verrichtung einer körperlichen Arbeit, das Ersinnen einer Erfindung, eine seelische Einwirkung auf einen andern unterlassen; die Erhebung eines Prozesses oder die Mitteilung eines Geheimnisses.

2. Über fremdes Verhalten gibt es keine Herrschaftsrechte. Nur Forderungsrechte auf ein solches können begründet werden. Es muß also immer eine Wertbewegung zwischen zwei Personen vorliegen, damit ein Recht auf fremdes Verhalten entstehen könne. Jeder überhaupt mögliche Wertbewegungstyp, rechtsgeschäftlicher wie nichtrechtsgeschäftlicher Natur, pflegt solche Forderungsrechte zu erzeugen; sei es als Abwickelungswirkungen, sei es als Reaktionswirkungen gegen Störungen. Das Nähere hierüber kann erst in der Lehre von den Verteilungsvorgängen dargestellt werden [1].

II. Das eigene Verhalten, das sich nicht als Ausübung einer Herrschaft über Sachen oder Geistesprodukte darstellt, ist als eigenes Handeln (Tun) von verschiedenster Art ebenfalls Gegenstand von Rechten. Besonders wichtig sind die Gestaltungsrechte [2], d. h. Rechte auf eigene Rechtshandlungen, die auf Verteilungsvorgänge einwirken, indem sie deren Entstehung, Abwickelung, Änderung oder Rückgängigmachung verursachen. Das Akzeptrecht aus einer Offerte, das Ankaufs- oder Vorkaufsrecht, das Okkupationsrecht des Jagd- oder Bergwerksberechtigten, das Erwerbsrecht des gemeinrechtlichen Vindikations-

1) Vorläufig wird auf den Grundriß der Wertbewegungslehre, p. 13—22, 44ff. verwiesen.

2) Enneccerus, § 66, I 3; § 72, I B.

zessionars sind Gestaltungsrechte, deren Ausübung die Entstehung bezw. Abwickelung eines Verteilungsvorganges bewirkt; Anfechtungs-, Kündigungs-, Rücktrittsrechte führen seine Rückgängigmachung herbei; das Minderungsrecht beim Kauf, das Wahlrecht bei der sogenannten „Wahlschuld" veranlassen seine Inhaltsänderung — wenn sie ausgeübt werden.

Rechte auf eigene faktische Handlungen (in der oben bezeichneten negativen Umgrenzung) sind seltener; das Recht auf Namen oder Firma (m. a. W. das Recht, sich oder sein Handelsunternehmen in gewisser Weise zu bezeichnen) dürfte das treffendste Beispiel sein.

Eigenes Unterlassen als Gegenstand von Rechten kommt praktisch wohl selten oder gar nicht in Frage.

§ 34.

VI. Gegenstände der sog. Persönlichkeitsrechte.

I. Die meisten „Persönlichkeitsrechte" haben zum Gegenstand fremdes oder eigenes menschliches Verhalten.

Sie sind also eine Unterart der im § 33 behandelten, und zwar diejenige, deren Aufgabe der Schutz idealer Interessen des Berechtigten ist.

Sie können durch Wertbewegungen entstehen und richten sich dann gegen die Gegenpartei der Wertbewegung. Ich erwerbe z. B. von einem berühmten Freunde die Erlaubnis, seinen Namen unter einen Wohltätigkeitsaufruf zu setzen, oder von meinem Oberwohner das Versprechen, über meinem Arbeitszimmer kein Geräusch zu machen.

Sie können aber auch durch Wertzuweisung originär als absolutes, also gegen jedermann wirksames Recht entstehen. In diesem Falle ist ihre Entstehung bedingt dadurch, daß ein typisches Idealinteresse von solcher Schutzwürdigkeit vorliegt, daß die Rechtsordnung sich aus sozialen Gründen seiner annehmen muß; und das wird immer dann der Fall sein, wenn der **Tatbestand der römischen actio injuriarum** erbracht, m. a. W., wenn die Achtung, die der Mensch dem Menschen erweisen muß, um ein friedliches Zusammenleben zu gewährleisten, verletzt ist.

Das geltende Recht erkennt bisher folgende Fälle absoluter Persönlichkeitsrechte an:

1. Das Recht des Erfinders:

a) Daß niemand ihm die Autorschaft an der Erfindung abstreite, — also das Recht auf die Erfinderehre, das namentlich durch

Plagiat (d. h. durch Veröffentlichung der „Erfindung" unter Benennung eines anderen als Autor), ferner z. B. auch durch Ausnutzung „ohne Quellenangabe" verletzt werden kann. [Kohler, UR. p. 463 f.; KR. p. 141 f.]

b) Daß niemand die Erfindung ohne seine Erlaubnis publiziere. Der Erfinder muß selbst und allein die Entscheidung darüber haben, ob, wann, wo und wie er seine Erfindung an die Öffentlichkeit bringen will; denn nur er kann beurteilen, ob die Erfindung bereits vor der öffentlichen Kritik bestehen kann. Diesen Schutz spricht UG. § 11 [1] ausdrücklich aus. Selbst die Gläubiger des Erfinders können die noch unveröffentlichte Erfindung nicht pfänden und die Veröffentlichung nicht verlangen. [cf. § 10 UG., § 14 KG.; Kohler, UR. p. 455, KR. p. 152, MR. p. 42.]

c) Es darf auch niemand ohne den Willen des Erfinders Änderungen an der Erfindung vornehmen [1]). Berühmt ist RE. 79 Nr. 93: Ein namhafter Künstler hatte für das Treppenhaus einer Berliner Villa ein Freskogemälde „Felseneiland mit Sirenen" gemalt. Die Sirenen waren nackt. Die Eigentümerin der Villa ließ sie von einem anderen Maler in züchtige Gewänder hüllen. Das Reichsgericht verurteilte sie auf Antrag des Künstlers, die Gewänder wieder zu beseitigen.

Das Persönlichkeitsrecht des Erfinders (das sich übrigens noch in anderen Richtungen äußern kann, — auch als Recht auf eigenes Verhalten: Recht zum Signieren, zum Ändern [Kohler, KR. p. 140 f., p. 152]) ist an die zeitlichen und räumlichen Grenzen seines Autorrechtes nicht gebunden und muß auch nach seinem Tode so lange fortdauern, als ein schutzwürdiges Interesse dies verlangt. Der Streit um die Veröffentlichung des dritten Bandes von Bismarcks „Gedanken und Erinnerungen", die gegen den Willen der Erben geschieht, gibt Anlaß, diesen Punkt besonders zu betonen.

2. Das Recht des Verfassers und des Empfängers von Vertrauensbriefen auf deren Geheimhaltung [2]).

3. Das Recht gegen Mißbrauch des eigenen Bildes. Berühmt wieder RE. 45 Nr. 43: Verurteilung der Hamburger Photographen, die unbefugt und heimlich die in Friedrichsruh aufgebahrte Leiche des Fürsten Bismarck photographiert hatten, zur Vernichtung der Platten, Abzüge usw. [3]).

---

1) Kohler, UR., p. 464f., KR., p. 149f.
2) Kohler, UR., p. 441, 444.
3) Jetzt KG., § 22f.; Kohler, KR., p. 157f.

4. Das Recht am Namen: BGB. § 12. Niemand darf sich meines Namens bedienen, wenn mir dadurch ein schutzwürdiges Interesse verletzt wird. Hierher gehört namentlich auch der Mißbrauch des Namens berühmter Künstler dadurch, daß man minderwertige Werke anderer als von ihnen herrührend ausgibt: Kohler, KR. p. 140f.

II. Seltener haben Persönlichkeitsrechte Befugnisse an anderen Gegenständen zum Inhalt. Denn solche Befugnisse werden fast durchweg um wirtschaftlicher Interessen willen eingeräumt. Besonders spärlich kommen absolute, auf Wertzuweisung beruhende Befugnisse dieser Art vor. Ein gutes Beispiel ist das Recht am Familienwappen. Dies Recht, das Wappenbild als Unterscheidungszeichen der Familie zu führen, hat natürlich mit dem Eigentum an irgend einem Wappenbild nichts zu tun.

Die Einräumung gegenüber einer bestimmten Person durch Wertbewegung findet sich häufiger. Ich kann mir z. B. die Erlaubnis erwirken, in einem fremden Wald zu wandern, ein fremdes Tier zu pflegen.

Mehr begegnet die Einräumung von Ansprüchen bezüglich anderer Gegenstände zum Schutz idealer Interessen. Beispiele: A verpflichtet sich dem B, Briefe des B zu verbrennen; den verkauften Hund gut zu behandeln; seine schöne Giebelfassade zu konservieren; ein Gnadengesuch für einen Verurteilten einzureichen; eine Stiftung nach dem A zu benennen.

III. Es ist verfehlt, wenn man, wie manche tun, auch manche Rechte, die wirtschaftliche Interessen schützen, zu den Persönlichkeitsrechten rechnet; z. B. das Recht auf Warenzeichen[1]) oder die Rechte auf Unterlassung unlauteren Wettbewerbes; denn für die Einführung solcher Rechte sind ganz andersartige gesetzgeberische Beweggründe maßgebend. Sie sind Wirtschaftsrechte und ihr Ausbau muß sich nach dieser Aufgabe richten.

§ 35.

VII. Gibt es noch andere Gegenstände?

I. Der Kreis der Gegenstände von Rechten ist mit den Sachen, den Geistesprodukten und dem menschlichen Verhalten geschlossen.

1. Namentlich sind, wie schon oben im § 5 Nr. 1, 2 ausgeführt wurde, Rechte als Gegenstand von Herrschaftsrechten undenkbar. Und ebensowenig als Gegenstand von Forderungs- oder Gestaltungsrechten. Denn der Gegenstand dieser „Werkzeuge für Ver-

1) Gierke in Holtzendorff, p. 916f.

teilungsvorgänge“ [1]) ist menschliches Verhalten, namentlich menschliches Handeln; wenn nun dies Handeln eine Rechtshandlung ist, z. B. eine Eigentumsverschaffung, so ist der Inhalt dieses Handelns allerdings die Einwirkung auf ein Recht (nämlich das Herausnehmen der betreffenden Macht aus dem Dienst des Unternehmens A und ihre Einstellung in den Dienst des Unternehmens B; § 5 Nr. 1); aber dadurch wird das betroffene Recht nicht zum Gegenstand des Werkzeugrechtes.

2. Auch das Leben, der Körper, die Gesundheit, die Freiheit, die Ehre des Menschen sind nicht Gegenstand von Rechten, sondern sie sind Interessen des Menschen, zu deren Schutz ihm Rechte auf eigenes Verhalten (z. B. das Recht der Selbsthilfe: §§ 227 ff. BGB.) und auf fremdes Verhalten (z. B. § 823 ff.) gegeben sind.

3. Auch ein bestehender Gewerbebetrieb [2]) kann nicht Gegenstand eines Rechtes sein; die gegenteilige theoretische Auffassung des Reichsgerichtes erscheint uns nicht haltbar. Das Recht an einem bestehenden Geschäftsbetrieb ist in Wahrheit ein aus dem Tatbestand „bestehender Gewerbebetrieb“ entstandenes Recht auf eigenes Verhalten (Fortsetzung des Betriebes) und fremdes Verhalten (Unterlassen von störenden Eingriffen) [3]).

II. Gegenstand von Verteilungsvorgängen, und zwar speziell Gegenstand von Wertbewegungen, kann außer Einzelrechten (an Sachen, Geistesprodukten, menschlichem Verhalten) [4]) natürlich auch ein Komplex von Rechten sein. Ein Vermögen kann z. B. verkauft oder vererbt werden, und ebenso die Komplexe verschiedenartiger Rechte, die man mit den Sammelnamen „Gewerbebetrieb“, „Handelsgeschäft“ usw. (juristisch sehr ungenau) zu bezeichnen pflegt. Aber das Geschäft oder der Betrieb, als Summe der Tätigkeit und ihrer Hilfsmittel gedacht, kann ebenso wenig direkt Gegenstand einer Wertbewegung sein wie etwa eine Einzelsache oder ein körperliches Zweckganzes.

Eine Vereinfachung der dinglichen Abwickelung solcher auf Rechtskomplexe gerichteter Wertbewegungen, durch sogenannte Universal-

1) cf. § 1 i. f.

2) Enneccerus § 451 Anm. 7.

3) Ein gutes Beispiel in RE. 58 No. 6 (I. 04): A hatte dem B die Fabrikation eines Stoffmusters (Jutepläsch) unterbunden mit Berufung auf ein Musterrecht, das sich demnächst als nichtig erwies.

4) Daß Gegenstand von Verteilungsvorgängen nur Rechte, nicht etwa die Sachen u. s. w. direkt, sind, ist oben im § 5 No. 2 schon betont.

sukzession, findet man in unserm Bürgerlichen Recht beim Erbschaftserwerbe (§ 1922 BGB.)[1]).

§ 36.

Gesamtergebnis des Ersten Buches.

Durch unsere Ausführungen ist die Lehre von den Rechtsobjekten, die bisher grundsätzlich nur von den Sachen ausführlich handelte, auf sämtliche denkbaren Gegenstände, unter besonders eingehender Behandlung auch der Geistesprodukte, erstreckt worden. Das gewährt dem Studierenden den Vorteil, daß er den Inhalt sämtlicher Rechtsarten, und ebenso das Wesen der Verteilungsvorgänge, die auf dem weiten Gebiet eine Rolle spielen, in den Grundzügen schon jetzt deutlich überschaut, und deshalb mit besserer Vorbereitung als früher an das Studium der weiteren Teile des Systems herantritt.

Aber auch für die Methode des Studierens ist bereits eine sichere Grundlage geschaffen. Die Lehre von den Gegenständen ist ein geeignetes Feld, um dem jungen Juristen zu zeigen, nach welchen Regeln man sich über die Bedeutung eines Rechtsinstitutes Klarheit verschaffen muß; — wie da die Erfassung der Aufgabe, die dem Rechtsinstitut gestellt ist, allemal das erste ist, was not tut; — und wie sich aus dieser Erkenntnis heraus dann die Einsicht in die Ausgestaltung des Rechtsinstituts und ihre Gründe leicht gewinnen und auch der Weg für eine sachgemäße Kritik leicht finden läßt.

Die Lehre von den Gegenständen bietet aber auch in vielen Materien gute Gelegenheit, den Lernenden mit den wichtigen Aufgaben des Richters, der Diagnose des Tatbestandes und der Anwendung der Rechtssätze, bekannt zu machen. Und darüber hinaus mit der Stellung des Richters zu den Lücken des Gesetzes und zu den untauglichen Rechtssätzen, denen gegenüber der Richter den Mut haben muß, ihnen die Anwendung zu versagen. Die bei der Lückenergänzung und bei der Gesetzesänderung zu befolgenden Methoden sind an mehreren Lehren eingehend dargelegt.

So haben wir gleich in der ersten Lehre, die behandelt wurde, das vollständige Rüstzeug für die Fortsetzung des Studiums zu schaffen gesucht. Will man einwenden, es sei nicht richtig, schon den Anfänger mit so schwierigen und ernsten Fragen zu befassen, so erwidern wir: was ist denn dadurch erreicht, daß man dem Studierenden

1) cf. § 2033; Kipp § 97. Ähnliche Vorgänge enthält das eheliche Güterrecht: §§ 1363, 1438.

bisher methodische Erörterungen möglichst fern hielt? Sollte die Hilflosigkeit unserer Gerichte gegenüber den grauenvollen Zuständen der Jetztzeit nicht mit dieser Unkenntnis alles Methodologischen innig zusammenhängen? Wir werden den Grundsatz, den jungen Juristen zu methodischem Studium und zu methodischer Erfassung der Richteraufgaben zu erziehen, jedenfalls festhalten; denn nur so kann es gelingen, die vielen occasiones juris, die auch das beste Gesetz dem professionellen Halunkentum zur Betätigung gewährt, *funditus* auszurotten.

Über die *Stellung des Richters zu dem Gesetz* soll in diesem Werk nicht besonders gehandelt werden, da die Ansicht des Verfassers über diesen Punkt anderweit, besonders in „Unsere Rechts- und Begriffsbildung" und in „Die Freirechtsbewegung" (cf. oben p. V) eingehend klargelegt ist; eine erneute Polemik hätte keinen Zweck.

Um so schärfer ist aber der Kampf in zwei anderen Richtungen aufzunehmen: gegen die noch immer wuchernde Manie zu Rechts*bildung aus* unbeweisbaren *Dogmen*, und gegen die Hilflosigkeit unserer Richter gegenüber den Schiebungen durch **occasiones juris.**

Die Aufstellung von Dogmen, die zur Ableitung von Rechtsätzen aus ihnen herhalten müssen, hat geradezu groteske Formen angenommen; wir nehmen ja keinen Anstand, auch andere Wissenschaftsgebiete mit Dogmen zu bereichern mit einer so naiven Nichtachtung der Elemente dieser Wissenschaften, daß wir uns zum Gespött der übrigen wissenschaftlichen Welt machen. Mit welcher Ironie mag der Biolog unsere „Verbandsperson" ansehen, der Naturwissenschaftler die „Körpereinheit" zwischen Maschine und Fabrikgrundstück, der Psycholog den „Geschäfts-Irrtum", der *nicht* „Irrtum im Motiv" ist [1]). Stille Heiterkeit hat von jeher bei den Nichtjuristen die Theorie von der „Fortsetzung der Persönlichkeit des Erblassers durch den Erben" erregt; kein Zweifel, sie löste das Problem der Seelenwanderung sozusagen aus dem Handgelenk und verschaffte einen ungeahnten Einblick in die Entstehung widerspruchsvoller Charaktere. Genieren wir uns denn noch immer nicht, uns durch solche Allotria vor der Welt lächerlich zu machen?

Immerhin kommt auf diesem Gebiete noch der Humor zu seinem Rechte Aber er erstirbt jäh auf dem anderen. Wie das Schiebertum

1) cf. Grundriß § 7.

sich mit Hilfe aller möglichen occasiones juris bei uns breit machen darf, das ist so tief traurig, daß man am liebsten vor der Welt gar nicht davon spräche.

Eine große soziale Tat der Verfasser unseres Bürgerlichen Gesetzbuches war der § 826. Und die Praxis hat in seiner Anwendung sichtliche Fortschritte gemacht. Aber er gleicht, für sich allein stehend, einer Schere mit nur einer scharfen Schneide. Will man auch die andere so schärfen, daß die Schere dem Schiebertum den Lebensfaden glatt durchschneiden kann, so muß man, als Gegenstück zu der Ersatzklage aus unsittlicher Schädigung, die condictio aus **unsittlicher Bereicherung** einführen. Diese kennt man bisher **im theoretischen System** nur als condictio ob turpem causam, also nur wegen der auf unsittlichen Kausalvorgang hin erfolgten Leistung; aber noch nicht als condictio einer Leistung, die auf einen sittlich unanfechtbaren Kausalvorgang hin mit sittlich anfechtbarem Erfolge gemacht ist. Dennoch ist die condictio in dieser letzteren Erscheinungsform bereits im geltenden Recht vorhanden im § 816. Denn der einzige stichhaltige Grund, der den verfügenden Nichtberechtigten zur Herausgabe des durch eine zweifellos gültige Wertbewegung erlangten Äquivalentes an den durch seine Verfügung um das Recht Gebrachten verpflichtet, ist doch der, daß es für jenen unanständig wäre, das Äquivalent zu behalten. Ebenso ist es für den vom Nichtberechtigten Beschenkten und für den Nichtgläubiger, der das Eigentum an dem Erfüllungsgegenstand erhielt (§ 816 [2]), unanständig, das Empfangene zu behalten, obgleich es ihnen rite, durch einwandfreie Wertbewegungswirkungen, zu Eigentum erworben ist.

Auf demselben Grundgedanken wie § 816 beruhen z. B. die §§ 528, 530, 1301, 2050, 2287 f., 2325 ff. [die in §§ 8, 15 des Grundrisses eingehend besprochen sind].

Es ist also Gesetzesmaterial genug vorhanden, um an den Ausbau einer allgemeinen condictio **ob turpem effectum** herantreten zu können. Und dann wird hoffentlich der Tag gekommen sein, wo der Gläubiger, den sein Schuldner mittels gefälschter Postanweisungen aus fiskalischem Gelde bezahlte (RE. 60 No. 6), sich nicht mehr ins Fäustchen lachen kann, und das Schiebertum die Freude an seinem Beruf verliert. Näher kann diese condictio erst in der Lehre von den Bereicherungsvorgängen erörtert werden.

Zweites Buch.

Die Unternehmen und ihre Vermögen.

(Umformung der Lehre von den „Rechtssubjekten".)

§ 37.

Einleitung.

I. 1. Die Übersicht der Lehre von den Vermögen (oben p. 8ff.) hat bereits klargestellt, daß das Vermögen eine Zweckgemeinschaft von Rechten ist. Wir sahen: die sämtlichen Rechte, die demselben Unternehmen dienen, bilden das Vermögen dieses Unternehmens (p. 8) Verwalter des Vermögens ist der Verwalter des Unternehmens (p. 8, 9). Genießer des Vermögens ist der Genießer des Unternehmens (p. 9, 4, 5).

2. Es bedarf nun noch der Feststellung des Unternehmen-Begriffes. Was nennen wir ein **Unternehmen?**

Antwort:

a) Eine planmäßige menschliche Betätigung von bestimmtem Inhalt innerhalb des menschlichen Zusammenlebens:

> [Beispiele: die Lebensführung im Allgemeinen; der Betrieb eines Handelsgeschäftes, einer Fabrik, einer Landwirtschaft, eines Bergwerkes, Ausführung von Bahnbauten, von elektrischen Anlagen; wissenschaftliche Forschungen; Verfolgung humanitärer Aufgaben;]

b) hervorgerufen entweder durch nicht rechtsgeschäftliche Vorgänge (z. B. die Geburt eines Menschen), welche die Rechtsordnung veranlassen, für eine durch solche Vorgänge nötig werdende menschliche Betätigung rechtliche Anordnungen zu treffen —

oder durch rechtsgeschäftliche Vorgänge, die (wie z. B. das Stiftungsgeschäft, der Gesellschaftsvertrag, der Vereinsvertrag) das Ziel verfolgen, eine bestimmte planmäßige Betätigung, **als Mittel zur Erreichung bestimmter Zwecke,** in Gang zu bringen (z. B. die Anlage eines Kanals zur wirtschaftlichen Erschließung eines Landstriches, den Betrieb einer Volksküche zur Speisung notleidender Einwohner). Der Betätigungsplan wird zumeist in dem betreffenden Rechtsgeschäft (als Satzung, Statut) ausführlich festgelegt, und unterliegt deshalb regelmäßig nur subsidiär gesetzlichen Vorschriften.

c) Das, was das BGB. den „Zweck" einer Stiftung (§ 87), einer Gesellschaft (§§ 705, 726), eines Vereins (§§ 21, 22, 43) nennt, ist in Wahrheit die planmäßige Betätigung, also das Unternehmen. Den

Zweck des Unternehmens — für dessen Erreichung letzteres als Mittel dienen soll, — beachtet das BGB. nicht genügend, — trotzdem sein Inhalt oder sein Schicksal oft von Bedeutung ist (z. B. Preisregulierungskartell zur Verteuerung notwendiger Lebensmittel; Ansiedelungsunternehmen zur Unterbringung politischer Flüchtlinge, denen dann später die Rückkehr in ihre Heimat wieder möglich wird.)

Und garnicht werden vom BGB. auseinandergehalten dieser Zweck des Unternehmens und der Parteizweck, der die an dem Abschluß des Unternehmengründungsgeschäftes Beteiligten zu ihrer Beteiligung an diesem Geschäft veranlaßt und natürlich für jeden Beteiligten von besonderer Art sein kann (z. B. Kapitalanlage; Verwertung der eigenen Arbeitskraft oder Kenntnisse; usw.) [1])

3. Die Unternehmen gliedern sich in das Unternehmen der allgemeinen Lebensführung und die Sonderunternehmen verschiedenster Art, welche durch die menschlichen Bedürfnisse hervorgerufen werden.

Das zweite Buch soll nun die Haupttypen der Unternehmen, ihr eigenes Entstehen, Wirken und Vergehen schildern, aber auch die Art, wie Vermögen für sie begründet werden — wie und unter welcher Beteiligung von Menschen diese Vermögen funktionieren — und unter welchen Umständen sie wieder der Auflösung verfallen.

Das Kap. I behandelt das Unternehmen der allgemeinen Lebensführung; Kap. II die übrigen Unternehmen.

II. Es ist im Lauf der Darstellung nötig geworden, die Stellung, die Menschen als Genießer, Verwalter, Gläubiger, Schuldner einnehmen, bald auf das Unternehmen, bald auf dessen Vermögen, bald auf die in dem Vermögen befindlichen Rechte zu beziehen (cf. z. B. § 2 Nr. 3—5; § 3 Nr. 3—4; § 5 Nr. 1). Damit dadurch in dem Leser keine Verwirrung entstehe, sei hier nochmals ausdrücklich Folgendes hervorgehoben:

Ob man vom Genießer bezw. vom Verwalter eines Rechtes, eines Vermögens oder eines Unternehmens spricht, ist gleich; in allen drei Fällen kommt **immer derselbe** Mensch in Frage.

1. Der **Genießer** eines Unternehmens ist stets auch der Genießer des diesem Unternehmen dienenden Vermögens und damit auch der Genießer der zu diesem Vermögen zusammengeschlossenen Rechte. Und umgekehrt: der Genießer eines Rechtes ist auch der Genießer des

---

1) Wir werden das in den Gesetzen gebrauchte Wort „Zweck" künftighin da in Anführungszeichen setzen, wo es zweifelsfrei das Unternehmen bedeutet, oder wo sein Wortsinn zweifelhaft ist.

Vermögens, zu dem das Recht gehört, und damit auch der Genießer des Unternehmens, dem das Vermögen dient.

2. Für den **Verwalter** gilt ganz dasselbe.

3. **Gläubiger** eines Unternehmens ist (cf. p. 6 Nr. 5) der Verwalter des anderen an der betreffenden Wertbewegung beteiligten Unternehmens. Hat z. B. ein rechtsfähiger Verein von einem Minderjährigen ein Grundstück gekauft, so mußte diese Wertbewegung, um rechtsgültig zu sein, von dem Vereinsvorstand und dem Vormund abgeschlossen werden. Soll nun der Verein den Kaufpreis zahlen, so ist der Vormund, nicht etwa der Minderjährige, der Gläubiger auf den Kaufpreis in dem Sinne, daß nur der Vormund, nicht auch der Minderjährige, die Zahlung (in das Vermögen des Minderjährigen) fordern kann.

Und zwar ist der Vormund Gläubiger des Vereinsvorstandes insofern, als er von diesem (und nur von diesem) verlangen kann, daß er für die Zahlung sorge; und Gläubiger des haftbaren (§ 3 i. f.) Vereinsvermögens bezw. der in diesem enthaltenen Rechte insofern, als er in dieses Vermögen nötigenfalls die Zwangsvollstreckung betreiben kann.

Der Gläubiger eines Unternehmens ist demnach Anspruchsgläubiger des Unternehmenverwalters, und Vollstreckungsgläubiger des haftbaren Unternehmenvermögens (bezw. der in diesem enthaltenen Rechte).

4. **Schuldner** eines Unternehmens ist der Verwalter (also nicht der Genießer) des anderen an der betreffenden Wertbewegung beteiligten Unternehmens insofern, als er dem Verwalter dieses anderen Unternehmens verpflichtet ist, für die Erfüllung von dessen Anspruch (cf. Nr. 3) zu sorgen. Außerdem besteht die **Haftung** des haftbaren Vermögens (bezw. der in ihm enthaltenen Rechte) als Zwangsvollstreckungsobjekt, die wir eben (Nr. 3 i. f.) erörtert haben.

III. Die **Mithaftung** für die Schulden eines Unternehmens (p. 10) äußert sich, wenn man sie genau zergliedert, folgendermaßen:

Immer haftet das dem mithaftenden Unternehmen dienende haftbare Vermögen dem Gläubiger des durch die Mithaftung gestützten Unternehmens als Zwangsvollstreckungsobjekt. Aber zumeist ist auch der Verwalter des mithaftenden Unternehmens Anspruchsschuldner des Gläubigers des gestützten Unternehmens; so daß also der Gläubiger nicht bloß bezüglich der Zwangsvollstreckung, sondern zumeist auch für sein Erfüllungsverlangen durch die Mithaftung eine Verbesserung erhält.

IV. Die **Gründer** eines Unternehmens sind auch die Gründer des ihm dienenden Vermögens. Die Rolle der **Spender** erschöpft sich aber in der Spendung von Vermögen für ein Unternehmen (§ 3 Nr. 4).

V. Wer die Lehre vom einheitlichen Rechtssubjekt aufgibt, muß als Gläubiger resp. Schuldner unbedingt den **Verwalter** und nicht den Genießer eines Unternehmens ansprechen, wenn er einen dem Inhalt der Rechtssätze kongruenten Begriff aufstellen will. Freilich, der Verwalter-Gläubiger fordert für das dem Genießer dienende Vermögen; — und der Verwalter-Schuldner erfüllt aus dem seinem Genießer dienenden Vermögen. Aber nur jener ist zu fordern berechtigt, nur dieser zu erfüllen verpflichtet. Am deutlichsten wird die Schuldnerstellung des Verwalters, wenn die Schuld ein „unvertretbares" Handeln zum Inhalt hat; dann richten sich nämlich die Zwangsvollstreckungsmaßregeln (Haft!) gegen die Person des Verwalters[1]. [Anders freilich, wenn lediglich **substituierte** vertragsmäßige Verwalter in Frage stehen. Dann tritt der selbst- oder fremdnützige Verwalter, dessen jederzeit removierbare Substituten sie ja nur sind, an ihre Stelle.]

Kapitel I.

Das Unternehmen der allgemeinen Lebensführung.

I. Die Lebensführung des Einzelmenschen.

§ 38.

Übersicht.

Dies Unternehmen hat unendlich oft die Aufgabe, die Lebensführung eines Einzelmenschen zu ermöglichen; aber beinahe ebenso oft steht bei ihm die Lebensführung einer Familie in Frage. Jedoch nur der Lebensführung des Einzelmenschen kann ausnahmslos ein einheitliches Vermögen zu Gebote stehen. Einheitliche Vermögen im Dienst der Lebensführung einer Familie sind, wie wir unten sehen werden, eine Ausnahme. Wir handeln zunächst von der Lebensführung des Einzelmenschen.

---

1) CPO. § 888; cf. auch § 890. Weismann, Lehrbuch des Zivilprozeßrechtes Bd. 2 § 178 No. 6.

Es erheben sich folgende Fragen:

1. Wann beginnt und wann endet dies Unternehmen? Und seine Vermögensfähigkeit?

2. Wie kommt das Vermögen zusammen? Zu welchen Zwecken dient es?

3. Wie sind die Beziehungen des Vermögens zu Menschen gestaltet?

4. Was wird aus dem Vermögen nach der Beendigung des Unternehmens?

§ 39.

1. Beginn und Ende des Unternehmens[1]) und seiner Vermögensfähigkeit.

(Lehre von der „Rechtsfähigkeit" [vom „Genießer"].)

Das Unternehmen beginnt naturgemäß mit der Geburt und endet mit dem Tode.

Da nun die Lebensführung ohne die zu ihr nötigen Mittel sich schwer bestreiten läßt, so besteht für diesen ganzen Zeitraum das Bedürfnis, solche Mittel bereit zu stellen; die Kardinalfrage ist deshalb: Wann ist es rechtlich möglich, ein Vermögen für den Menschen bereit zu stellen? M. a. W. — um den althergebrachten Ausdruck zu gebrauchen:

> wie steht es um die **Rechtsfähigkeit** des Einzelmenschen? Wann beginnt, wann endet sie?

Oder, in unserer Ausdrucksweise:

> wann beginnt und endet die Genießer-Eigenschaft des Einzelmenschen?

1. Rechtsfähig, d. h. fähig, Genießer des Unternehmens der Lebensführung und seines Vermögens zu sein, ist nach BGB. § 1 jeder Einzelmensch von der Vollendung der Geburt bis zu seinem Tode. Darin besteht kein Unterschied, nach Konfession so wenig wie nach Alter, Geschlecht, Staatsangehörigkeit. Doch kann gegen Ausländer Retorsion angewendet werden (EG. Art. 31); und ihre landesgesetzlichen Beschränkungen im Grunderwerb bleiben in Kraft. Ebenso aber auch landesgesetzliche Beschränkungen der Klosterpersonen (EG. Art. 87).

2. Lebensfähigkeit des lebend Geborenen wird nicht gefordert.

---

1) Enneccerus §§ 77—81.

3. Dem nasciturus wird mehrfach die Genießerstellung für den Fall, daß er lebend geboren wird, reserviert; z. B. § 1923: Erbanfall; § 844: Ersatz für den durch Tötung des Vaters verlorenen Unterhaltsanspruch. Nach § 1912 ist Bestellung eines „Pflegers" zur Wahrung der Rechte eines nasciturus möglich.

4. Das unter 1—3 Behandelte löst sich für uns, näher besehen, in folgende Fragen auf:

a) bezüglich der Verteilungsvorgänge:

α) können für jeden Menschen Verteilungsvorgänge stattfinden?

Antwort: Ja, bis auf die Einschränkungen für Ausländer, Klosterpersonen usw.

β) Von welchem Zeitpunkt an können für einen Menschen Verteilungsvorgänge stattfinden?

Antwort: Allgemein von der Geburt ab. Solche, die keinen rechtsgeschäftlichen Akt auf seiner Seite erfordern (z. B. Erwerb von Erzeugnissen) schon von der Erzeugung ab [1]; der Rest erst nach der Bestellung eines Verwalters für den nasciturus; aber in den beiden letzten Fällen ist die Wirksamkeit bedingt durch nachfolgende Lebendgeburt.

b) Bezüglich der Ausübung der Herrschaftsrechte:

α) Ist sie für jeden möglich?

Antwort: Ja, für jeden, dem sie erworben werden konnten.

β) Von wann ab ist sie möglich?

Antwort: Ausübung durch Gebrauch und Genuß ist erst von der Geburt ab möglich (z. B. Gebrauchsgegenstände können erst für den lebend Geborenen benutzt werden); Ausübung durch Veräußerung ist aber schon vorher möglich, sobald nur ein Verwalter da ist. (Gehört z. B. zu der einem nasciturus reservierten Erbschaft ein Grundstück, so muß es durch den Verwalter auch schon vor der Geburt verkauft, vermietet, verpachtet werden können.)

5. Die Rechtsfähigkeit endet mit dem Tode. Einen „bürgerlichen Tod" gibt es nicht mehr; nur in einzelnen Beziehungen Beseitigung der „Erwerbsfähigkeit" (EG. Art. 87).

6. Der Tod muß, ebenso wie das Leben eines Menschen, von dem bewiesen werden, der sich darauf beruft. (Standesamtsregister!)

---

1) Einleitung vom Gegner aus ist bisweilen schon vor der Erzeugung möglich; z. B. die Einsetzung zum Nacherben: §§ 2101, 2109.

In besonders schwierigen Beweisfällen wird durch Präsumtionen nachgeholfen:

a) Commorienten. Sind mehrere Personen in einer gemeinsamen Gefahr umgekommen (Brand, Schiffbruch, Fliegerbombe, Eisenbahnunglück), so wird, wenn der Zeitpunkt des Todes nicht klargestellt werden kann, vermutet, daß sie gleichzeitig gestorben seien. Keiner von ihnen kann dann also den andern beerben [1]).

b) Verschollenheit. (Grundzüge; Näheres bei Enneccerus § 79—81.)

α) Personen, die lange, ohne Kunde von ihrem Verbleib, von dort abwesend sind, wo Nachrichten hätten erwartet werden können, dürfen für tot erklärt werden nach Ablauf einer bestimmten Frist.

β) Das „sächsische" System berechnete diese Frist nach der Erreichung eines bestimmten Lebensalters (70 Jahre); das „schlesische" System nach einer gewissen Dauer der Verschollenheit (30—10 Jahre). Das BGB. (§§ 13—19) kombiniert beides im § 14: Im allgemeinen läßt es die Todeserklärung zwar schlechthin nach zehnjähriger nachrichtenloser Abwesenheit zu. Aber ein Verschollener, der das 70. Lebensjahr vollendet hat, kann schon nach fünfjähriger nachrichtenloser Abwesenheit für tot erklärt werden; und umgekehrt: ein Verschollener, der noch nicht das 31. Lebensjahr vollendet hat, kann nicht vor dem Abschluß dieses Lebensjahres für tot erklärt werden, auch wenn er bereits länger als 10 Jahre verschollen ist.

Sehr zweckmäßig bestimmt BGB. § 14 [3], daß der Lauf der Frist erst mit dem Schluß des Kalenderjahres beginnt, in dem der Verschollene nach den vorhandenen Nachrichten noch gelebt hat. Das vereinfacht das Verfahren sehr.

γ) Fällt die Verschollenheit mit bestimmten lebensgefährlichen Ereignissen zusammen, so setzt das BGB. die Frist erheblich kürzer fest: bei Kriegsverschollenheit auf drei Jahre; bei Seeverschollenheit auf ein bis drei Jahre, bei Gefahrverschollenheit auf drei Jahre. Auch hier wird der Anfang der Frist zweckentsprechend generalisiert.

δ) Die Todeserklärung erfolgt im Wege des Aufgebotverfahrens durch Gerichtsurteil. In diesem Urteil ist der vermutliche Todestag gemäß der Wahrscheinlichkeit (§ 18) festzusetzen. Das ist ein großer Fortschritt gegenüber dem früheren Recht, das keine brauchbare Methode für die Fixierung des Todestages hatte.

1) Man exemplifiziere an dem Fall, wo Vater und Sohn in gemeinsamer Gefahr 1. gleichzeitig, — 2. nach einander sterben, und als Erben die Mutter und ein Großvater des Sohnes in Betracht kommen.

s) Die W i r k u n g der Todeserklärung besteht im allgemeinen nur in der T o d e s p r ä s u m t i o n , d. h. in der Vermutung, daß der Verschollene in dem im Urteil festgesetzten Zeitpunkt verstorben sei. Diese Vermutung ist durch Gegenbeweis widerlegbar.

Gewisse familienrechtliche Rechtsverhältnisse löst die Todeserklärung aber schlechthin auf, um Rechtsverwirrung zu vermeiden; nämlich das eheliche Güterverhältnis gemäß §§ 1420, 1494 [2] 1544; die elterliche Gewalt (§§ 1679, 1684); die Vormundschaft resp. Pflegschaft (§§ 1884, 1885 [2], 1921 [3]). Doch gibt es nach §§ 1425, 1547 [1], 1679 [2] ein Recht des noch Lebenden auf Wiederherstellung. Die Ehe des für tot Erklärten (§§ 1348—1350) erlischt erst mit der Wiederverheiratung des andern Ehegatten. Doch kann die neue Ehe von den a n i h r Beteiligten angefochten werden, wenn der für tot Erklärte noch lebt.

c) L e b e n s p r ä s u m t i o n (Enneccerus § 80). Der für tot Erklärte gilt nicht bloß von dem Zeitpunkt des § 18 ab als tot (so daß er von da ab beerbt wird und selbst nicht mehr Genießer seines Vermögens ist); sondern er gilt bis dahin auch als lebend, so daß bis dahin höchstpersönliche Rechte fortdauern und Verteilungsvorgänge (namentlich Erbschaftserwerb) für ihn möglich sind. Auch ohne Todeserklärung erkennt BGB. § 19 eine Lebenspräsumtion für Verschollene bis zu den Zeitpunkten des § 18 [2] an.

§ 40.

2. W i e k o m m t d a s V e r m ö g e n z u s a m m e n ? W e l c h e n Z w e c k e n d i e n t e s ?

I. Das Vermögen, welches der allgemeinen Lebensführung dienen soll, kann sehr verschiedenen Quellen entfließen. Hauptsächlich pflegt es sich aber anzusammeln:

1. durch E r b g a n g. Namentlich das Rechtsinstitut der Intestaterbfolge sorgt in vielen Fällen für die Beschaffung eines Vermögensstammes.

2. durch A r b e i t s v e r d i e n s t. Unendlich viele Menschen sind für die Bestreitung ihrer Lebensbedürfnisse darauf angewiesen, Dienste oder sonstige Arbeit gegen Entgelt zu verrichten. Auch das Gehalt, welches für die Berufstätigkeit der Beamten, Lehrer, Geistlichen gewährt wird, gehört in diese Kategorie.

3. durch den B e t r i e b e i n e s G e w e r b e s oder eines gewerbsähnlichen Berufes. Der Handwerker, der Kaufmann, der Rechtsanwalt, der Arzt sind Beispiele hierfür.

4. durch Herauswirtschaften von Erträgen aus den erworbenen Vermögensobjekten; z. B. von Früchten aus einem Landgut, von Mietzins aus einem Wohnhaus.

5. auch Zuwendungen unter Lebenden kommen vor, aber natürlich verhältnismäßig selten — ebenso wie der Erwerb aus Glücksfällen (Lotteriegewinn).

II. Das für die allgemeine Lebensführung bestimmte Vermögen dient allen Zwecken, die innerhalb der Lebensführung zulässiger Weise verfolgt werden können. Ernährung, Kleidung, Unterkunft, Erziehung, Ausbildung fallen ihm zur Last; die Kosten für ärztliche Behandlung und Rechtsbeirat, für Erholungsaufenthalt und Vergnügen, für Geschäftsreisen, für Steuern und öffentliche Abgaben und vieles andere mehr sind ihm zu entnehmen.

Und ebenso wie den egoistischen Interessen muß es auch den altruistischen die Mittel gewähren. Zu allen Ausgaben für andere, namentlich auch zur Entfaltung von Wohltätigkeit und zur Beteiligung an Aufwendungen für öffentliche Interessen verschiedenster Art (politische, soziale, religiöse, künstlerische, wissenschaftliche) hat es zu dienen.

So sind also die Aufgaben des Lebensführungsvermögens von kaum übersehbarem Umfang.

3. Wie sind die sonstigen Beziehungen des Lebensführungsunternehmens und seines Vermögens zu den Menschen gestaltet?

§ 41.

a) Wer kann Verwalter sein? (Lehre von der „Geschäftsfähigkeit").

[Grundzüge. Näheres: Enneccerus §§ 141—143.]

I. Wir ersahen bereits oben in §§ 2, 3 (p. 3 ff.), daß die Lehre vom einheitlichen Rechtssubjekt sich für die Unternehmen und ihre Vermögen so wenig wie für die einzelnen Rechte mit den bestehenden Rechtssätzen und ebensowenig auch mit der Logik der Tatsachen verträgt; sondern daß Menschen in mindestens vier Funktionen beteiligt sind: als Genießer, Verwalter, Gläubiger, Schuldner.

Wir haben jetzt die Frage nach dem Verwalter des Lebensführungs-Unternehmens und seines Vermögens zu beantworten, nachdem wir die Eigenschaften seines Genießers bereits in § 39 festgestellt haben. Wir erörtern demnach jetzt das Problem, das man herkömmlich als die Lehre von der Geschäftsfähigkeit bezeichnet.

Diese Bezeichnung bezieht sich nur auf einen Teil der Verwaltung.

1. Innerhalb einer Unternehmensverwaltung muß man nämlich scheiden:

a) die Tätigkeit, welche die innerhalb des Unternehmens jeweilig zu verfolgenden Ziele festsetzt sowie **nicht** vermögensrechtliche Maßnahmen zu ihrer Erreichung trifft; und

b) die Tätigkeit, welche die Verwendung des Vermögens für das Unternehmen zum Gegenstande hat (oben § 3), und in die Anordnungen (Entschlüsse) über diese Verwendung, sowie in die diesen Anordnungen entsprechenden Ausführungsmaßregeln (rechtlicher oder faktischer Art) zerfällt.

Beispiele: ad a: der Vormund beschließt, daß der Mündel Landmann werden solle, und setzt sich für diesen Plan bei maßgebenden Familienmitgliedern ein. ad b: der Vormund beschließt, dem Mündel das Gut des X zu kaufen, damit der Mündel dort unter Leitung eines tüchtigen Administrators die Landwirtschaft erlerne, und kontrahiert dementsprechend den Gutskauf und den Engagementsvertrag mit dem Administrator.

2. Die Verwaltung kann ferner eine selbstnützige (nämlich vom Genießer selbst ausgeübte) sein, oder eine fremdnützige (durch einen andern als den Genießer).

Die fremdnützige Verwaltung kann auf gesetzlicher Vorschrift beruhen (z. B. beim Vormund) — oder auf Vertrag (zwischen Genießer und Verwalter). Die selbstnützige beruht immer auf gesetzlicher Vorschrift [1]).

Den nach gesetzlicher Vorschrift eintretenden fremdnützigen Verwalter nennt das BGB. „gesetzlichen Vertreter", indem es dabei vorzugsweise an seine rechtsgeschäftliche Tätigkeit denkt; auch den vertragsmäßigen Verwalter pflegt es „Vertreter" zu nennen.

Der „gesetzliche" Verwalter ist, innerhalb seiner Kompetenz, grundsätzlich ein „Generalverwalter", d. h. für alle in diesen Kreis fallenden Verwaltungsmaßregeln zuständig. Die Zuständigkeit des „vertragsmäßigen" Verwalters kann dagegen sehr verschieden umgrenzt sein, von voller Generalverwaltung bis zu einer Spezialverwaltung, die sich nur auf einen einzigen Vorgang erstreckt.

---

1) Auch die halb selbst-, halb fremdnützige, wie sie z. B. der Vater über das „unfreie" Kindesvermögen führt (§ 1630, § 1649f.).

II. Für die selbstnützige Verwaltung hat das BGB. nur die Grenzen der rechtsgeschäftlichen Tätigkeit gezogen und bestimmt über sie folgendes:

1. Die Befugnis zu **selbstnützigen** Geschäftsschlüssen hat grundsätzlich nur der volljährige Mensch. Die Volljährigkeit tritt mit Vollendung des 21. Lebensjahres ein (BGB. § 2). Sie kann ausnahmsweise durch Gerichtsbeschluß schon einem Menschen zuerkannt werden, der mindestens das 18. Lebensjahr vollendet hat, wenn er selbst und (in der Regel) auch der Inhaber der elterlichen Gewalt einwilligt (BGB. §§ 3, 4); sie soll nur erfolgen, wenn sie das Beste des „Minor" befördert.

2. Minderjährige sind in der Befugnis zu 1 verschiedenartig beschränkt:

a) Kinder unter 7 Jahren sind ganz geschäftsunfähig (§ 104).

b) Menschen, die das 7. Lebensjahr vollendet haben, sind in der Geschäftsfähigkeit bis zur Erlangung der Volljährigkeit beschränkt. Sie können grundsätzlich an Verteilungsvorgängen selbständig vollwirksam nur soweit teilnehmen, als diese ihnen lediglich einen rechtlichen Vorteil bringen (z. B. Okkupation, „Annahme" einer „Zuwendung"; aber schon nicht am Erfüllungsgeschäft, weil sie dadurch zugleich eine Forderung verlieren). Grund: ihnen fehlt vermutlich die Einsicht in die Tragweite sonstiger Rechtsgeschäfte.

Einseitige Rechtsgeschäfte, die der Minor entgegen § 107 selbständig vorgenommen hat, sind unwirksam. Es hätte die „Einwilligung" des gesetzlichen Vertreters (§ 183) vor der Vornahme erfolgen müssen. Nachträgliche „Genehmigung" des gesetzlichen Vertreters heilt sie nicht [1]).

Verträge, die der Minor entgegen § 107 selbständig abgeschlossen hat, sind in ihrer Wirksamkeit von der nachträglichen Genehmigung des gesetzlichen Vertreters abhängig (§§ 108, 109). Der Gegenkontrahent kommt dadurch in eine unbequeme Lage. Er kann deshalb, wenn er erst nach dem Vertragschluß merkt, daß er mit einem Minor kontrahiert hat, den Vertrag widerrufen, bevor der gesetzliche Vertreter genehmigt hat. Ebenso, wenn der Minor

1) Diese Bestimmung ist für das einseitige Grundgeschäft (z. B. die Auslobung) nicht angebracht. Sinn hat sie nur für solche einseitigen Hilfsgeschäfte, über deren Wirksamkeit der Gegner sofort klar sehen muß (z. B. Kündigung, Rücktritt). Sie ist nur deshalb so weit gefaßt in das Gesetz aufgenommen, weil man derzeit den Unterschied zwischen Grundgeschäften und Hilfsgeschäften noch nicht erkannt hatte.

die „Einwilligung“ des gesetzlichen Vertreters wahrheitswidrig behauptet hat (§ 109).

Und immer kann er die Schwebezeit abkürzen durch Aufforderung an den gesetzlichen Vertreter, sich zu erklären. Genehmigt dieser dann innerhalb 2 Wochen nicht, so gilt die Genehmigung als verweigert (§ 108 ²).

Die Genehmigung des gesetzlichen Vertreters macht den Vertrag mit rückwirkender Kraft wirksam. Ebenso die Genehmigung des inzwischen etwa geschäftsfähig gewordenen Minor.

Auch die Erfüllung eines solchen Vertrages durch den Minor macht ihn von Anfang an wirksam, wenn sie mit Mitteln geschieht, die ihm zu diesem Zweck oder zu freier Verfügung mit Zustimmung des gesetzlichen Vertreters überlassen sind (§ 110) [1].

c) Für gewisse Arten von Wertbewegungen und deren Abwickelung bzw. Auflösung usw. ist es nötig, dem Minor eine volle Geschäftsfähigkeit unter erleichterten Bedingungen zu geben:

α) Wenn der gesetzliche Vertreter den Minor ermächtigt, in Dienst oder Arbeit zu treten, so ist der Minor dadurch zu allen einschlägigen Wertbewegungen selbständig befugt (§ 113 ¹ ⁴). Gegen den Willen des Vormundes kann der Minor solche Ermächtigung eventuell durch das Vormundschaftsgericht erhalten, nicht aber gegen den Willen des Inhabers der elterlichen Gewalt (§ 113 ³). Ausnahme § 113 ¹; cf. z. B. § 1822 No. 7.

β) Zum Betrieb eines Erwerbsgeschäftes mit allen dazu gehörigen Verteilungsvorgängen wird der Minor nur dann selbständig befugt, wenn der gesetzliche Vertreter ihn mit Genehmigung des Vormundschaftsgerichtes dazu ermächtigt. Ausnahme: § 112; z. B. § 1822 No. 5, 8—11.

Die so erlangte Geschäftsfähigkeit kann aber wieder entzogen werden, und zwar im Fall § 113 durch den gesetzlichen Vertreter allein (der sie auch einschränken kann: § 113 ²); im Fall § 112 aber nur durch den gesetzlichen Vertreter mit Genehmigung des Vormundschaftsgerichtes: § 112 ².

So lange diese Ermächtigungen bestehen, darf der gesetzliche Vertreter sich nicht in diese Geschäftskreise des Minor einmischen.

d) Nach der Vollendung des 16. Lebensjahres kann der Minor selbständig ein öffentliches Testament machen: § 2229.

1) Er bezahlt z. B. die gekauften Zigaretten von seinem Taschengeld.

Privattestamente und Erbverträge (§ 2247, § 2275) kann ein Minor nicht machen, auch nicht mit Zustimmung des gesetzlichen Vertreters.

Der männliche Minor kann keine Ehe schließen; die weibliche Minorenne kann sie nach vollendetem 16. Lebensjahre schließen, aber nur unter Zustimmung des gesetzlichen Vertreters (§ 1303, § 1304).

e) Verteilungsvorgänge für einen Infans muß der gesetzliche Vertreter selbständig bewirken. Solche für den Minor, der in der Geschäftsfähigkeit beschränkt ist, kann der gesetzliche Vertreter selbständig bewirken, kann sie aber auch mit seiner Einwilligung durch den Minor bewirken lassen (z. B. einen Kauf, eine Dereliktion).

3. Auch Volljährige können Mängel ihrer Geschäftsfähigkeit haben.

a) Sie sind geschäftsunfähig (wie ein Infans), wenn sie sich in einem „andauernden" Zustande solcher krankhaften Störung der Geistestätigkeit befinden, der die freie Willensbestimmung (d. h. die **Urteils**fähigkeit!) ausschließt (§ 104). Wer sich hierauf beruft, muß solchen Zustand beweisen. Ist Jemand aber wegen Geisteskrankheit entmündigt, so genügt der Nachweis solcher Entmündigung.

b) Beschränkt geschäftsfähig (wie ein Minor infantia major) sind solche Majores, die wegen Geistesschwäche, Trunksucht oder Verschwendung entmündigt sind (§ 6). Außer solcher Entmündigung kann diese Rechtsfolge herbeiführen nur noch die Stellung unter vorläufige Vormundschaft nach § 1906 (d. h. wenn Entmündigung schon beantragt ist).

4. Jeder Mensch kann vorübergehend geschäftsunfähig sein; er ist es nämlich bezüglich solcher Geschäfte, die er im Zustande der Bewußtlosigkeit oder vorübergehender Störung der Geistestätigkeit vorgenommen hat (§ 105 No. 2).

5. Über die Fähigkeit des selbstnützigen Verwalters zu der übrigen Verwaltungstätigkeit spricht das BGB. sich direkt nicht aus. Die umfassenderen Vorschriften, die es über die fremdnützige Verwaltung erlassen hat, dürften jedoch den Schluß rechtfertigen, daß die Grenzen jener übrigen selbstnützigen Verwaltungstätigkeit den durch die Bestimmungen über die Geschäftsfähigkeit gezogenen gleich sind; das entspräche auch dem praktischen Bedürfnis. Soweit ein Mündel Rechtsgeschäfte selbständig schließen kann, soweit muß er auch die Entschlüsse, die dem Geschäftsschluß vorhergehen, selbständig fassen können. Und wenn er sein Grundstück nicht selbständig verkaufen kann, hat es keinen Sinn, ihm den maßgebenden Entschluß zu diesem Verkauf zuzubilligen.

III. Die Befugnis zu **fremdnütziger** Verwaltung eines Lebensführungsvermögens als gesetzlicher Vertreter kann nur erhalten, wer nicht geschäftsunfähig und wer auch nicht wegen Geistesschwäche, Trunksucht oder Verschwendung entmündigt ist (§ 1780: Vormund; § 1915: Pfleger). [Minderjährige und eine Reihe anderer untauglicher Personen „sollen" nicht zu solchen gesetzlichen Vertretern bestellt werden: § 1871—84; deren dennoch geschehene Bestellung ist aber gültig; nur die Aufhebung der Bestellung kommt in Frage: § 1826.]

Durch Vertrag kann die Befugnis zu fremdnütziger Verwaltung auch einem in der Geschäftsfähigkeit Beschränkten übertragen werden: § 165.

Die Zuständigkeit des „gesetzlichen Vertreters", also des fremdnützigen, durch Gesetzesvorschrift berufenen Verwalters (namentlich also des Vormundes), erstreckt sich (wie schon oben unter I, 2 ausgeführt wurde), grundsätzlich auf das gesamte Verwaltungsgebiet (also keineswegs bloß auf den Abschluß von Rechtsgeschäften). Er soll eben die Lücken der Verwaltungsfähigkeit des „Genießers" vollständig ergänzen.

IV. Eine gesetzliche Befugnis zu **halb selbstnütziger, halb fremdnütziger** Verwaltung haben der Inhaber der elterlichen Gewalt am unfreien Kindesvermögen und der Ehemann bei einer „Ehe ohne Gütertrennung". Für sie sind die Voraussetzungen im Familienrecht geregelt. Auch das Recht der Ehefrau aus § 1357 gehört hierher. Während aber die Frau hier den Mann auch „vertritt", muß der Ehemann bei der Verwaltung des eingebrachten Gutes, Gesamtgutes usw. im eigenen Namen kontrahieren: § 1363, § 1443. Steht der Mann unter Vormundschaft, so gilt § 1457. Der Inhaber der elterlichen Gewalt ist dagegen gesetzlicher Vertreter des Kindes: § 1630; Nutznießung § 1649 ff.; cf. auch § 1624. Am freien Kindesvermögen ist der Inhaber der elterlichen Gewalt fremdnütziger Verwalter.

§ 42.

b) Wer kann Gläubiger, wer Schuldner sein?

A. Gläubiger [1]).

I. Aus rechtsgeschäftlichen Wertbewegungen [2]).

1. Forderungen, die **Abwickelungs**-Wirkungen solcher WBen sind,

1) Hier steht nur die Gläubigerstellung gegenüber dem **Vermögen** in Frage (cf. § 37 II, 3, 4; V; daß als Person, als Mensch, dem Gläubiger nur der „Verwalter" eines Vermögens gegenübertritt, ist dort bereits genügend geklärt).

2) Über diesen Begriff: Grundriß p. 11, 22 f. Über Abwickelungswirkungen und Reaktionswirkungen: Grundriß p. 14, 43, 44—45.

richten sich gegen das Lebensführungs-Vermögen, für dessen Unternehmen die WB. von dem Verwalter (resp. von dem Genießer mit ordnungsmäßiger Zustimmung des Verwalters) abgeschlossen ist.

2. Forderungen, die **Reaktions**-Wirkungen solcher WBen sind, richten sich gegen dasselbe Lebensführungs-Vermögen

a) falls eine Reaktion gegen kasuelle Störung in Frage steht — dann, wenn die WB. gemäß No. 1 abgeschlossen ist.

Beispiel: a. redhibitoria.

b) Falls aber eine Reaktion gegen schuldvolle Störung in Frage steht, müssen zweckmäßig gesondert betrachtet werden α) der Fall des voll geschäftsfähigen Genießers und β) der Fall des nicht voll geschäftsfähigen Genießers.

α) Handelt es sich um eine Störung in contrahendo, an der der voll geschäftsfähige (und daher auch voll verantwortliche: § 827) Genießer die Schuld trägt, so haftet sein Lebensführungsvermögen [1]). Hat er aber einen vertragsmäßigen Verwalter (§ 164 ff.) und trägt dieser die Schuld (z. B. hat er den Gegner über Eigenschaften der Kaufsache arglistig getäuscht), so lehnt RE. 61 No. 49 die Haftung des Genießervermögens ab; ebenso ein Teil der Literatur. Aber man muß mit Cosack (Bd. I § 71 VI 2a) die Haftung zulassen; die gegenteilige Ansicht privilegiert den Genießer in einer Weise, die namentlich angesichts des § 278 unverständlich ist. Das BGB. (§ 166) spricht sich nicht klar aus.

Handelt es sich um eine Störung der Abwickelung, so ist es gleich, ob der Genießer oder sein vertragsmäßiger Verwalter („Erfüllungsgehilfe“) daran schuld ist; in beiden Fällen haftet das Vermögen des Genießers: § 278.

Das Gleiche wird gelten müssen, wenn die Störung in schuldvoller bloßer Beeinträchtigung des gegnerischen Parteizweckes besteht. Denn auch die Reaktionen gegen Störungen in contrahendo und gegen Störungen der Abwickelung treten letzten Grundes deshalb ein, weil der Parteizweck des Gegners durch sie beeinträchtigt ist [2]).

---

1) Das für die Lebensführung eines Menschen, z. B. eines Mündels bestimmte Vermögen wird im Folgenden als „Genießervermögen“ oder kurz als „sein Vermögen“ bezeichnet, im Gegensatz zu dem „Vermögen des Verwalters“, d. h. zu dem Vermögen des Unternehmens, das für den Verwalter da ist (also z. B. für den Vormund als dessen Lebensführungsvermögen).

2) z. B. A kauft von B eine Maschine für seine Fabrik. B's Verwalter oder B selber verursachen durch ihre Schuld, daß die Fabrik abbrennt.

β) Sind die unter α besprochenen Störungen durch den „gesetzlichen Vertreter“ eines nicht voll Geschäftsfähigen verschuldet, so muß das Vermögen des letzteren in gleicher Weise wie sub α haften. Für Störungen der Abwickelung spricht § 278 das direkt aus; und gerade deshalb ist kein Grund da, die Störungen in contrahendo resp. durch Beeinträchtigung des Parteizweckes anders zu behandeln; obgleich nicht verkannt werden darf, daß der nicht voll Geschäftsfähige gegen Verschulden des ihm „aufgezwungenen“ gesetzlichen Vertreters mehr Schutz verdient als der voll Geschäftsfähige gegen Verschulden des von ihm frei erwählten Verwalters, — so ist doch eine verschiedene Behandlung der drei Störungsfälle rechtspolitisch ein Unding. Anderer Ansicht allerdings RE. 61 No. 49 und ein Teil der Literatur, aber mit unzureichender Begründung.

Sind die unter α) besprochenen Störungen durch den nicht voll geschäftsfähigen Genießer selbst — verschuldet, so haftet sein Vermögen für sie stets. Um die Störungen „verschuldet“ zu haben, muß aber der Genießer die für solches Verschulden nötige Zurechnungsfähigkeit besitzen: § 827, § 828.

Hat ein nach § 827, § 828 nicht zurechnungsfähiger Genießer die Störungen veranlaßt, so trifft sein Vermögen höchstens die Billigkeitshaftung aus § 829.

Das Resultat für b geht also dahin, daß auch solchen Forderungsrechten, die Reaktionen gegen schuldvolle Störungen der rechtsgeschäftlichen WB. sind, das Vermögen des Genießers stets haftet, mögen nun diese Störungen durch Verschulden des Genießers selber oder durch Verschulden seines Verwalters eingetreten sein [1]).

Die Haftung gemäß I ist stets eine kontraktliche; das hat Bedeutung z. B. für die Verjährungsfrist (§§ 195—197); für die Frage der Gesamthaftung (§ 427); für die Haftung wegen bloß fahrlässiger Vermögensbeschädigung (§ 276), die nicht zugleich Deliktshaftung erzeugt; für den Gerichtsstand und die Beweislast.

II. Aus **nicht** rechtsgeschäftlichen WBen.

1. Der Gruppe I stehen am nächsten die Fälle, wo eine „Rechtshandlung“ die Aufgabe hat, eine rechtsgeschäftliche WB. zu ersetzen; wie z. B. der Enteignungsbeschluß einer Behörde. Die aus diesen WBen entspringenden Forderungsrechte werden — sie mögen Abwickelungswirkungen oder Reaktionswirkungen sein — ganz nach den Grundsätzen sub I behandelt.

---

1) cf. Dernburg Pandekten III § 38.

In diese Gruppe gehört auch die WB. aus negotiorum gestio.

2. Schadenstiftende Handlungen rufen vielfach WBen hervor, die auf Ausgleich des Schadens gerichtet sind.

a) Selten handelt es sich da um erlaubte Handlungen. Ein Beispiel bildet die „Nothilfe" des § 904. Die aus ihnen entspringenden Forderungsrechte werden auch im wesentlichen wie in Gruppe I behandelt.

b) Rechtswidrige, aber schuldlose Handlungen bringen auch bisweilen eine WB. auf Schadensausgleich hervor; so z. B. die Selbsthilfe aus § 231. Die aus ihnen entspringenden Forderungsrechte werden ebenfalls im wesentlichen wie Gruppe I behandelt.

c) Rechtswidrige schuldvolle Handlungen, die Schaden stiften, bringen eine auf Schadensausgleich gerichtete WB. hervor, wenn sie den Tatbestand eines Deliktes erfüllen (was z. B. bei der kulposen Vermögensschädigung nicht immer der Fall ist [z. B. nicht bei fahrlässig falscher Auskunft]).

α) Die aus ihnen als Abwickelungswirkungen entstehenden Forderungsrechte gehen gegen das Lebensführungs-Vermögen des Delinquenten. Die Forderungsrechte, die als Reaktionswirkungen aus ihnen entstehen, ebenso, auch wenn die Störung von einem Verwalter ausgeht (§ 278). [Beispiel: der Vormund gerät mit der Zahlung der Deliktsschuld des Mündels in Verzug.]

β) Erfüllt der Deliktstatbestand zugleich den Tatbestand der Verletzung einer bestehenden Verbindlichkeit, d. h. also der Störung einer WB. (z. B. der Mieter demoliert sein Zimmer: Sachbeschädigung und zugleich Störung der Mieterpflicht zu schonendem Gebrauch), so muß sich die Haftung dann nach den für die Störung der WB. geltenden Rechtssätzen regeln, wenn die Störung fahrlässig geschah (z. B. der socius vernichtet fahrlässig die Geschäftsbücher: Haftung nur für culpa in concreto; aber lange Verjährung). Geschah sie im Bewußtsein des schädigenden Erfolges, aber ohne daß man ihn bezweckte, sondern im „Notstandsdolus", d. h. in Verfolgung eines solchen anderen Zweckes, dessen Verfolgung um den Preis der vorausgesehenen Störung man mir nicht verargen kann (z. B. A zerschlägt den von B entliehenen Stock auf einem bissigen Hunde, um seinen eigenen Hund von jenem zu befreien), so wird das Gleiche gelten müssen wie bei fahrlässiger Störung. Anders aber, wenn die Störung zu dem Zweck geschah, den schädigenden Erfolg herbeizuführen. Dann wird man dem Geschädigten den „Störungs-Anspruch" und den Deliktsanspruch so zur Verfügung stellen müssen, daß er beider Vorteile für sich ausnutzen kann zu dem Zweck, seinen Schaden möglichst sicher, möglichst bequem und möglichst umfangreich beitreiben zu können (Gerichtsstand; Beweislast; Gesamthaftung: §§ 840, 830, 427 (im Zweifel); Verjährung: §§ 195, 852; Inhalt: §§ 842, 843, 844; 847; 249—255). Beispiele:

ein Hauswartehepaar steckt absichtlich das Haus in Brand (etwa um sich zu rächen);

ein Pensionsinhaber vergeht sich unsittlich an einer Pensionärin.

Und ebenso wird man entscheiden müssen, wenn die Schädigung zwar nicht bezweckt, aber doch vorausgesehen und um eines solchen andern Zweckes willen mit in den Kauf genommen wurde, dessen Verfolgung der Störer sich, in Voraussicht der Störung, hätte versagen müssen.

Z. B. Jemand zerschlägt den entliehenen Stock beim Durchprügeln seines unfolgsamen Hundes.

Diese Abstufung der Störungswirkung erscheint notwendig, weil Jemand, der mit einem Andern in einer WB. steht, schärfere Störungswirkungen, als der WB.-Typ sie zur Verfügung stellt, billigerweise nur dann beanspruchen kann, wenn der Störer bei seiner Störung seine Verpflichtung aus der WB. wissentlich und unentschuldbar mißachtet. [Das wird namentlich bei K o n t r a k t s störungen einleuchten, trifft aber auch bei Störungen sonstiger WB.-Typen zu.]

Das Gesetz spricht sich über das schwierige Problem nicht aus. Das RG. scheint sich in RE. 67 No. 52 dem hier vertretenen Standpunkt zu nähern (p. 184). Die Ansichten in der Literatur gehen weit auseinander; cf. E n n e c c e r u s I § 449, II [1]).

γ) Soviel von der Haftung des Vermögens dessen, der s e l b e r d e l i n q u i e r t hat.

Wie gestaltet sich nun aber die Haftung des Vermögens eines Genießers für D e l i k t e s e i n e s V e r w a l t e r s?

Stellt das Delikt des Verwalters zugleich eine Störung einer WB. dar, deren Parteien der Genießer und der Geschädigte sind, und bei welcher der Verwalter als solcher tätig war:

z. B. der Vormund betrügt den Gegenkontrahenten beim Abschluß des Kaufes

---

1) cf. noch RE. 19 No. 20 (Wechselfälschung durch einen Postboten): in RE. 67 No. 52 steht eine k u l p o s e Schädigung durch das Fuhrwerk eines Landbriefträgers in Frage.

der mit dem Zurückbringen gemieteten Geschirrs beauftragte Dienstmann geht so fahrlässig damit um, daß es zerbricht

so haftet das Genießervermögen hierfür unzweifelhaft gemäß I 2b (p. 119)[1]).

Wie aber, wenn das Delikt des Verwalters keine Störung der WB. darstellt, wohl aber die Verwalterstellung bei der WB. dem Delinquenten erst das Delikt ermöglichte:

z. B. ein mit dem Anstreichen eines Zimmers von seinem Meister beauftragter Malergeselle stiehlt bei dieser Gelegenheit dem Zimmerbewohner Geld

Dann kann eine Haftung des Genießer-Vermögens doch nicht mehr angenommen werden; es würde dadurch unbillig belastet[2]); (anders, wenn nach § 831 den Genießer selber auch ein Verschulden trifft!) § 278 („in Ausführung") spricht auch dagegen[3]).

δ) Umgekehrt könnte die Frage auftauchen: wird etwa ein Delinquent deshalb, weil er in seiner Stellung als Verwalter fremden Vermögens (oder, genauer gesagt, während seiner Betätigung in einer fremden WB.) delinquiert hat, selbst von seiner Deliktshaftung gegenüber dem Dritten entbunden?

Das geschieht grundsätzlich nicht; denn es wäre unbillig gegen den Dritten; diesem muß dann der Vorteil der eventuellen Gesamthaftung von Genießer und Verwalter bleiben. Auch gegen den Genießer wäre es unbillig, wollte man den Dritten auf ihn allein verweisen.

Wegen schuldvoller Störungen einer WB., die gar keinen Deliktstatbestand darstellen

z. B. wegen fahrlässiger Verletzung der Auskunftspflicht, die dem Gegner nur Vermögensschaden verursacht

haftet der Verwalter niemals, sondern nur das Vermögen des Genießers.

3. Schadenstiftung, die nicht auf menschliche Handlung zurückgeht, begründet nur selten eine WB. für den Geschädigten gegen ein fremdes Vermögen. Ein wichtiger einschlägiger Fall ist die Haftung des Tierhalters aus Schadenstiftung durch ein zu seinem Vermögen gehörendes Tier (§ 833).

1) Beispiele bei Örtmann, Kommentar, zu § 278 No. 3 (2. Aufl. p. 96, 97).

2) cf. Örtmann, Kommentar, zu § 831 p. 966, 967.

3) cf. noch Enneccerus § 199, II, 2, 3.

4. WBen aus ungerechtfertigter Bereicherung.

Forderungsrechte aus ungerechtfertigter Bereicherung entstehen dann, wenn ein Vermögen auf Kosten eines anderen Vermögens einen Zuwachs erhalten hat, ohne daß eine WB. diesen Zuwachs rechtfertigte. Und diese Forderungsrechte sind in ihrem Bestande grundsätzlich davon abhängig, daß zur Zeit der Klageerhebung noch ein solcher Zuwachs (resp. eine Ersparnis seinetwegen) vorhanden ist.

a) Solche Bereicherungen erfolgen meist durch eine **Leistung** des A an B, die auf Grund einer zwischen A und B in Frage stehenden WB. gemacht wird, während diese WB. infolge von Störungen des Abschlusses oder der Abwickelung oder des Parteizweckes die Leistung nicht rechtfertigt. Die aus diesem Tatbestande entstehenden Forderungsrechte sind also Reaktionswirkungen gegen Störungen einer WB. Von ihnen ist oben, namentlich unter I, schon gesprochen.

b) Es gibt aber auch solche Bereicherungen, die ohne Leistung und ohne daß eine WB. zwischen A und B vorläge, auf sehr verschiedene Weise erfolgen; z. B.:

bona fide-Entnahme von Wasser, Gas, elektrischem Strom ohne Berechtigung,
bona fide-Verbrauch fremder Lebensmittel,
Einsäen fremden Saatkorns in mein Grundstück,
Unrichtige Eintragung ins Grundbuch.

Hier ist die condictio des geschädigten A gegen den bereicherten B nicht Reaktionswirkung der **Störung** einer zwischen A und B bestehenden WB., — sondern **Abwickelungs**-Wirkung einer WB., deren Kausal-Tatbestand „Vermögensverschiebung **ohne** eine zwischen den Parteien erfolgte WB." ist.

c) Unter die Gruppe b gehört auch der Fall des § 816: A verkauft und übergibt die Sache des B an den gutgläubigen C, der dadurch (nach § 932, § 935) Eigentümer wird, und erhält den Kaufpreis von C.

Bereichert ist hier auf Kosten des B nicht der C, sondern A, und zwar um den Kaufpreis. B hat deshalb den Bereicherungsanspruch auf den Kaufpreis gegen A. Auch hier hat A, ohne eine WB. zwischen A und B, eine Vermögensverschiebung zu seinen Gunsten auf Kosten des B erlangt.

Hat im obigen Beispiele A die Sache des B dem gutgläubigen C **geschenkt**, so ist C der auf Kosten des B, ohne WB. zwischen

C und B, Bereicherte; deshalb geht die condictio des B hier gegen C (§ 816)[1]).

d) Aber auch die rei vindicatio und alle petitorischen Klagen aus Herrschaftsrechten sind re vera Ansprüche auf Rückgabe ungerechtfertigter Bereicherung; denn A macht mit ihnen geltend, daß seinem Herrschaftsrechte widersprechend, durch keine WB. gerechtfertigt, das „Recht zum Besitz“[2]) bei B, also in dessen Vermögen, sei. Gibt B vor Erhebung der Klage dies Recht zum Besitz (sine dolo) auf, so entfällt grundsätzlich der Anspruch des A gegen B.

e) Hat B sich auf Kosten des A dadurch bereichert, daß er bona fide **ohne WB.** Sachen, die dem A gehörten, zu einer neuen Sache **verarbeitete,**

z. B. Holz zu Möbeln,
Gerste zu Bier,

so erwirbt er zwar gemäß § 950 das Eigentum der neuen Sache, aber A erhält gegen ihn eine Forderung auf Vergütung: § 951. Dies ist auch ein Bereicherungsanspruch.

5. Endlich können WBen entstehen auf Grund **persönlicher Beziehungen** der beiden Vermögensgenießer. Aus solchen stammt z. B. das Forderungsrecht auf Unterhaltsgewährung gegen Verwandte oder Ehegatten.

III. Auch aus WBen des öffentlichen Rechts entspringen Forderungsrechte gegen den Genießer eines Vermögens oder gegen einen Delinquenten, z. B. Forderungsrechte auf Steuern, auf Geldstrafen.

IV. Auch der „gesetzliche“ Verwalter kann Gläubiger des Vermögens sein (der vertragsmäßige kann es schon nach I sein). Ob der Genießer eines Lebensführungsvermögens dessen Gläubiger sein könne, z. B. Zinsen durch besonderen Pfleger gegen den Verwalter einklagen, ist bestritten.

V. Als Resultat von I—IV ergibt sich:

1. Gläubiger eines Lebensführungs-Vermögens kann man werden aus Abwickelungswirkungen und aus Reaktionswirkungen einer WB.

2. Gläubiger aus Abwickelungswirkungen wird man (also Abwickelungs-Gläubiger)

1) § 816 enthält einen typischen Fall der Bereicherung durch occasio juris, deren Behalten als den guten Sitten zuwider empfunden wird. Mit der condictio ob turpem causam (die auf einer unsittlichen WB-causa beruht) haben diese Fälle nichts gemein. cf. oben p. 104. Auch die Fälle unter b kann man der condictio ob turpem effectum zuzählen.

2) cf. p. 41.

a) aus rechtsgeschäftlichen und rechtsgeschäftsähnlichen WB^en des „Verwalters" (I, II, p. 118, 120):

„G e s c h ä f t s - Gläubiger".

b) aus Schadenstiftungen, und zwar

α) aus schuldlosen Schadenstiftungen des Verwalters (II, 2 a b: p. 121),

β) aus Delikten des Genießers (II, 2 c, p. 121 f.),

γ) aus Beziehungen des Genießers zu einer schadenstiftenden Sache (II, 3: p. 123):

„S c h a d e n s gläubiger".

c) aus Bereicherung des Vermögens (II, 4: p. 124—125):

„B e r e i c h e r u n g s gläubiger".

d) aus zuständlichen Beziehungen zum Genießer (II, 5, IV: p. 125):

„Z u s t a n d s gläubiger".

e) aus öffentlich-rechtlichen Beziehungen zum Genießer (III, p. 125):

„G e m e i n w e s e n s gläubiger".

3. Gläubiger aus Reaktionswirkungen wird man (also R e a k - t i o n s - G l ä u b i g e r)

a) aus schuldvollen Störungen sämtlicher WB. sub 2 durch den Verwalter resp. den verantwortlichen Genießer,

b) aus kasuellen Störungen der WB^en sub 2 (p. 118—125).

B. Schuldner [1]).

Schuldner des Lebensführungs-Unternehmens und damit des in seinem Dienst stehenden Vermögens kann man durch dieselben Vorgänge werden, durch die man sein Gläubiger werden kann.

Es gibt also (cf. p. 118 ff.) A b w i c k e l u n g s - Schuldner aus Rechtsgeschäften, aus Schadenstiftungen, aus Bereicherung, aus Zustands-WB^en, aus öffentlich-rechtlichen Beziehungen (Krankenkasse etc.).

Und es gibt R e a k t i o n s schuldner aus Störungen aller solcher Wertbewegungen.

Eine weitere Ausführung hierüber ist unnötig.

§ 43.

4. W a s w i r d a u s d e m L e b e n s f ü h r u n g s v e r m ö g e n n a c h d e m E n d e d e s U n t e r n e h m e n s?

Das Unternehmen der Lebensführung endet mit dem Tode seines Genießers.

1) cf. § 37, II 4, V.

Dann tritt für das Vermögen der Erbgang ein. Liegt eine Verfügung von Todeswegen seitens des verstorbenen Genießers vor (Testament, Erbvertrag), so geht das Vermögen die in dieser gewiesenen Wege, soweit nicht infolge der Verletzung von Pflichtteilsrechten (der „Abkömmlinge", Eltern, Ehegatten: § 2303) eine Änderung stattfindet.

Sind dagegen (giltige) Verfügungen von Todeswegen nicht vorhanden, so fällt das Vermögen nach den Grundsätzen der Intestaterbfolge an den Ehegatten resp. an die Blutsverwandten des Genießers.

Die näheren Ausführungen hierüber gehören ins Erbrecht.

Den Gläubigern des Genießers haftet sein Vermögen aber nach seinem Tode grundsätzlich weiter; ja, sie bekommen unter Umständen sogar einen „Garanten" (p. 10) in der Person des Erben hinzu, erlangen also unter Umständen für ihre Forderung einen Zugriff auch auf das eigene Vermögen des Erben. Die Abwickelung der „Nachlaßschulden" muß eben, wenn ein gesundes Kreditwesen bestehen soll, nach Möglichkeit sichergestellt werden.

Umgekehrt werden auch die Schuldner des Erblassers grundsätzlich auch den Erben verhaftet.

§ 44.

II. Lebensführung einer Menschenmehrheit.

1. Die Fälle, in denen die Rechtsordnung einheitliche Lebensführungsvermögen für Menschenmehrheiten zuläßt, sind selten.

Ein praktisches Bedürfnis besteht dafür namentlich im Eherecht; nämlich für Gütergemeinschaft unter Eheleuten. Diese ist im BGB. als „vertragsmäßiger Güterstand" geregelt (§§ 1437—1557).

a) Genießer sind die Eheleute.

b) Verwalter ist im allgemeinen der Ehemann: § 1443 ff.

c) Das „Gesamtgut" haftet s ä m t l i c h e n Gläubigern des Mannes (cf. p. 126), und grundsätzlich auch den Gläubigern der Frau, hier aber mit wichtigen Ausnahmen namentlich bezüglich der Geschäftsgläubiger (§ 1460: damit die Frau nicht durch ihre Rechtsgeschäfte das Gesamtgut in Gefahr bringen kann).

d) Sämtlichen Gesamtguts-Gläubigern haftet auch das etwa vorhandene Sondervermögen des Mannes (§ 1459); aber nicht auch das Sondervermögen der Frau; dies haftet nur i h r e n Gläubigern.

e) Dritten gegenüber, die mit einem Ehegatten in einer rechtsgeschäftlichen Wertbewegung stehen, z. B. gegenüber dem Frauen-

Gläubiger, der das Gesamtgut angreifen will, kann die Einführung einer Gütergemeinschaft nur geltend gemacht werden, wenn sie ihnen beim Abschluß ihres Geschäftes bekannt war oder im Güterrechtsregister eingetragen war (§ 1435).

2. Bei sonstigen Gütergemeinschaften (z. B. unter Geschwistern) sind Genießer die sämtlichen Beteiligten; Gläubiger sämtliche Gläubiger jedes der Beteiligten; die Verwaltung steht im Zweifel allen Beteiligten gemeinsam zu (§ 709).

Kapitel II.

Die Sonder-Unternehmen.

§ 45.

Übersicht.

Die Sonder-Unternehmen des Privatrechts entstehen nicht so von selbst aus Naturnotwendigkeit wie das Lebensführungsunternehmen des Einzelmenschen, sondern bedürfen grundsätzlich[1]) der Begründung durch Rechtsgeschäft und ebenso der rechtsgeschäftlichen Zuweisung von Vermögen mittelst besondersartiger Rechtsgeschäfte, wenn ein wirkliches Sondervermögen zu ihrem Dienst bereit stehen soll. (cf. § 37, I 2.)

Die Sonderunternehmen lassen sich in solche, die von Einzelmenschen, und solche, die von Menschenmehrheiten gegründet werden, scheiden. Ob ihre Gründer an ihnen bloß in dieser Funktion, oder auch noch in anderen Funktionen (namentlich als Verwalter oder Genießer) beteiligt sind, hängt von dem Typus des jeweiligen Unternehmens ab.

I. Die Sonder-Unternehmen des Einzelmenschen.

§ 46.

1. Sonder-Unternehmen ohne Sondervermögen.

Zu den Sonder-Unternehmen des Einzelmenschen gehört namentlich der Betrieb eines Gewerbes oder gewerbsähnlichen Berufes (z. B. das Handelsgeschäft, die Rechtsanwaltspraxis).

---

1) Anders steht es in den Fällen der Rechts- oder Vermögens-Gemeinschaft; sie entstehen oft ohne Rechtsgeschäft. Aber bei ihnen gibt nicht die Planung eines Unternehmens den Anlaß, ein Vermögen für

Für solche Unternehmen, namentlich für ein Handelsgeschäft, pflegt aus dem Lebensführungsvermögen ein Sondervermögen abgeteilt zu werden; aber diese Abteilung ist rein buchtechnischer Natur. Die Gläubiger des Betriebes haben also an diesem Sondervermögen kein Vorzugsrecht gegenüber sonstigen Gläubigern des Betriebsinhabers, und umgekehrt sind jene zum Zugriff auch auf das sonstige Vermögen des Betriebsinhabers berechtigt [1]. Schon aus diesen Gründen darf man hier von einem Sondervermögen im Rechtssinne nicht sprechen; es besteht nur eine rein tatsächliche, namentlich in besonderer Buchführung zum Ausdruck kommende Absonderung.

Ein Anlauf zu einem Sondervermögen im Rechtssinne ist aber vorhanden in dem (aus Schiff und Frachtentgelt bestehenden) Schiffsvermögen des Reeders. Denn die sogenannten Schiffsgläubiger können sich vielfach nur an Schiff und Frachtentgelt halten, gehen in bezug auf diese Objekte aber auch allen andern Gläubigern vor [2] [3].

§ 47.

2. Die Stiftung.

I. Will ein Einzelner ein Sonderunternehmen gründen, dem ein Sondervermögen im Rechtssinne dienen soll, so kann er dies nur durch Errichtung einer Stiftung erreichen.

Errichtung einer Stiftung ist aber nur zulässig, wenn ein Sonderunternehmen in Frage steht, das die Lebenszeit des Stifters überdauern oder gar erst nach seinem Tode beginnen soll, und Zwecke fördert, an denen außer dem Stifter auch andere Menschen ein Interesse nehmen

dasselbe zu begründen, sondern umgekehrt gibt das Gemeinsamwerden eines Rechtes oder eines Vermögens den Anlaß, ein dessen Verwaltung und und Aufteilung gewidmetes Unternehmen durchzuführen. Hierher gehört die Erbengemeinschaft, nicht aber die eheliche Gütergemeinschaft!

1) cf. Karl Lehmann, Lehrbuch des Handelsrechtes (1908), § 24.

2) Lehmann l. c. § 26, § 27 No. 4.

3) Beträchtliche Ansätze zu einem Sondervermögen im Rechtssinne finden sich auch bei der einem Erben anfallenden Erbschaft, namentlich bezüglich der Haftung für die Nachlaßschulden. Aber hier handelt es sich nicht um ein Vermögen, das zum Betriebe eines Unternehmens abgeteilt wird, sondern um den Anfall eines Vermögens, durch den das Unternehmen der Regulierung dieses Vermögens notwendig wird. Entsprechendes gilt für die hereditas jacens; die Hinterlassung eines Vermögens an einen noch „ungewissen“ Erben nötigt zu dem Unternehmen konservierender Verwaltung durch einen Pfleger. Das Nähere über diese erbrechtlichen Fälle gehört ins Erbrecht.

können. Die meisten Stiftungen sind für gemeinnützige Zwecke und für lange Dauer bestimmt. Bei den noch zu Lebzeiten des Stifters in Wirksamkeit tretenden Stiftungen ist es aber möglich, daß der Stifter auch sich selbst einen Anteil an Verwaltung und Genuß sichert.

In der Festlegung eines Stiftungsunternehmens und eines Sondervermögens für dies Unternehmen darf der Wille des Stifters aber nicht souverän sein. Sonst könnte es leicht zur Stiftung von Unternehmen kommen, die unnötig oder gar dem Gemeinwohl abträglich sind. Das würde um so folgenschwerer sein, weil die Stiftungssatzung (im Gegensatz zur Vereinssatzung) im allgemeinen nach geschehener Errichtung nur schwer abgeändert werden kann. Deshalb sichert sich der Staat einen maßgebenden Einfluß. Stiftungen können ohne seine Genehmigung nicht entstehen, und stehen dauernd unter seiner Aufsicht.

II. Der Gründungsvorgang [1]).

Der Gründungsvorgang besteht aus dem Stiftungsgeschäft und der Staatsgenehmigung.

1. In dem Stiftungsgeschäft bezeichnet der Stifter das Unternehmen, das er betrieben wissen will, gibt ihm Namen und Sitz, setzt den zu dem Betriebe erforderlichen Verwaltungsapparat fest, — und spendet das Vermögen, welches dem Unternehmen dienen soll.

Das Stiftungsgeschäft ist einseitige, nicht empfangsbedürftige Willenserklärung, sowohl als negotium inter vivos, wie auch als negotium mortis causa.

Das Stiftungsgeschäft kann bis zu staatlicher Genehmigung vom Stifter frei widerrufen werden; bei der oft großen Tragweite des Aktes will man eben dem Stifter bis zum letzten Augenblick freie Hand lassen. Das Stiftungsgeschäft inter vivos kann, wenn der Stifter das Genehmigungsgesuch noch nicht eingereicht hatte, auch noch der Erbe des Stifters widerrufen; das Stiftungsgeschäft mortis causa kann der Erbe natürlich nicht widerrufen (§ 81 [2]).

Das Stiftungsgeschäft inter vivos bedarf der Schriftform, die aber durch gerichtliche oder notarielle Bekundung ersetzt wird. Das Stiftungsgeschäft mortis causa muß im Testament oder Erbvertrag errichtet werden (§§ 81, 126).

2. Das Stiftungsgeschäft bedarf zu seiner Wirksamkeit der Staatsgenehmigung (§ 80). Wird diese versagt, so ist das Stiftungsgeschäft unwirksam; wird sie erteilt, so ist das Stiftungsgeschäft „ex nunc“ wirksam.

---

1) Enneccerus § 110.

Satzung und Verwaltungsapparat sind also in diesem Moment fertig; und von der Spende fallen die Rechte, zu deren Übertragung ein Abtretungsvertrag genügt (§ 413), dem Stiftungsvermögen ipso jure zu; bezüglich der übrigen (Grundstücksrechte etc.) ist ihm ipso jure ein Forderungsrecht gegen das Vermögen des Stifters erwachsen (§ 82).

Die Genehmigung erfolgt nach dem „Konzessionsprinzip", also erst nach genauer Prüfung des vorliegenden Einzelfalles.

III. Die Verfassung der Stiftung beruht, außer auf der in dem Stiftungsgeschäft enthaltenen Satzung, natürlich auch auf Gesetz (das, soweit jus cogens, der Satzung vorgeht) und auf dem Herkommen.

IV. Das Stiftungsvermögen enthält als Grundstock die Spende des Stifters, und kann fernerhin natürlich in der verschiedensten Weise Zuwachs erhalten; namentlich auch durch letztwillige Verfügungen (Legate an Stiftungen sind häufig). Doch läßt EG. Art. 86 für Erwerbe im Werte von mehr als 5000 Mk. die etwaigen landesgesetzlichen Beschränkungen unberührt. Sonst sind dem Stiftungsvermögen sämtliche Arten von Rechten zugänglich.

V. Der Verwaltungsapparat (der im Stiftungsgeschäft festgesetzt ist) muß einen Vorstand aufweisen (§ 86, § 26). Dieser hat die Stellung eines „gesetzlichen Vertreters". Der Umfang seiner Vertretungsmacht kann aber durch die Satzung mit Wirkung gegen Dritte beschränkt werden. Die Satzung kann neben dem Vorstande für gewisse Geschäfte (z. B. für die Kassenführung) besondere Vertreter vorsehen (§ 86, § 30).

Über die Geschäftsführung des Vorstandes und die Art seiner Beschlußfassung bestehen besondere gesetzliche Vorschriften (§§ 86, 27 [3], 28).

Der Verwaltungsapparat kann das Unternehmen (im Rahmen der Satzung) an sämtlichen für eine Stiftung denkbaren Verteilungsvorgängen beteiligen. (Selbst unentgeltliche Zuwendungen aus dem Stiftungsvermögen und Dereliktionen sind in den Grenzen satzungsmäßiger Verwaltung zulässig, erstere namentlich bei Wohltätigkeitsstiftungen natürlich sogar häufig.) Aktive und passive Prozeßführung ist unbeschränkt zuständig.

Die Verwaltung steht aber unter Staatsaufsicht; die zuständige Behörde kann also kontrollieren und nötigenfalls auch eingreifen. (Enneccerus § 111, III.)

VI. Die Genießer eines Stiftungsunternehmens muß man in zwei Klassen scheiden: in solche, die nach dem Inhalt der

Satzung Genießer sind, und solche, die es nur durch Reflexwirkung sind. Nach dem Inhalt der Satzung sind zwar regelmäßig, aber nicht immer Menschen die Genießer; Menschen als satzungsmäßige Genießer fehlen z. B. bei Stiftungen zur Fütterung oder Pflege von Tieren, zur Errichtung eines Standbildes, zur Erhaltung eines Grabes, zur Zelebrierung von Seelenmessen. Aber in jedem solchen Falle sind doch Menschen als Genießer durch Reflexwirkung vorhanden, da ja immer (cf. oben p. 129) bei einer Stiftung außer dem Stifter auch andere Menschen da sein müssen, die an der Durchführung des Unternehmens wenigstens ein ideales Interesse nehmen; eine Stiftung, an der außer dem Stifter niemand ein Interesse nehmen könnte, hätte ja gar keinen Sinn.

VII. Der Gläubigerkreis.

1. Gläubiger aus Abwickelungswirkungen. [cf. p. 125, 126.]

Das Stiftungsvermögen hat dieselben Geschäftsgläubiger wie ein Lebensführungsvermögen, natürlich auch dieselben Bereicherungsgläubiger; es kann auch Zustandsgläubiger und Gemeinwesensgläubiger haben. Und endlich auch Schadensgläubiger. Aber das Stiftungsvermögen haftet naturgemäß nicht aus Schadenstiftungen der Genießer (das würde ins Uferlose führen); auch nicht aus solchen des Stifters (auch dazu ist kein Anlaß); sondern schlechthin nur aus Schadenstiftungen der verfassungsmäßig „selbständigen" **Verwalter**, gemäß §§ 86, 31. Für „nicht selbständige" Beamte haftet es demnach nur nach § 831 bei widerrechtlicher Schädigung (also nur, falls den Vorstand eine culpa in eligendo sive in custodiendo trifft):

> z. B. der Chefarzt einer Krankenhausstiftung veranlaßt durch seine Fahrlässigkeit eine Gasexplosion, durch die der vorübergehende T verletzt wird (§ 823); er bringt bei einem Brande des Krankenhauses Mobiliar in den Nachbargarten, der dadurch ruiniert wird (§ 904); die Stiftung haftet nach § 31. Tut der Hauswart das Gleiche, so haftet sie nur nach § 831.

Die Schadenstiftung muß, um das Stiftungsvermögen zu verhaften, „in Ausführung der zuständigen Verrichtungen" geschehen sein; also nicht nur „bei Gelegenheit" solcher Ausführung oder gar ohne Zusammenhang mit ihr.

Es genügt auch Delikt eines mehrerer Kollektivvertreter: § 31 (weil die Haftung seines eigenen Vermögens nicht immer ausreichen wird und das Stiftungsvermögen solche Haftung eher ertragen kann, wie z. B. das Gesellschaftsvermögen des § 49).

Bei der Schadenstiftung spielt also der verfassungsgemäß „selbständige" Verwalter des Stiftungsvermögens die Rolle des Genießers beim Lebensführungsvermögen; diese Regelung ist auch gerecht, da sonst das Stiftungsvermögen den Schadens-Gläubigern gar nicht haften würde.

Zu den Gläubigern aus Abwickelungswirkungen kommen nun aber noch hinzu die Genießer, wenn ihnen der Genuß in Form von Ansprüchen gegen das Stiftungsvermögen gewährt wird (z. B. den Stipendiaten).

Für Genießer kraft bloßer Reflexwirkung (z. B. für die Interessenten an einer Denkmalstiftung) wäre gegen die Verwaltung, die ihrer Pflicht nicht nachkommt, ein Anspruch auf Ausführung des Unternehmens auf Grund des Persönlichkeitsrechtes denkbar (ähnlich der römischen actio popularis), falls der Appell an die Aufsichtsbehörde keinen Erfolg hat. [Bei fremdnützigen Gesellschafts- oder Vereinsunternehmen werden die Mitglieder als Reflexgenießer ihre Interessen mit der actio pro socio wahrnehmen können.]

2. Gläubiger aus Reaktionswirkungen: können alle Gläubiger sub 1 aus zufälligen Störungen sowie aus schuldvollen Störungen der Verwalter und ihrer Abschluß- resp. Erfüllungsgehilfen werden: § 278 (cf. p. 126).

VIII. Der Schuldnerkreis ist im allgemeinen der gleiche, wie der Gläubigerkreis; d. h. aus denselben Wertbewegungsarten, die auf p. 126 aufgezählt sind, kann sowohl ein Lebensführungsvermögen wie auch ein Stiftungsvermögen Schuldner haben, aus Abwickelungswirkungen wie Reaktionswirkungen. Nur bei den Schadensgläubigern ergibt sich der Unterschied, daß Schadenstiftungen, die sich nur gegen die Person, nicht auch gegen das Vermögen richten, dem Stiftungsvermögen keinen Anspruch geben können (wohl aber dem Lebensführungsvermögen, wenn sie sich gegen die Person des Genießers richten).

IX. Änderungen.

1. Die Satzung ist, soweit der „Stiftungszweck" (§ 87), d. h. der Gegenstand des Unternehmens, in Frage steht, grundsätzlich ganz unveränderlich; der Wille des Stifters darf durch die Verwaltung in bezug auf den „Zweck" nicht gebeugt werden:

z. B. für Studenten bestimmte Stipendien dürfen nicht Studentinnen zugewandt werden.

Auch die staatliche Aufsichtsbehörde ist zu einer Änderung des „Zweckes“ nur dann befugt, wenn die Erfüllung des „Stiftungszweckes“ unmöglich geworden ist oder das Gemeinwohl gefährdet:

z. B.: Stiftung für Schüler des Gymnasiums zu X. Das Gymnasium wird aufgehoben.

Stiftung für Fabrikation eines bestimmten Heilmittels gegen Tuberkulose, das späterhin als schädlich erkannt wird.

Aber die Zweckänderung darf dann nicht beliebig, sondern nur so erfolgen, daß sie der Absicht des Stifters tunlichst Rechnung trägt:

z. B. Verwendung für Schüler des Nachbar-Gymnasiums, — für Errichtung einer Lungenheilstätte.

2. Sonstige Satzungsänderungen sind mit Genehmigung der Aufsichtsbehörde zulässig.

X. Ende der Stiftung.

Erlöschen der Stiftung tritt ein

1. wegen vollständiger „Erreichung des Zweckes“:

z. B. Stiftung zur Propaganda für Aufhebung der bäuerlichen Lasten in Preußen

sowie wegen Unmöglichwerdens des „Zweckes“ oder wegen Gefährdung des Gemeinwohls durch den „Zweck“, —

wenn die Aufsichtsbehörde aus diesen Gründen die **Aufhebung ausspricht.**

2. wenn ein Fall eintritt, der nach ihrer **Verfassung** ihr Erlöschen bewirken soll:

„die Stiftung erlischt, falls ein noch besseres Heilmittel gegen Tuberkulose entdeckt wird“.

3. durch Eröffnung des Konkurses; die der Vorstand im Fall der „Überschuldung“ zu beantragen hat: §§ 86, 42.

XI. Wohin gelangt das Vermögen nach dem Erlöschen?

Im Fall des Konkurses an die Gläubiger. Sonst an die in der Verfassung bestimmten „Personen“. Schweigt das Stiftungsgeschäft darüber, so sind, da auch das BGB. niemand als anfallberechtigt nennt, die Landesgesetze maßgebend; nach diesen erhält es zumeist der Fiskus, der dann als „Erbe“ eintritt: § 46.

XII. Abweichungen von dem Normalfall.

1. Zuwendung eines Vermögens an ein selbständiges Sonder-Unternehmen (z. B. Stadt, Universität) behufs fiduziarischer Ver-

wendung begründet kein Stiftungsvermögen, ist vielmehr Zuwendung unter Auflage: § 525, § 2194 (Enneccerus § 110, II).

2. Vermögen-Spende mortis causa für eine erst post mortem zu begründende Stiftung:

[Städelsches Kunstinstitut]

ist zulässig und unbedenklich, wenn die Errichtung nicht ad kalendas graecas vertagt wird (was das Nachlaßgericht verhüten kann). Die Zuständigkeit der Spende ist bis zur Errichtung in der Schwebe; erfolgt die Errichtung, so ist die Spende Stiftungsvermögen bereits vom Todestage an (§ 84); erfolgt sie nicht, so gehörte die Spende von diesem Tage an zum Nachlaß. (Die Rechtslage ist also ähnlich wie bei der Erbeinsetzung eines nasciturus.)

II. Die Sonder-Unternehmen von Menschenmehrheiten.

§ 48.

Einleitung.

I. Die Sonderunternehmen von Menschenmehrheiten, in deren Dienst ein Sondervermögen im Rechtssinne gestellt wird, sind ungleich häufiger und vielartiger, als die Stiftungs-Unternehmen der Einzelmenschen. Denn unzählige Unternehmen lassen sich nur durch die vereinigte Kapitalkraft und Arbeitskraft von Menschenmehrheiten zweckentsprechend verfolgen.

Als Rechtsformen für die Verfolgung solcher Sonderunternehmen stehen zur Verfügung die Stiftung, die Gesellschaft und der Verein. Eine weitere, unvollkommene Form, das Unternehmen mit sog. Sammelvermögen, ringt noch um den geeigneten Ausbau.

Von diesen Formen wird die Stiftung selten gewählt, weil die Menschenmehrheit, die ein Sonderunternehmen gründet, regelrecht sich selbst in ihm betätigen und Einfluß auf seinen Gang haben will, und weil die Stiftung diesem Bestreben ungleich mehr Schranken zieht und Hindernisse entgegenstellt als die anderen Rechtsformen.

Da im übrigen die von einer Menschenmehrheit errichtete Stiftung keine Abweichungen von der durch Einzelmenschen errichteten aufzeigt, erübrigt sich ein weiteres Eingehen auf sie. Die Darstellung beschränkt sich deshalb auf die Gesellschaft, den Verein und das Unternehmen mit Sammelvermögen.

Die Behandlung des Unternehmens mit Sammelvermögen muß an letzter Stelle erfolgen, da die Einsicht in seine rechtlichen Eigentümlichkeiten erst dadurch gewonnen werden kann, daß die rechtlichen Eigentümlichkeiten der Gesellschaft und des Vereins vorher klargestellt sind.

Wir beschäftigen uns deshalb in dieser Einleitung fernerhin nur mit diesen beiden Rechtsformen des Sonder-Unternehmens und schildern dann in den §§ 49—54 ihre Haupttypen; lassen darauf erst die Erörterung des Unternehmens mit Sammelvermögen (im § 55) folgen; und schließen ab (im § 56) mit einem Überblick über die Ergebnisse der §§ 45—55, unter Stellungnahme zu der herrschenden Lehre von der „Juristischen Person", deren Daseinsberechtigung wir schlechthin verneinen.

II. Für Gesellschaft und Verein gemeinsam ist folgendes hervorzuheben:

1. Sonderunternehmen einer Menschenmehrheit — durch welche also eine Menschenmehrheit gemeinsame Sonderzwecke verfolgt — sind in den verschiedensten Ausgestaltungen möglich und nötig. Bald für eine Mehrheit individuell bestimmter Menschen — bald für eine Mehrheit wechselnder, nur nach Merkmalen bestimmter Menschen (Gesellschaft zum Kohlenankauf — Aktien-Verein). Bald als vorübergehende — bald als langdauernde Unternehmen (Bowletrinken — Armenpflege). Bald mit einfachem — bald mit komplizierten Verwaltungsapparat. Bald ohne Privilegierung der Gläubiger, bald mit einer solchen. Bald ohne Mithaftung anderer Vermögen, bald mit einer solchen.

Je dauernder der „Zweck", — je wechselfähiger die Menschenmehrheit — je straffer die Verwaltung — je vorteilhafter die Schuldenhaftung für die Gläubiger — — um so größer ist die wirtschaftliche Kraft des Unternehmens.

Deshalb muß sich der Staat im Interesse seiner Selbsterhaltung um so mehr Einfluß auf Bildung, Betrieb und Auflösung solcher Unternehmen sichern, je größer ihre wirtschaftliche Kraft sein kann und damit eventuell auch ihre Gefährlichkeit für das Gemeinwohl.

2. Zur Gründung solcher Sonderunternehmen ist immer nötig die Klarstellung des Gegenstandes des Unternehmens, die Schaffung eines Verwaltungsapparates und der Vorschriften, nach denen er funktionieren soll, und die Festlegung des Weges, auf dem das Unternehmen zu dem für seinen Betrieb nötigen Vermögen kommt.

Die Gründung geschieht bei Gesellschaften durch den Gesellschaftsvertrag, bei Vereinen durch den Vereinsvertrag.

Im Gesellschaftsvertrag tritt eine grundsätzlich an Zahl geringe Menschenmehrheit zusammen zu einem grundsätzlich an ihre Personen gebundenen Unternehmen, und regelt in dem Vertrage den Gegenstand des Unternehmens, die Verwaltung und die Dotierung des Vermögens durch „Einlagen“.

Im Vereinsvertrage tritt eine grundsätzlich an Zahl größere Menschenmehrheit zu einem Unternehmen zusammen, das von gewisser, nicht an die Personen der Gründer gebundener Dauer sein soll — beschließt die „Satzung“, statuiert den Verwaltungsapparat, in dem der Verein das oberste Organ bildet, und trifft Maßnahmen für die Aufbringung des Vermögens durch „Beiträge“, die entweder nur von den Mitgliedern zu entrichten sind, oder außerdem auch von dem „Publikum“ erbracht werden sollen.

3. Mitwirkung des Staates bei der Gründung.

a) In den Gesellschaftsvertrag des bürgerlichen Rechtes mischt sich der Staat nicht ein; für das Gesellschaftsunternehmen gilt das Prinzip der freien Gesellschaftsbildung; das Unternehmen darf nur nicht zu ungesetzlichen oder unsittlichen Zwecken dienen sollen (§ 134, § 138).

Die Gefahren für das Gemeinwohl sind hier eben nicht groß, denn einmal handelt es sich bei jeder Gesellschaft nur um Unternehmen vorübergehender Natur, deren Verfolgung höchstens so lange dauern soll, als noch sämtliche an der Gründung beteiligten Gesellschafter leben [1]); und dann sind die von einer Gesellschaft des bürgerlichen Rechtes verfolgbaren Unternehmen, anders als die von einer Handelsgesellschaft verfolgbaren, auch inhaltlich verhältnismäßig zu unbedeutend, um das Gemeinwohl ernstlich schädigen zu können — und endlich reichen die Gesellschaftsvermögen dazu nicht aus. Man prüfe das z. B. an gewerblichen Gesellschaften von Handwerkern oder Kleinkaufleuten; an Gesellschaften zu einzelnen Geschäften; an Gesellschaften zu Vergnügungs-, Wissenschafts-, Wohltätigkeitszwecken.

b) Auch der Gesellschaftsvertrag der offenen Handelsgesellschaft bringt das Gesellschafts-Unternehmen ohne staatliche Mitwirkung zustande. Denn auch die offene Handelsgesellschaft besteht grundsätzlich höchstens so lange, als noch ihre Gründer leben; und wenn auch ihre wirtschaftliche Macht größer ist als die der Gesellschaft sub a, so stellt sie doch keine Gefahr für das Gemeinwohl dar. Nur Eintragung in das Handelsregister fordert das Gesetz, aber auch nicht zu ihrer Entstehung, sondern nur zu ihrer Vollwirksamkeit gegen Dritte: HGB. § 15.

---

1) §§ 727, 736, 737; cf. Cosack Band II, § 279, II.

Z. B.: S hat von A und B, die Gründer einer nicht eingetragenen offenen Handelsgesellschaft sind, ein Darlehn erhalten, weiß aber nicht, daß A und B eine offene Handelsgesellschaft bilden. A und B sind dann nur „zur gesamten Hand" gegen S berechtigt (cf. unten § 49). Kündigt etwa nun B dem S das Darlehn brieflich, ohne Vollmacht des A zu produzieren, so braucht S die Kündigung nicht anzuerkennen, wenn die offene Handelsgesellschaft auch zur Zeit der Kündigung noch nicht eingetragen und dem S noch nicht bekannt war.

c) Auch die Vereinsbildung der sog. „nicht rechtsfähigen" Vereine vollzieht sich wenigstens ohne privatrechtliche Einflußnahme des Staates (nach öffentlichem Vereinsrecht können solche Vereine aber verboten sein!).

Zwar können solche Vereine, wegen der Möglichkeit des Mitgliederwechsels, lang dauernden Bestand haben; aber ihren Vermögen kann kein grundbuchbedürftiger Erwerb und kein Erwerb mortis causa zuwachsen; ihre Verwalter können für sie keine Aktivprozesse führen; die Verwalter haften aus den für den Verein geschlossenen Geschäften persönlich; und die Vereinsschulden belasten auch die Privatvermögen der Mitglieder (wenn die Satzung diese Mithaftung nicht ausschließt)[1]; — — so sind diese Vereine also doch wirtschaftlich so schwach, daß sie sich für die Verfolgung wirtschaftlich bedeutender oder dem Gemeinwohl gefährlicher Unternehmen wenig eignen. Das Hauptgebiet ihres praktischen Vorkommens bleibt die Verfolgung „harmloser" nicht wirtschaftlicher Unternehmen (z. B. Konzertvereine, Lesevereine, Klubs usw. usw.).

d) Sehr energische Vorschriften für die Vereinsbildung erläßt der Staat dagegen bei den Vereinsformen, die erfahrungsmäßig der Verfolgung wichtiger wirtschaftlicher Unternehmen dienen. Dahin gehört die sog. Aktiengesellschaft (rectius Aktienverein) — eine reine Kapitalgesellschaft[2]) mit festem Grundkapital, für die Verfolgung großer Unternehmen durch erhebliche Vermögen unter Beteiligung zahlreicher Mitglieder bestimmt —; ferner die Gesellschaft (rectius: Verein) mit beschränkter Haftung („GmbH.") — ebenfalls Kapitalgesellschaft mit Grundkapital, aber doch mit stärkerer Betonung der persönlichen Tätigkeit der Teilhaber, auf kleinere Unternehmen und geringe Mitgliederzahl berechnet; endlich die Erwerbs- und Wirt-

1) Die Praxis nimmt allerdings „stillschweigenden" Ausschluß durch die Satzung an: oben p. 30, 31.

2) Unten § 54.

schaftsgenossenschaft[1]) (für die Förderung des Erwerbes oder der Wirtschaft Minderbemittelter bestimmt [Konsumvereine, Rohstoffvereine, Kreditvereine]) ohne festes Grundkapital [es sind nur „Einlagen" der Genossen vorgesehen, so daß der Stand des Vermögens von der Zahl der Genossen abhängt]; auf viele Mitglieder und kleine Einlagen berechnet.

Alle diese Vereinsarten behandelt der Staat nach dem Prinzip der Normativbestimmungen; d. h. er gibt ihnen die Eigenart ihrer Betätigung erst frei, wenn sie dem Registerrichter die gesetzlich vorgeschriebene Organisation nachgewiesen haben und dieser Richter den Nachweis durch Eintragung des Vereins ins Handelsregister bestätigt hat.

Vereine mit wirtschaftlichen Unternehmen, die sich nicht mit der Vermögensfähigkeit der Vereine sub c begnügen wollen, aber auch nicht die Vereinsformen ad d wählen, behandelt der Staat sogar (besonders mißtrauisch) nach dem Konzessionsprinzip (BGB. § 22).

e) Vereine, die nicht wirtschaftliche Unternehmen verfolgen und mit der Stellung ad c nicht zufrieden sind, unterliegen nach dem BGB. dem Prinzip der Normativbestimmungen mit Eintragungszwang (§ 21).

2. Die einzelnen Unternehmens-Typen.

§ 49.

a) Die Gesellschaft des Bürgerlichen Rechtes.

1. Die Gesellschafter sind Gründer, Vermögen-Spender, Verwalter, meist auch Genießer zugleich. Sie sind auch Garanten mit ihrem Lebensführungsvermögen. Sie können auch Gläubiger und Schuldner des Gesellschaftsvermögens sein; cf. No. 7, 9.

2. Der Gründungsvorgang besteht in dem Gesellschaftsvertrag. In ihm wird das Unternehmen festgesetzt, Art und Höhe der Beiträge bestimmt, die als Gesellschaftsvermögen aufgebracht werden sollen, und meist auch der Verwaltungsapparat geregelt (sofern man nämlich von den Vorschriften des Gesetzes über die Verwaltung abweichen will).

3. Die „Verfassung" beruht demnach auf dem BGB. (§§ 705—40) und dem Gesellschaftsvertrage.

4. Das Gesellschaftsvermögen kann (theoretisch) alle denkbaren Bestandteile in sich aufnehmen. Erwerbsbeschränkungen greifen nicht Platz. Praktisch stammt es fast durchweg aus den Beiträgen der

1) Unten § 53.

Gesellschafter und dem „Betrieb“ her. Es wird als „der Gesamthand gehörig“ bezeichnet (cf. No. 5).

5. Der Verwaltungsapparat.

Das Gesellschaftsvermögen steht nach § 709 in der **Gesamthand**verwaltung der Gesellschafter, d. h., die Verteilungsvorgänge, namentlich auch die Wertbewegungen, welche der Betrieb des Unternehmens erfordert, können sie nur alle gemeinsam abschließen, die Abwickelung von Wertbewegungen nur alle gemeinsam durchführen, die Rechte nur alle gemeinsam ausüben. Auch das interne Disponieren kann nur einstimmig erfolgen. Auch in Anspruch genommen werden aus Forderungen gegen die **Gesellschaft** und deren Vermögen können sie nur alle gemeinsam. [Anders aber, wenn die Mithaftung ihrer Lebensführungsvermögen in Frage steht; cf. No. 8.]

Bei größerer Zahl der Gesellschafter ist dieser Verwaltungs-Apparat natürlich schwerfällig; deshalb läßt das Gesetz zu, im Gesellschaftsvertrag die „Geschäftsführung“, d. h. das Disponieren, einem oder mehreren Gesellschaftern zu übertragen mit der Wirkung, daß die übrigen Gesellschafter von der Geschäftsführung ausgeschlossen sind. Ist das geschehen, so sind die Geschäftsführer in dubio auch allein zur „Vertretung“ (namentlich bei Abschluß und Durchführung von Wertbewegungen) berufen: § 714.

Niemals aber würde ein Gesellschafter, lediglich auf Grund seiner Eigenschaft als Gesellschafter, befugt sein, eine Gesellschafts-Wertbewegung „zu seinem Bruchteil“ (Anteil) selbständig abzuschließen oder durchzuführen (z. B. ein Grundstück, dessen Ankauf er für nötig hält, wenigstens zu seinem Anteil, mit Wirkung für die Gesellschaft, zu erwerben).

6. Die Genießerstellung der Gesellschafter äußert sich in Ansprüchen des einzelnen Gesellschafters auf Anteil an dem erzielten Gewinn. Anteile am „Stamm“ (Kapital) des Gesellschaftsvermögens haben sie (wie schon aus No. 5 erhellt) nicht.

Die Gesamthand ist nie Genießer.

7. Der Gläubigerkreis ist derselbe wie bei der Stiftung (cf. § 47 No. VII); auch die einzelnen Gesellschafter qua Genießer resp. Geschäftsführer resp. als Gläubiger auf den Auseinandersetzungsanteil (cf. No. 13) gehören ihm an.

Schadensgläubiger des Gesellschaftsvermögens ist nur der, gegen den das Verwaltungsorgan der Gesellschaft **in toto** delinquiert hat [es muß also z. B., damit die actio doli gegen das

Gesellschaftsvermögen durchgeführt werden könne, der Betrug, wenn die Verwaltung der Gesamthand zusteht, von sämtlichen Gesellschaftern begangen sein; sonst von denen sämtlich, denen nach dem Gesellschaftsvertrag die Verwaltung zusteht].

Delikte einzelner Gesellschafter als solcher verhaften das Gesellschaftsvermögen nicht. Aber ihr Lebensführungsvermögen haftet dafür; und auch auf ihren Auseinandersetzungsanteil (No. 10) kann der Deliktsgläubiger sich den Zugriff nach § 725 eröffnen.

8. Das Gesellschaftsvermögen kann der Gesellschaft durch Vereinbarung der Gesellschafter jederzeit ganz oder teilweise wieder entzogen werden [z. B. durch Rückgabe an die Lebensführungsvermögen]. Auch die gänzliche Auflösung der Gesellschaft ist leicht zu bewerkstelligen (cf. No. 14).

Deshalb ist der Kredit der Gesellschaft gering und muß dadurch gehoben werden, daß eine Mithaftung der Lebensführungsvermögen der einzelnen Gesellschafter für die Gesellschaftsschulden eintritt.

Für Abwickelungswirkungen tritt solche Mithaftung dann nicht ein, wenn die Leistung nur aus dem Gesellschaftsvermögen gemacht werden kann (z. B. die Übereignung oder Herausgabe eines im Gesellschaftsvermögen befindlichen Grundstücks) oder wenn die Mithaftung einem Geschäftsgläubiger gegenüber durch besonderes „Änderungsgeschäft" (also nicht bloß intern im Gesellschaftsvertrage) ausgeschlossen ist [1].

Sonst tritt sie immer ein und ergreift die Lebensführungsvermögen aller, die zur Zeit der Entstehung des Anspruches Gesellschafter waren; diese haften den Geschäftsgläubigern nach § 427, den Deliktsgläubigern nach § 840, den übrigen Schadensgläubigern, den Zustandsgläubigern, den Bereicherungsgläubigern und den Gemeinwesensgläubigern nach § 420. Auch die Mitgesellschafter können für ihre etwaigen Ansprüche aus der Genießer- oder der Geschäftsführerstellung (also für Gewinnansprüche, für Auslagen) diese Mithaftung in besonderer Art ausnutzen, — aber erst bei ihrem Ausscheiden resp. nach Auflösung der Gesellschaft; über Näheres cf. Cosack II § 277 II 1 c; § 278 II 1.

Für Reaktionswirkungen gelten bezüglich der Mithaftung die gleichen Grundsätze [2].

---

1) cf. Cosack II § 276, II, III (besonders III 4a)

2) cf. Cosack II § 277, II 1c, IV 2; § 278, I 2.

9. Als Gesellschaftsschuldner treten dieselben Klassen auf, die Gesellschaftsgläubiger sein können. Gegen sie besteht nur ein Anspruch des Gesellschaftsvermögens, nicht auch ein solcher der Lebensführungsvermögen der Gesellschafter.

10. „Privatgläubiger“ eines Gesellschafters können durante societate an das Gesellschaftsvermögen nicht heran. Sie können durante societate nur seinen Anspruch auf Gewinnanteil pfänden und im übrigen nur seinen Anspruch auf den Auseinandersetzungsanteil (d. h. auf das, was bei der Auflösung des Gesellschaftsvermögens ihm als Netto-Anteil [also nach Berichtigung der Gesellschaftsschulden] zufällt) pfänden und dann zur Kündigung der Gesellschaft schreiten: § 725. Cosack II § 276, II 2 b.

Die Privatgläubiger stehen also hinter der Gesellschaftsgläubigern in Bezug auf das Gesellschaftsvermögen durchaus zurück.

11. Änderung des Unternehmens wäre wohl möglich, wird aber wohl selten praktisch wegen der Leichtigkeit der Auflösung und Neugründung einer anderen Gesellschaft.

12. Ausscheiden von Gesellschaftern tritt ein durch Kündigung, Tod oder Konkurs, wenn der Gesellschaftsvertrag bestimmt, daß in diesen Fällen die Gesellschaft unter den übrigen Gesellschaftern fortbestehen soll: § 736. Der Anteil des Ausscheidenden bleibt (in natura) im Gesellschaftsvermögen; er bekommt nur seinen Auseinandersetzungsanteil in Geld (§ 738).

Läßt der Gesellschaftsvertrag Kündigung seitens eines Gesellschafters mit der Wirkung des **§ 736** zu, so kann gemäß § 737 auch ein Gesellschafter wegen wichtigen Grundes (§ 723) durch gemeinsamen Beschluß der übrigen ausgeschlossen werden. Auch ihm steht dann nur ein Auseinandersetzungsanteil in Geld zu.

Wenn der Gesellschaftsvertrag das Ausscheiden von Gesellschaftern vorsieht, so läßt die Praxis auch den Eintritt neuer Gesellschafter zu. Das Gesetz schweigt hierüber.

13. Auflösung der Gesellschaft tritt ein:

a) ipso jure: durch Erreichung oder Vereitelung des „Zweckes“[1]); durch Tod eines Gesellschafters; durch Konkurseröffnung über das Lebensführungsvermögen eines Gesellschafters[2]);

---

1) § 726.

2) §§ 727, 728. Anders nur (cf. No. 12), wenn der Gesellschaftsvertrag gemäß § 737 Fortbestehen in diesen Fällen vorsieht.

b) durch Vereinbarung der Gesellschafter oder durch Kündigung eines Gesellschafters oder eines Privatgläubigers gemäß §§ 723—725 (cf. aber § 737) [1]).

14. Wo bleibt das Gesellschaftsvermögen?

Es findet Auseinandersetzung statt zwecks Rückgängigmachung der „Verbündungs-Wertbewegung“ [2]).

Das Gesellschaftsvermögen wird zu Geld gemacht; dann werden zuerst die Gesellschaftsschulden bezahlt, demnächst wird der Einlagenwert erstattet und schließlich der Gewinn-Überschuß verteilt.

Bleibt kein solcher Überschuß, sondern umgekehrt ein Fehlbetrag, so ist er von den Gesellschaftern anteilig zu tragen (§§ 730—735).

Sind bei der Auseinandersetzung Gesellschaftsschulden unberichtigt geblieben, so haften für d i e, welche die Lebensführungsvermögen der Gesellschafter m i t verhafteten, diese Lebensführungsvermögen so wie bisher weiter; für die anderen haften jetzt die Lebensführungsvermögen „gesamt“, aber auf den Auseinandersetzungsanteil „beschränkt“. Dieser Anteil ist eben das, was vom G e s e l l s c h a f t s v e r m ö g e n noch übrig blieb.

§ 50.

b) Der nicht rechtsfähige Verein [3]).

1. Die Gesellschaft beruht auf einer gesetzlichen Regelung, die den Betrieb des Unternehmens grundsätzlich auf die Personen der Gründer beschränken will, deshalb das Ausscheiden einzelner Gesellschafter erschwert (Auseinandersetzung!) und auch den Eintritt neuer Gesellschafter i m G e s e t z gar nicht vorsieht. Der Gesellschaftsvertrag ist demnach eine grundsätzlich nur auf ihre Abschlußparteien berechnete Verbündungs-Wertbewegung.

Der nicht rechtsfähige Verein soll dagegen nach der Absicht der Rechtsordnung die Personen der Gründer grundsätzlich überdauern. Sein Gründungsvorgang ist eine Verbündungs-Wertbewegung, die auf ständigen Parteiwechsel (Eintritt neuer, Ausscheiden alter Mitglieder) berechnet ist.

Große wirtschaftliche Kraft kann der nicht rechtsfähige Verein nicht entfalten. Sein Anwendungsgebiet bilden solche Vereine, denen es entweder darauf n i c h t ankommt (wie die zahllosen geselligen Vereine), — oder denen die Rechtsordnung jene Kraft nicht bewilligt,

---

1) cf. Anm. 2, p. 142.
2) cf. Grundriß p. 10.
3) E n n e c c e r u s § 109.

— oder die die Öffentlichkeit oder Unbequemlichkeit des Vereinsregisters scheuen (sich „nicht in die Karten sehen“ lassen wollen).

Der nicht rechtsfähige Verein untersteht prinzipiell den Rechtsätzen der Gesellschaft (§ 54!); die Praxis hat diesen Satz aber in wichtigen Beziehungen umgeworfen (cf. § 16 p. 30, 31).

2. Der Gründungsvorgang.

Die Gründer schließen einen Vereinsvertrag, in dem durch eine **Satzung** das Unternehmen festgelegt, ein korporationsmäßig ausgestalteter Verwaltungsapparat (Vorstand, Mitgliederversammlung) geschaffen und die Mitgliederbeitragspflicht zum Vereinsvermögen geregelt wird. Der Staat mischt sich nicht ein.

3. Verfassungsgrundlagen sind dieselben wie in § 49 No. 3.

4. Das Vereinsvermögen kommt zusammen durch die Mitgliederbeiträge, durch den „Betrieb“, aber auch vielfach durch Spenden von Nichtmitgliedern. Es ist von festerem Bestand als das Gesellschaftsvermögen; denn den ausscheidenden Mitgliedern wird grundsätzlich kein Auseinandersetzungs-Anteil gewährt (damit das Vereinsvermögen dem Unternehmen ungeschwächt erhalten bleibe).

Die schwachen Seiten des nicht rechtsfähigen Vereins bestehen darin, daß der Grundbuchverkehr mit ihm sehr erschwert ist; — daß ihm durch negotium mortis causa nichts zufließen darf (da er keine juristische Person sei!); — daß ihm aus negotia inter vivos keine **klagbaren** Rechte entstehen (cf. ZPO. § 50², § 735) [nur Naturalobligationen!]; und daß seine „Verwalter“ mit ihrem Privatvermögen für die von ihnen kontrahierten Geschäftsschulden des Vereins haften (cf. No. 8)[1]).

Es wäre nötig, das Recht zur Klagerhebung durch den Vorstand im Namen des Vereins [cf. RE. 78 No. 21] gegenüber Schadens-, Bereicherungs- und Zustands-Schuldnern anzuerkennen.

Z. B. gegenüber dem, der Vereinsinventar gestohlen hat.

Gegenüber Geschäfts-Schuldnern wäre es nicht so nötig, da dem Vorstand hier das Hilfsmittel zu Gebote steht, den Vertrag im Namen des Vereins und in seinem Namen (also für sich und den Verein als Gesamt-Gläubiger) so zu schließen, daß Schuldner an den Verein zu leisten habe, und dann suo nomine auf Leistung an den Verein zu klagen, wenn Schuldner nicht schon freiwillig so geleistet hat.

---

1) Die Haftung der Privatvermögen der Mitglieder ist durch die Praxis beseitigt; cf. p. 30, 31 und § 48, II 3 c, und unten No. 8.

Das Vereinsvermögen wird als Vermögen „des Vereins“ bezeichnet [Vermögen des Gesangvereins Germania: RE. 78 No. 21].

Das Namenrecht ist geschützt.

5. Der Verwaltungsapparat besteht aus Vorstand und Mitgliederversammlung. [Die Satzung grenzt gewöhnlich die Kompetenz ab.]

Der Vorstand hat in dubio die Stellung eines geschäftsführenden Gesellschafters (§ 710); er erledigt also den gewöhnlichen Geschäftsbetrieb.

Die Mitgliederversammlung ist in dubio nur für die ungewöhnlichen Geschäfte zuständig. Sie ist namentlich auch Wahlorgan.

6. Die Stellung der Mitglieder als Genießer ist im allgemeinen wie in § 49 No. 6.

7. Der Gläubigerkreis ist derselbe wie bei der Gesellschaft. Aber Schadensgläubiger wird nicht bloß der, dem von sämtlichen Mitgliedern, sondern auch der, dem vom Vorstand oder auch nur von einem Vorstandsmitglied in Ausführung ihrer Verrichtungen ein Schade zugefügt ist (Analogie von § 31).

cf. z. B. den Fall in RE. 57 No. 21:

> Das kaufmännische Mitglied des „Kollektiv“-Vorstandes eines Kali-Bohr-Vereins hatte den X zum Abschluß eines nachteiligen Vertrages mit einem Restaurateur durch Betrug bewogen; das technische Mitglied hatte durch eine gesetzwidrige Anordnung in der Fabrik einem Dritten (Y) eine Gesundheitsbeschädigung zugefügt.

Diese scharfe Haftung muß eintreten, weil die Lebensführungsvermögen der Mitglieder grundsätzlich nicht mithaften (cf. No. 8). Die für die Ablehnung dieser durchaus nötigen Haftung beliebte Begründung, der Vorstand sei nicht wie beim rechtsfähigen Verein das „Willensorgan“ des Vereins, ist übrigens krasse „Begriffsjurisprudenz“.

Auch der Schuldnerkreis ist der gleiche wie bei der Gesellschaft.

8. Mithaftung.

a) Die Lebensführungsvermögen der Mitglieder haften für die Vereinsschulden grundsätzlich nicht mit; der Ausschluß dieser Haftung soll nach der herrschenden Meinung **„stillschweigend“** (durch die Bezeichnung als „Verein“) festgesetzt sein in der Satzung; das ist natürlich „Tatbestandsfiktion“; der Ausschluß dieser Haftung ist vielmehr durch Gesetzesänderung seitens der Praxis eingeführt; und das mit vollem Recht, — da die Heranziehung der Lebensführungsvermögen der Mitglieder zur Mithaftung eine Massenkalamität sondergleichen herbeigeführt und das ganze Vereinsleben der nicht rechtsfähigen Vereine ertötet haben würde.

b) Dagegen statuiert § 54 die solidarische Mithaftung der Lebensführungsvermögen derer, die im Namen des Vereins Geschäfte geschlossen haben (auch derer, die nicht Vorstand oder nicht Mitglied sind) [dies dient nun als Ausgleich für die Nichthaftung der Mitglieder].

9. Da ein ausscheidendes Mitglied grundsätzlich keinen Anspruch auf einen „Auseinandersetzungsanteil" hat, können auch seine „Privat-Gläubiger" sich nicht an das Vereinsvermögen halten. Sie können den Verein auch nicht „kündigen", um etwa nach seiner Auflösung sich an den dem Mitglied dann etwa nach dem Statut zufallenden Auseinandersetzungsanteil zu halten. Sie können allein für den Fall der Auflösung diesen etwa statutarisch zuständigen Anteil mit Beschlag belegen. § 725 ist auf nicht rechtsfähige Vereine also nicht anwendbar.

10. Änderungen.

a) Der „Z w e c k" (d. h. das Unternehmen) kann durch Beschluß der Mitgliederversammlung geändert werden.

b) Eintritt neuer Mitglieder ist zulässig; erfordert in der Regel Majoritätsbeschluß der Mitgliederversammlung. Ausscheiden von Mitgliedern ist ebenfalls zulässig (§ 723). Auch Ausschließung aus wichtigem Grunde ist möglich (cf. § 737).

11. Auflösung erfolgt

a) ipso jure durch Erreichung oder Vereitelung des „Zweckes" (§ 726), — sowie durch Eröffnung des Konkurses über das Vereinsvermögen, die nach § 213 RKO. bei Zahlungsunfähigkeit und auch bei Überschuldung zulässig ist.

b) durch Auflösungsbeschluß gemäß dem Statut.

12. Wo bleibt das Vereinsvermögen nach der Auflösung?

a) Im Fall des Konkurses geht der etwa verbliebene Rest an die statutarisch vorgesehenen Empfänger; sind solche nicht vorgesehen, an die zur Zeit der Auflösung vorhandenen Mitglieder.

b) In den ü b r i g e n Fällen findet eine Liquidation statt, und der nach ihr verbleibende Nettobetrag geht denselben Gang wie sub a.

c) Eine Mithaftung der Privatvermögen der Mitglieder für die Vereinsschulden findet auch nach der Auflösung n i c h t statt.

§ 51.

c) Der rechtsfähige Verein.

I. Die Gründung.

1. Will ein Verein die schwachen Seiten seines Vermögenserwerbes oder seiner Vermögensverwaltung resp. seiner „Parteifähigkeit“ vermeiden, die wir in § 50 No. 4 kennen gelernt haben, oder will er die Mithaftung der Privatvermögen seiner Verwaltungsorgane schlechthin ausschließen, so bleibt ihm nichts anderes übrig, als seinen Gründungsvorgang einer staatlichen Kontrolle zu unterstellen.

2. Der Gründungsvorgang vollzieht sich zunächst genau so wie bei einem nicht rechtsfähigen Verein (cf. § 50 No. 2). Auch hier wird also eine auf Parteiwechsel berechnete Verbündungs-Wertbewegung abgeschlossen, mit dem l. c. geschilderten Inhalt. Aber hinzutreten muß die Zustimmung des Staates durch „Zuerkennung der Rechtsfähigkeit“ [1]).

3. Diese Zustimmung wird solchen Vereinen, deren „Zweck auf einen wirtschaftlichen Geschäftsbetrieb gerichtet ist“, nach dem Konzessionsprinzip erteilt (§ 22). Vereine dieser Art sind, nach der Auslegung, welche die Praxis dem recht dunkel sprechenden § 22 gibt, solche, deren Unternehmen wirtschaftlicher Art ist, einen selbstnützigen Zweck verfolgt und so betrieben wird, daß der Betriebsertrag zunächst jedenfalls dem Vereinsvermögen zufließt, also nicht direkt den Mitgliedern oder gar direkt dritten Personen:

RE. 88 No. 82 p. 334 (Enneccerus § 100 Anm. 3).

Vereine mit solchen Unternehmen sind dem Staat nämlich deshalb verdächtig, weil es auffällig ist, daß sie sich nicht der gebräuchlichen Organisation als Aktiengesellschaft oder Gesellschaft mit beschränkter Haftung bedienen. Deshalb prüft der Staat hier von Fall zu Fall und stellt die Verleihung der Rechtsfähigkeit in das Ermessen seiner Verwaltungsbehörde.

Diese Abgrenzung der konzessionspflichtigen Vereine ist nicht glücklich; denn sie trifft viele Vereine nicht, die dem Gemeinwohl sehr gefährlich werden können.

---

1) Es wird bisher nicht beachtet, daß die staatliche Zuerkennung der Rechtsfähigkeit für einen Verein etwas ganz anderes bedeutet als für eine Stiftung. Letztere kommt samt ihrem Vermögen durch jene Zuerkennung der Rechtsfähigkeit erst zur Entstehung; der Verein wird dagegen durch die Zuerkennung der Rechtsfähigkeit nur in den in § 50 No. 4 besprochenen Richtungen privilegiert.

Z. B. wenn ein Verein von Kohlenhändlern beabsichtigt, im Interesse seiner Mitglieder die Kohlenpreise zu beeinflussen, so unterliegt er dem Konzessionsprinzip zwar, wenn er so unvorsichtig ist, sich als Verein zum Ein- und Verkauf von Kohlen (also als „Syndikat") zu organisieren; aber er untersteht dem Konzessionsprinzip nicht, wenn er sich als Kartell organisiert, dessen Mitglieder sich nur zur Einhaltung gewisser Höchsteinkaufs- und Mindestverkaufspreise für ihren privaten Geschäftsbetrieb verpflichten.

Die Praxis müßte die Erfüllung des dunklen § 22 mit klarem Inhalt nach anderer Methode betreiben; sie müßte sich nicht (so wie sie tatsächlich verfährt) noch weiter an den Wortlaut „Verein, dessen Zweck auf einen wirtschaftlichen Geschäftsbetrieb gerichtet ist" anklammern, sondern dem § 22 seinen neuen Inhalt ganz unabhängig von diesem verunglückten Wortlaut geben nur mit Rücksicht auf das rechtspolitische Ziel, durch dessen Verfolgung die Gesetzgebung zu einer Scheidung zwischen konzessionspflichtigen und nicht konzessionspflichtigen Vereinen veranlaßt worden ist.

Dies Ziel war aber offenbar das, Vereine, welche den **wirtschaftlichen Vorteil ihrer Mitglieder in solcher** Art bezwecken, die dem Gemeinwohl offenbar abträglich ist oder doch bezüglich ihrer Einwirkung auf das Gemeinwohl Bedenken erregt, durch den Konzessionszwang in der Hand zu behalten. Wollen solche Vereine dem Konzessionszwang entgehen, so haben sie es ja in der Hand, sich als Aktiengesellschaft, Gesellschaft mit beschränkter Haftung oder in einer sonstigen durch die frühere Reichsgesetzgebung bereits ausgebauten Form dem System der Normativbestimmungen zu unterstellen; tun sie das nicht, so können sie sich nicht beklagen, wenn sie als „verdächtig der Gefährdung des Gemeinwohls" konzessionspflichtig gemacht und von der Verwaltungsbehörde entweder von der „Rechtsfähigkeit" ganz ausgeschlossen werden oder mit einem solchen Ausbau ihrer Satzung bedacht werden, daß ihnen ihr gefährlicher Charakter genommen wird.

Wie wenig eine sich mehr an den Wortlaut klammernde Auslegung des § 22 zu brauchbaren Resultaten gelangen kann, zeigt sich daraus, daß man Kartelle vom Konzessionszwang befreite, weil sie keinen wirtschaftlichen Geschäftsbetrieb hätten, — und dagegen Bibelgesellschaften unter den Konzessionszwang stellen wollte, falls sie den Vertrieb von Bibeln „geschäftlich betreiben", weil dann ein wirtschaftlicher Betrieb vorhanden sei.

Zuständig für das Konzessionsverfahren ist die **Zentral**-Verwaltungsbehörde, damit Einheitlichkeit der Praxis erzielt werden könne.

4. Alle sonstigen Vereine — sofern ihr Typ nicht durch besondere Reichsgesetze geregelt ist — erlangen die „Rechtsfähigkeit" [1]) nach dem Prinzip der Normativbestimmungen durch Eintragung in das Vereinsregister des zuständigen Amtsgerichts.

Dahin gehören alle harmlosen, rein wirtschaftlichen Unternehmen zu selbstnützigen oder gemeinnützigen Zwecken:

z. B. Kantinenverein des Fabrikpersonals,
Volksküche für städtische Arme,
Verein der Merinozüchter, Bauverein,
Baltische Herdbuchgesellschaft,
Warenhaus für deutsche Beamte,

ferner alle rein nicht wirtschaftlichen Unternehmen zu den gleichen Zwecken:

Reiterverein, Tennisverein, Radfahrklub,
Konzertverein, Singverein, Turnerbund,
Gemeinnütziger Verein,
Verein der Freunde der Universität Greifswald,
Geographische Gesellschaft, Medizinischer Verein,
Studentenverbindungen

und endlich alle aus wirtschaftlichen und nicht wirtschaftlichen Elementen gemischten Unternehmen zu den gleichen Zwecken:

so z. B. gesellige Klubs mit Speisewirtschaftsbetrieb oder Weinhandel; Gesangvereine, die bisweilen gegen Eintrittsgeld Konzerte veranstalten; Gebirgsvereine mit Hüttenwirtschaft.

Anders nur, wenn die wirtschaftlichen Elemente den nicht wirtschaftlichen an Bedeutung mindestens gleich kommen und das Unternehmen bezüglich seiner Harmlosigkeit zweifelhaft ist; dann muß es dem Konzessionszwang verfallen, wie z. B. Hausbesitzervereine, Mietervereine, die ein wirtschaftliches Übergewicht über die Gegenpartei ausnutzen wollen.

5. Aber in das Prinzip der Normativbestimmungen des Bürgerlichen Gesetzbuches ist eingefügt ein Veto-

1) D. h. also die Beseitigung der oben p. 144 aufgezählten „schwachen Seiten" des nicht rechtsfähigen Vereins.

Recht der (lokalen) Verwaltungsbehörden, um solchen Vereinen, die nach dem öffentlichen Vereinsrecht ipso jure unerlaubt sind oder doch verboten werden können, die Erlangung einer privilegierten Rechtsstellung auch dann nach dem Ermessen der Verwaltung verwehren zu können, wenn sie nicht nach No. 3 angreifbar sind (§ 61 [2]). Näheres bei Enneccerus § 100, IV.

6. Alle unter 4 erwähnten Vereine müssen sich, um die Eintragung zu erreichen, in bestimmter Weise organisieren.

Sie müssen eine Satzung haben, die „Zweck“, Namen und Sitz des Vereins und die Absicht, eingetragen zu werden, ergeben **muß**, und Bestimmungen über Ein- und Austritt der Mitglieder, über die zu leistenden Beiträge, über die Bildung des Vorstandes und über die Berufung der Mitgliederversammlung und die Beurkundung ihrer Beschlüsse enthalten **soll** (§§ 57, 58).

7. Das Eintragungsverfahren gliedert sich in folgende Stadien:

a) Die Anmeldung durch den Vorstand beim Amtsgericht (§ 59).

b) Die Prüfung durch das Gericht. Weist es daraufhin die Anmeldung zurück und hat „sofortige Beschwerde“ dagegen keinen Erfolg, so ist die Eintragung damit definitiv abgelehnt (§ 60).

Läßt das Gericht dagegen die Anmeldung zu, so folgt nun:

c) die Mitteilung der Anmeldung an die Verwaltungsbehörde durch das Gericht.

d) Daraufhin kann die Verwaltungsbehörde sich folgendermaßen verhalten:

α) 6 Wochen ab Mitteilung ganz still schweigen; oder

β) dem Amtsgericht mitteilen, daß Einspruch nicht erhoben werde; oder

γ) Einspruch erheben.

e) α) In den Fällen d α β hat dann das Amtsgericht die Eintragung vorzunehmen.

β) Im Fall d γ hat es den Einspruch dem Vorstand mitzuteilen (§ 62 [1]).

f) Im Fall e β kann der Vorstand sich bei dem Einspruch beruhigen; dann kann es zur Eintragung nicht kommen; — oder er kann den Verwaltungsrechtsweg beschreiten; unterliegt er dort, so ist die Folge die gleiche; siegt er dagegen ob, so hat das Amtsgericht die Eintragung vorzunehmen (cf. § 62 [2]).

g) Über die Eintragung selbst enthalten die §§ 64—66 genaue Vorschriften.

8. Ist bei der Eintragung eine „**Mußvorschrift**“ verletzt, so ist die Eintragung materiell ungültig; aber zum Schutz der Rechtssicherheit müssen Rechtsgeschäfte, die von Dritten [im Vertrauen auf die Gültigkeit der Eintragung] mit dem Verein abgeschlossen sind, für diese so wirken, als ob sie mit einem eingetragenen Verein abgeschlossen wären; erst die Rückgängigmachung der Eintragung macht den Verein in bezug auf fernere Geschäftsschlüsse wieder zu einem nicht rechtsfähigen Verein. cf. § 32 FGG.; § 311 HGB.

II. Das Vermögen und die Verwaltung.

1. Das Sondervermögen eines rechtsfähigen Vereins kann den gleichen Quellen entspringen, wie das eines nicht rechtsfähigen Vereins; — die im § 50 No. 4 genannten Beschränkungen im Grundstücksverkehr und im Erwerb mortis causa greifen aber nicht Platz. Und aus negotia inter vivos entsteht volle Klagberechtigung; ebenso natürlich aus Schadenstiftungs-Wertbewegungen, Bereicherungs-Wertbewegungen und Zustands-Wertbewegungen (usw.).

Die Stellung der Mitglieder zu dem Vereinsvermögen ist die gleiche wie in § 50 No. 4; sie haben also keinen Anteil daran.

2. Die „Verfassung“ richtet sich auch hier nach Gesetz und Satzung.

3. Vereinsorgane sind Vorstand und Mitgliederversammlung.

a) Der Vorstand wird durch die Mitgliederversammlung bestellt (§ 27). Die Bestellung ist in dubio jederzeit widerruflich (wegen ihrer Gefährlichkeit für den Verein). Der Vorstand ist in dubio für die Geschäftsführung und Vertretung in allen gewöhnlichen Geschäften zuständig. Er entscheidet nach dem Majoritätsprinzip, und er vertritt in gleicher Weise. Nur für den Empfang fremder Willenserklärungen ist jedes Vorstandsmitglied allein zuständig (§ 28).

Beschränkungen der Vertretungsmacht des Vorstandes kann mit Wirkung gegen Dritte nur die Satzung anordnen (§ 26).

Die Satzung kann auch neben dem Vorstand noch besondere Vertreter für gewisse Geschäfte bestellen (§ 30).

b) Die Mitgliederversammlung ist das Organ für Wahlen und für alle ungewöhnlichen Rechtsakte (§ 32 ff.). Sie beschließt ebenfalls mit gewöhnlicher Mehrheit. Nur für Satzungsänderungen ist ¾ Majorität der erschienenen und für „Zweckänderung“ (d. h. Änderung des Unternehmens) Zustimmung aller Mitglieder nötig. Bei allen Satzungsänderungen hat übrigens der Staat mitzureden, bei den konzessionspflichtigen Vereinen nach § 33 [2], bei den eingetragenen Vereinen nach § 60 ff.

4. Die Rechtstellung des einzelnen Mitgliedes gründet sich auf die in der „Verfassung“ inhaltlich verkörperte Verbündungs-Wertbewegung, an der es sich durch seinen „Eintritt in den Verein“ beteiligt.

Wenn die Satzung nicht anders bestimmt, steht jedem Mitglied das **Recht** zu, sich durch Meinungsäußerung und Abstimmung an den Mitgliederbeschlüssen zu beteiligen (§ 32 ff.). Eine Beteiligungs**pflicht** besteht nicht, denn sie würde praktisch nicht durchführbar sein. Dagegen besteht die allgemeine Pflicht zu „vereinstreuem Verhalten“ auch hier (wie bei jeder Verbündungs-Wertbewegung) — und, wenn die Satzung es bestimmt, die Pflicht zur Spendung von Beiträgen. Nach der Satzung kann auch ein Genußrecht eingeräumt sein, das inhaltlich namentlich auf Benutzung der Vereinseinrichtungen und auch auf Anteilnahme an dem aus dem Unternehmen erzielten Gewinn zu gehen pflegt.

Dieser für alle Mitglieder grundsätzlich gleichen Rechtstellung kann nach der Satzung gegenüberstehen eine Sonderrechtstellung einzelner, z. B. ein vorzugsweiser Gewinnanteil, ein Recht auf Rücknahme von Sacheinlagen.

III. Gläubiger und Schuldner des Vereins.

1. Der Gläubigerkreis ist derselbe wie in § 50 No. 7. Zugunsten der Schadens-Gläubiger gilt hier § 31 direkt.

Genuß-Gläubiger können (ebenso wie beim nicht rechtsfähigen Verein) sowohl Mitglieder wie auch Dritte sein.

2. Auch der Schuldnerkreis ist der gleiche wie in § 50 No. 7. Aber alle Schuldner sind dem Verein klagbar verpflichtet.

3. Eine Mithaftung von „Privatvermögen“, sei es der Mitglieder, sei es der „Verwalter“, findet **nicht** statt.

4. Privat-Gläubiger von Mitgliedern oder Verwaltern können sich nicht an das Vereinsvermögen halten.

IV. Änderungen.

1. Jede Änderung der Satzung bedarf bei konzessionspflichtigen Vereinen staatlicher Genehmigung; bei eingetragenen Vereinen des Eintragungsverfahrens (einschließlich Einspruchmöglichkeit) (§ 33 [2], § 71).

Satzungsänderungen bedürfen der Dreiviertel-Mehrheit (§ 33 [1]).

Satzungsänderungen, die das Unternehmen ändern wollen, bedürfen der Zustimmung aller Vereinsmitglieder (§ 33 [1]).

Satzungsänderungen, welche die Rechtstellung „der Mitglieder" für die Zukunft ändern wollen, bedürfen auch nur der ¾ Mehrheit des § 33 [1]. Wollen sie aber satzungsmäßige Sonderrechte eines einzelnen Mitgliedes beeinträchtigen, so ist auch dessen Zustimmung nötig: § 35.

2. Bei eingetragenen Vereinen bedarf jede Änderung der Vorstandspersonen der Eintragung. Bei Versäumung der Eintragung kann unwissenden Dritten, die mit den ausgeschiedenen Vorstandsmitgliedern noch nach deren Ausscheiden Geschäfte geschlossen haben, der Legitimationsmangel nicht entgegengehalten werden (§ 68). Aber auch die eingetragene Änderung braucht der Dritte nicht gegen sich gelten zu lassen, wenn er sie entschuldbarerweise nicht kannte. Das Gleiche gilt auch für Bestimmungen, die den Umfang der Vertretungsmacht des Vorstandes beschränken oder die Art seiner Beschlußfassung verändern (§ 70).

3. Die Mitgliedschaft ist in dubio nicht übertragbar (auch nicht bezüglich der Ausübung) und nicht vererblich: § 38.

Jedes Mitglied hat das Recht, aus dem Verein auszutreten. Die Satzung kann aber Austrittstermine und Kündigungsfristen einführen: § 39.

Aus wichtigem Grunde kann der Verein ein Mitglied auch ausschließen (worüber die Satzung Näheres zu enthalten pflegt); der Ausgeschlossene kann aber gegen seine Ausschließung das Gericht anrufen. [Das Detail ist sehr bestritten.] [1])

Eintritt neuer Mitglieder ist möglich, wenn das satzungsgemäß zur „Aufnahme" berufene Organ zustimmt oder, falls die Satzung schweigt, die Mitgliederversammlung.

4. Durch das Erfordernis der Staatsgenehmigung bei Satzungsänderungen sind solche Änderungen, gegenüber denen bei nicht rechtsfähigen Vereinen, sehr erschwert, und der Schutz der Mitgliederstellung ist daher ein stärkerer.

V. Entziehung der Rechtsfähigkeit. [Enneccerus § 106.]

1. Rechtsfähige Vereine verlieren die Rechtsfähigkeit ipso jure durch Eröffnung des Konkurses (§ 42) [die der Vorstand im Fall der Überschuldung sofort zu beantragen hat, aber nicht auch im Fall der Zahlungsunfähigkeit ohne Überschuldung, wie beim nicht rechtsfähigen Verein].

1) Enneccerus § 105, VI.

Die Rechtsfähigkeit kann ihnen aber auch **entzogen** werden. Durch das Gericht nur dem eingetragenen Verein und diesem nur wegen ungenügender Mitgliederzahl (unter 3) nach § 73. Jedem rechtsfähigen Verein durch die Verwaltungsbehörde, wenn er durch einen gesetzwidrigen Beschluß der Mitgliederversammlung oder durch gesetzwidriges Verhalten des Vorstandes das Gemeinwohl gefährdet:

z. B. der Vorstand betreibt verbotene politische Agitation (§ 43 [1]). Ferner kann die Verwaltungsbehörde einem eingetragenen Verein die Rechtsfähigkeit entziehen, wenn er entgegen seiner Satzung einen „wirtschaftlichen Zweck" verfolgt (§ 43 [2]).

Endlich kann die Verwaltungsbehörde einem konzessionierten Verein die Rechtsfähigkeit entziehen, wenn er einen andern als den in der Satzung bestimmten Zweck verfolgt (§ 43 [4]).

[Die Rechtsmittel in den Fällen des § 43 [1 2 4] bestimmt § 44.]

Bei eingetragenen Vereinen muß die Entziehung der Rechtsfähigkeit eingetragen werden: § 74 [1 3].

2. Bei Verlust der Rechtsfähigkeit durch Konkurseröffnung wird das Vermögen nach Konkursrecht liquidiert, und nur der etwaige Überschuß geht an den nunmehr nicht rechtsfähigen Verein (wenn er sich nicht aufgelöst hat), eventuell an die statutarisch vorgesehenen Empfänger usw. (§ 45).

Bei Entziehung der Rechtsfähigkeit nach § 73 kann das Vermögen seiner Aufgabe nicht weiter dienen und fällt deshalb (nach geschehener Liquidation) an die statutarisch bestimmten Personen, resp. es geht die sonstigen Wege, die § 45 vorschreibt. Ist aber die Rechtsfähigkeit nach § 43 entzogen, so kann das Vermögen seiner Aufgabe trotzdem in der Regel weiter dienen, da der Verein ja regelmäßig als nicht rechtsfähiger Verein bestehen bleibt. Bleibt aber der Verein nicht als nicht rechtsfähiger Verein bestehen, so geht das Vermögen wieder die Wege des § 45.

VI. Auflösung des Vereins.

1. Sie kann erfolgen:

a) durch Beschluß der Mitgliederversammlung: § 41;

b) durch Ablauf der satzungsgemäß für die Dauer des Vereins bestimmten Zeit (§ 74 [2]). [Erreichung oder Vereitelung des „Zweckes" ist (anders als beim nicht rechtsfähigen Verein) nicht ipso jure-Auflösungsgrund.] Anmeldung zur Eintragung ist ad a und b bei eingetragenen Vereinen erforderlich;

c) durch obrigkeitliche Auflösung auf Grund des öffentlichen Vereinsrechts;

d) durch Wegfall aller Mitglieder [wenn dieser nicht rein vorübergehend ist].

ad c und d erfolgt die Eintragung bei eingetragenen Vereinen auf Anzeige der zuständigen Behörde.

2. Nach Auflösung des Vereins kann das Vermögen die ihm gestellte Aufgabe nicht mehr erfüllen. Es muß also dann stets die durch § 45 gewiesenen Wege gehen und wird, wenn es danach nicht an den Fiskus fällt, vorher liquidiert [§§ 46—53]. Besonders wichtig ist das **„Sperrjahr“** des § 51; für nicht rechtsfähige Vereine besteht diese Erschwerung nicht.

§ 52.

d) Die offene Handelsgesellschaft [1]).

1. Die offene Handelsgesellschaft ist eine im Handelsgesetzbuch geregelte Gesellschaft, deren Unternehmen ein Handelsgewerbe (HGB. §§ 1—3) und deren Zweck daher Gewinn-Erzielung aus dem Unternehmen ist; die ferner ihr Unternehmen unter gemeinsamer Firma und mit unbeschränkter Mithaftung der Privatvermögen [2]) der Gesellschafter betreibt.

Dem Unternehmen sind viel engere Grenzen gezogen wie bei der Gesellschaft des BGB.

Die offene Handelsgesellschaft untersteht (nach HGB. § 105 [2]) in **erster** Linie HGB. §§ 105—160, in zweiter BGB. §§ 705—740.

2. Gründungsvorgang.

Die Gründung geschieht durch den Gesellschaftsvertrag. Er ist eine ebensolche Verbündungs-Wertbewegung wie der Gesellschaftsvertrag der Gesellschaft des BGB. — aber doch etwas mehr auf Parteiwechsel eingerichtet; denn der Eintritt neuer Gesellschafter in die bestehende Gesellschaft ist in HGB. § 130 ausdrücklich vorgesehen (anders als im BGB.). Staatsmitwirkung findet nur insofern statt, als die OHG. unter dem (in § 48, II 3) bereits geschilderten indirekten Eintragungszwang steht, da von der Eintragung in das Handelsregister ihre Vollwirksamkeit gegenüber Dritten abhängt.

---

1) Im Nachfolgenden wird viel zitirt: 1. Karl Lehmann, Lehrbuch des Handelsrechts (1908); 2. Karl Lehmann, Deutsches Handelsrecht I, II, (1909), in Sammlung Göschen; und zwar kurz: Lehmann Lehrbuch, Lehmann-Göschen.

2) Dem allgemeinen Gebrauch folgend bezeichnen wir das Lebensführungsvermögen der Gesellschafter auch als deren „Privatvermögen“.

3. Die Verfassungsquellen sind dieselben wie bei der Gesellschaft des BGB.

4. a) Das Unternehmen geht unter dem Namen der Firma.

b) Das Vermögen kann alle denkbaren Vermögensbestandteile in sich aufnehmen (auch Erwerb mortis causa); die OHG. ist namentlich auch des Grundbuchverkehrs fähig; sowie der Aktiv- und Passivprozesse. Ihr Vermögen ist Gegenstand besonderer Zwangsvollstreckung (auf Grund eines gegen die Firma gerichteten Vollstreckungstitels) und eines selbständigen Konkurses (RKO. § 209).

Die Hauptquellen des Vermögens sind die Einlagen der Gesellschafter und der Gewinn aus dem Unternehmen.

5. Die Verwaltung ist ganz anders geregelt als bei der Gesellschaft des BGB.

a) Schon die „Geschäftsführung“ ist nicht der Gesamthand zuständig; sondern grundsätzlich hat jeder Gesellschafter die Zuständigkeit zur Geschäftsführung [1]) selbständig so weit, daß er zu allen im gewöhnlichen Geschäftsbetrieb vorkommenden Entschließungen und Ausführungshandlungen selbständig (ohne die anderen Gesellschafter befragen resp. benachrichtigen zu müssen) befähigt ist, sofern nicht ein anderer Gesellschafter sein Veto einlegt. Nur zu ungewöhnlichen Geschäften ist ein Beschluß sämtlicher Gesellschafter nötig.

Soll die Geschäftsführung weniger selbständig sein, so muß der Gesellschaftsvertrag dies besonders bestimmen. Er kann einzelne Gesellschafter von der Geschäftsführung auch ganz ausschließen (abgesehen von der Zustimmung zu ungewöhnlichen Geschäften). Die Geschäftsführungsbefugnis kann aus wichtigem Grunde auf Antrag gerichtlich entzogen werden (also nicht schon durch Beschluß der Gesellschafter, wie nach BGB. § 712): HGB. §§ 114—117.

b) Während bei der Gesellschaft des BGB. die **Vertretung** [2]) grundsätzlich der Gesamthand zusteht, und auch wenn die Geschäftsführung im Gesellschaftsvertrag anders geregelt ist, grundsätzlich dieser parallel ausgestaltet und beschränkt ist (BGB. § 714) — regelt das HGB. (§ 125) sie für die OHG. ganz **unabhängig** von der Geschäftsführung, — und statuiert sie im Interesse dieses Er-

1) D. h. die Legitimation **den andern Gesellschaftern gegenüber**, Entschließungen und Ausführungshandlungen vorzunehmen.

2) also die Legitimation gegenüber Dritten.

werbsunternehmens in weitestem Umfange. Jeder einzelne Gesellschafter hat (wie ein Prokurist und noch über dessen Machtbereich hinaus) die Vertretungsmacht zu allen Rechtsakten, die im Betriebe **irgend eines** Handelsgewerbes vorkommen können (HGB. § 126 [1]); und er hat diese Macht unwiderruflich (nur gerichtliche Entziehung aus wichtigem Grunde ist nach HGB. § 127 möglich); und Dritten gegenüber unbeschränkbar (im Gesellschaftsvertrag können nur gewisse **Beschränkungen,** namentlich Gesamtvertretung, sowie **Ausschluß** von der Vertretung vereinbart werden; Dritten gegenüber wirkt das aber erst, wenn es eingetragen ist): HGB. § 126 [2] [1]).

6. Genießer sind die Gesellschafter. Ihre Genuß-Ansprüche gegen die Gesellschaft sind in HGB. § 121 geregelt [2]).

7. Über Gläubiger- und Schuldnerkreis gilt im allgemeinen dasselbe wie bei der Gesellschaft des BGB. (cf. § 49 No. 7, 9). Aber Schadensgläubiger ist hier nicht nur der, gegen den die Vertretung in toto delinquiert hat; auch das Delikt des einzelnen Vertreters gibt einen Anspruch gegen die OHG.

RE. 15 No. 26 p. 130f:

Patentverletzung (Maschine zum Biegen des Drahtbügels für Flaschenverschlüsse) durch einen Gesellschafter.

RE. 17 No. 21 p. 95:

Ein Gesellschafter veranlaßt einen Dritten zur Freigabe einer Partie gepfändeten Leders durch die betrügliche Angabe, das Leder gehöre noch der Firma, also noch nicht dem Käufer, bei dem es von dem Dritten gepfändet war.

RE. 20 No. 42:

Ein Gesellschafter gab einem Auskunftsucher wissentlich falsche Auskunft über die Kreditwürdigkeit eines Dritten.

Der Anspruch wird nach den gleichen Grundsätzen gewährt, wie bei rechtsfähigen Vereinen (§ 31 [1]) [3]).

8. Die Mithaftung [4]) der Privatvermögen der Gesellschafter ist bei der OHG. ebenso nötig wie bei der Gesellschaft des BGB.; denn auch bei der OHG. kann ein Beschluß der Gesellschafter den Vermögensbetrag jederzeit verändern, und auch durch Kündigung eines Gesellschafters oder seines Privat-Gläubigers ist der Fortbestand des

---

1) Lehmann-Göschen I p. 87—89.
2) Lehmann-Göschen I p. 86—87.
3) Lehmann Lehrbuch § 59 p. 311.
4) HGB. § 128.

Gesellschaftsvermögens ähnlich wie bei der Gesellschaft des BGB. gefährdet.

Im Interesse der Kreditfähigkeit des Unternehmens ist aber die Mithaftung viel schärfer ausgebaut.

Sie kann auch bei der OHG. durch den Gesellschaftsvertrag nicht ausgeschlossen werden (cf. § 49 Nr. 8), sondern nur durch Sondervereinbarung mit dem Gläubiger [1]).

Sie ist aber (im Gegensatz zur Gesellschaft des BGB.) für jede Schuldart Gesamthaftung und unbeschränkte Haftung.

Sie überdauert (anders als bei der Gesellschaft des BGB., cf. Cosack II § 279 I 3) das Ausscheiden eines Gesellschafters freilich nur insofern, als die vor seinem Ausscheiden entstandenen Ansprüche gegen die Firma gegen ihn in der Regel noch während 5 Jahre nach seinem Ausscheiden geltend gemacht werden können, also eventuell nicht die volle Verjährungszeit hindurch.

Sie erstreckt sich aber bei Neueintritt eines Gesellschafters auch auf die vor seinem Eintritt entstandenen Ansprüche (HGB. § 159, § 130).

Sie bleibt auch, wenn über das Gesellschaftsvermögen Konkurs eröffnet ist, ungemindert bestehen; und nur, wenn über das Privatvermögen des in Anspruch genommenen Gesellschafters ebenfalls Konkurs eröffnet ist, kann ein Gesellschaftsgläubiger in ihm eine Konkursrate nur auf den Ausfallsbetrag bekommen, den er im Gesellschaftskonkurse gehabt hat [also nicht auf den ganzen Betrag seiner Forderung], damit er vor den Privatgläubigern nicht unbillig bevorzugt werde [2]).

Zur Geltendmachung der Mithaftung ist eine **besondere** Klage gegen den einzelnen Gesellschafter **erforderlich** (anders als bei der Gesellschaft des BGB.) (CPO. § 736) [3]).

9. Die Privatgläubiger eines Gesellschafters können sich, in ganz ähnlicher Weise wie bei der Gesellschaft des BGB. (cf. § 49 Nr. 10) nur an den Auseinandersetzungsanteil des Gesellschafters halten, indem sie den Anspruch auf diesen Anteil pfänden und dann die OHG. kündigen [4]); aber die Kündigung ist in ihren Voraussetzungen **erschwert** und nur zum Ende des Geschäftsjahres mit 6monat-

1) Lehmann-Göschen I p. 89—91.

2) Anders bei der Gesellschaft des BGB.; cf. Cosack II § 276, II 5, Lehmann, Lehrbuch § 63 p. 329.

3) Lehmann, Lehrbuch § 59 III.

4) HGB. § 135; cf. BGB. § 725.

licher Frist zulässig. Und die übrigen Gesellschafter können auf die Kündigung hin statt der Auflösung das Ausscheiden des Gesellschafters nach HGB. § 141 veranlassen.

10. Änderungen.

a) Der Gesellschaftsvertrag kann durch Beschluß aller Gesellschafter Änderungen erfahren; soweit solche der Eintragung unterliegen, sind sie unwissenden Dritten gegenüber erst von dann ab vollwirksam; cf. z. B. HGB. § 125 [4].

b) Der Eintritt neuer Gesellschafter ist möglich [HGB. §§ 107, 130] [und eintragungspflichtig (HGB. § 107)].

c) Ebenso ist das Ausscheiden und der Ausschluß von Gesellschaftern möglich [und eintragungspflichtig] [1]). Das Ausscheiden erfolgt durch Vereinbarung; ferner durch Tod des Gesellschafters, durch sein Verfallen in Konkurs und durch seine Kündigung dann, wenn der Gesellschaftsvertrag bestimmt, daß in diesen Fällen die OHG. unter den übrigen Gesellschaftern fortbestehen soll. Endlich bei Kündigung durch einen Privatgläubiger oder Konkurseröffnung in dem (teilweise unter Nr. 9 bereits besprochenen) Fall des § 141, durch Beschluß der übrigen Gesellschafter [2]).

Die Ausschließung erfolgt durch gerichtliches Urteil auf Antrag der übrigen Gesellschafter, wenn ein „wichtiger" Grund für die Auflösungsklage nach § 133 gegeben wäre. Die Ausschließung ist also gegenüber BGB. § 737 [wo nur Beschluß der Gesellschafter nötig] erschwert.

d) Fortsetzung der OHG. mit den Erben eines Gesellschafters regelt § 139 (ist bei der Gesellschaft des BGB. in dieser Art unbekannt) [3]).

11. Auflösung [4]) der OHG. erfolgt:

a) durch Vereinbarung aller Gesellschafter,

b) durch Kündigung eines Gesellschafters oder seines Privatgläubigers [§ 132],

c) durch Tod eines Gesellschafters,

d) durch Konkurseröffnung über das OHG.-Vermögen oder über das Vermögen eines Gesellschafters [5]),

1) Lehmann, Lehrbuch § 64.
2) cf. BGB. §§ 727, 728, 723, 736; 725.
3) Lehmann, Lehrbuch § 61 p. 317, 318.
4) Lehmann-Göschen I § 18 p. 91—96. HGB. § 131; BGB. § 726.
5) Zu b, c, d cf. aber No. 10.

e) durch Ablauf der im Gesellschaftsvertrag festgesetzten Zeit oder Erreichung resp. Vereitelung des „Zweckes“,

f) durch gerichtliches Auflösungsurteil auf Antrag eines Gesellschafters [§ 133; cf. § 140].

Die Auflösung ist eintragungspflichtig.

12. An die Auflösung schließt sich im Fall des OHG.-Konkurses die konkursrechtliche, in den übrigen Fällen eine handelsrechtliche Liquidation. Die letztere Liquidationsart steht in ihrer Ausgestaltung der Liquidation eines Vereinsvermögens näher als der eines Gesellschaftsvermögens. Sie ist sehr genau geregelt durch §§ 145—158. Nach ihrer Vollendung ist das Erlöschen der Firma ins Handelsregister einzutragen.

In den Fällen 11a, e (Zeitablauf) können die Gesellschafter vor vollendeter Liquidation die Fortsetzung der OHG. beschließen (cf. § 134); ebenso im Fall des OHG.-Konkurses, wenn der Konkurs durch Zwangsvergleich beendet oder auf Antrag des Gemeinschuldners eingestellt ist.

Die Fortsetzung hat namentlich den Vorteil, daß Neubegründung erspart und das Firmenrecht gewahrt wird [Lehmann, Lehrbuch p. 315].

§ 53.

e) Die Erwerbs- und Wirtschaftsgenossenschaft (EG.)[1].

1. Die EG. ist ein **Verein** mit wirtschaftlichem Unternehmen, dessen Ziel die wirtschaftliche Förderung seiner Mitglieder ist. Dieser Vereinstyp ist berechnet auf Mitglieder mittlerer oder ärmlicher Lebenshaltung, die auf sich allein gestellt im wirtschaftlichen Leben nicht fähig sind, ihre Existenzbedingungen vorteilhaft auszugestalten. Ihnen will die EG. durch Zusammenschluß Verbilligung der Lebensbedürfnisse, der Produktionsmittel, Verbesserung des Kredits und der Absatzmöglichkeiten ihrer Produkte verschaffen (Konsumvereine, Rohstoffvereine, Kreditvereine, Absatzvereine usw.).

Der Staat sorgt für die Erreichung dieser eminent sozialen Ziele, indem er den Verein besonders streng unter Normativbestimmungen und Eintragungszwang stellt und außerdem eine wiederkehrende Aufsicht durch amtliche Revisoren (§§ 53—64) anordnet.

2. Der Gründungsvorgang[2]) ist ein „Vereinsvertrag“ [also eine auf Mitglieder-Wechsel berechnete Verbündungs-Wertbewegung], der

1) Lehmann-Göschen II § 30; Genossenschaftsgesetz vom $\frac{1.\ 5.\ 1889}{20.\ 5.\ 1898}$.

2) §§ 1—16 des Gesetzes.

namentlich das Unternehmen, (seine Firma, seinen Sitz), das zulässige Einlagemaximum [Geschäftsanteil], das Bilanzverfahren, die Bildung eines Reservefonds, Bestimmungen über die Genossenschaftsversammlung in schriftlichem Statut niederlegen muß, ebenso die Art der Mithaftung der Genossen. Außer der Generalversammlung muß ein Vorstand und ein Aufsichtsrat bestellt werden. Dem Vorstand liegt die Anmeldung zum Genossenschaftsregister beim Gericht ob. Die Verwaltungsbehörde hat nicht mitzureden. Das Gericht trägt ein und muß eintragen, wenn den gesetzlichen Vorschriften genügt ist. [Reines Normativbestimmungs-Prinzip; anders als beim EV.] Das Gericht führt eine Genossenliste. Die EG. entsteht erst mit der Eintragung.

3. Die Verfassung ergibt sich aus dem Gesetz und dem Statut. Das Gesetz enthält viel jus cogens.

4. Das Unternehmen geht unter dem Namen der Firma (die den Zusatz EG. führen und die Mithaftungsart andeuten muß). Das Vermögen kann alle denkbaren Bestandteile in sich aufnehmen. Die EG. darf an Verteilungsvorgängen jeder Art teilnehmen. Vermögensquellen sind hauptsächlich die Einlagen der Genossen und der erzielte Gewinn. Der einzelne Genosse hat an dem Vermögen nur einen rechnungsmäßigen Anteil, das jeweilige Geschäftsguthaben [in dem Einlagen und Gewinnanteile als Aktiva, die Verlustanteile als Passiva figurieren]. Dies Geschäftsguthaben erhält der Genosse bei seinem **Ausscheiden** [in seiner derzeitigen Höhe] ausgezahlt. Einen „Anteil am Genossenschaftsvermögen", über den er durante societate und während seiner Mitgliedschaft durch Entnahme verfügen könnte, hat der Genosse so wenig wie ein Mitglied irgend einer anderen Verbündungs-Wertbewegung. Die Übertragung des Geschäftsguthabens seitens des Ausscheidenden auf einen andern ist aber möglich. Das ist ein wichtiger Unterschied gegenüber den bisher behandelten Unternehmensarten, namentlich auch gegenüber dem rechtsfähigen Verein und nicht rechtsfähigen Verein [§ 76!]. Dadurch wird eine Art „Mitglieder**wechsel**" ermöglicht, aber nur mit Zustimmung der EG. [Lehmann, Lehrbuch p. 484].

Vererblich ist die Mitgliedschaft nicht [§ 77].

5. Der Verwaltungsapparat besteht, außer aus Vorstand und Generalversammlung, auch noch aus dem Aufsichtsrat, der namentlich ein Kontrollorgan gegenüber dem Vorstand ist. Auch sonstige „Verwalter" können bestellt werden, aber keine Prokuristen oder Generalhandlungsbevollmächtigten [§ 42]. Die Vertretungsmacht des Vorstandes geht

ebensoweit wie bei den Gesellschaftern der OHG., aber er hat nur Kollektivvertretung und kann jederzeit abberufen werden. Die Geschäftsführungsbefugnis des Vorstandes erstreckt sich auf „zweckfremde" Geschäfte in dubio nicht, und auf ungewöhnliche nur bei periculum in mora (Lehmann, Lehrbuch p. 421). Die Generalversammlung, in der jeder Genosse nur eine Stimme hat, beschließt über Satzungsänderungen, Auflösung, ist Wahlorgan und hat Mitwirkung bei bestimmten ungewöhnlichen Geschäften.

Das Rechtsverhältnis des einzelnen Genossen äußert sich ähnlich wie beim rechtsfähigen Verein (cf. § 51 Nr. II 4). Die Genossen haben also auch Genußrechte. Die Pflicht zur Leistung der Einlagen ist aber genauer geregelt; und der Anspruch auf das Geschäftsguthaben beim Ausscheiden und auf den ganzen Auseinandersetzungsanteil bei der Auflösung der EG. weicht natürlich ganz ab.

Vererblich ist die Mitgliedschaft nicht (§ 77, cf. oben); und in gewisser Weise übertragbar nur im Fall des § 76 (cf. oben).

6. Für den Gläubiger- und Schuldnerkreis gilt nichts Besonderes gegenüber andern Vereinsbildungen.

7. Sehr bedeutsam ist die Mithaftung der Privatvermögen der Genossen. Es gibt zwar auch eingetragene Genossenschaften mit bloßer interner Nachschußpflicht (auch dies ist schon anders als bei einer Gesellschaft des BGB. oder OHG., wo eine Nachschußpflicht nicht besteht: BGB. § 707); aber sie sind praktisch selten. In fast allen Fällen ist die EG. eine solche mit beschränkter oder unbeschränkter Haftpflicht gegenüber den EG.-Gläubigern, der eine entsprechende interne Nachschußpflicht gegenüber der EG. parallel geht. Aber diese Haftpflicht ist, damit sie den Genossen nicht unnötig gefährlich werde, so ausgestaltet, daß sie nur im Falle des Konkurses der EG. zur Geltung kommen kann, und dort auch nur dann, wenn das Umlageverfahren unter den Genossen, durch das der Konkursverwalter das Defizit repartitionsweise von den Genossen einzutreiben sucht, schließlich versagt hat (§ 105 ff., §§ 122—125): Lehmann, Lehrbuch p. 493, 494.

8. Privatgläubiger der Genossen können sich ganz analog (mittelst Pfändung und Kündigung) an das Geschäftsguthaben halten, wie bei der OHG. (§ 52 Nr. 9).

9. Änderungen:

a) Satzungsänderungen sind ausschließlich Sache der Generalversammlung und gelten erst ab Eintragung [§ 16].

b) Eintritt neuer Genossen ist möglich, erfolgt durch „Zulassung“ auf Beitrittserklärung hin (§ 15); Genosse ist der Eintretende aber erst ab Eintragung. (Eintritt in den Vereinsvertrag!)

c) Austritt eines Genossen ist ebenfalls möglich durch Aufkündigung seinerseits oder seines Privatgläubigers zum Schlusse des Geschäftsjahres [§§ 65, 66]. Auch der Austritt wirkt nicht vor der Eintragung. Vormerkung möglich!! [§§ 71—72.] Bei Übertragung des Geschäftsguthabens gilt Besonderes: § 76 [Lehmann, Lehrbuch p. 485].

d) Bei Tod eines Genossen gilt er als zum Schluß des Geschäftsjahres ausgeschieden. Die Eintragung wirkt hier nicht konstitutiv (§ 77).

e) Ausschließung durch die Genossenschaft kann aus verschiedenen Gründen „zum Schluß des Geschäftsjahres“ erfolgen. Die Eintragung ist auch hier Voraussetzung für die Wirksamkeit (§§ 67—72). cf. c. Der ausscheidende Genosse bekommt sein Guthaben [1]).

10. Auflösung der EG. kann erfolgen:

a) durch Generalversammlungs-Beschluß (§ 78),

b) durch Ablauf der satzungsmäßigen Dauer usw. (§ 79),

c) durch Gerichtsbeschluß, wenn nicht mehr 7 Genossen da sind (§ 80),

d) durch Schließung im Verwaltungswege wegen gesetzwidrigen das Gemeinwohl gefährdenden Verhaltens oder wegen Verfolgung von im Genossenschaftsgesetz nicht zugelassenen „Zwecken“ (§ 81),

e) durch Konkurseröffnung.

Außer bei Konkurseröffnung tritt Liquidation ein (§§ 82—93). Erst werden die Schulden bezahlt, dann die Geschäftsguthaben berichtigt, der Rest endlich in der Regel nach Köpfen verteilt.

Über den Konkurs cf. Lehmann, Lehrbuch § 112 (p. 492—94) und oben Nr. 7.

§ 54.

f) Die „Kapitalgesellschaften“.
(AG. und GmbH.)

A. Allgemeines.

Die Vermögen der Kapitalgesellschaften sollen schon bei der Gründung so hoch dotiert sein, daß (ähnlich wie bei der Stiftung) dieses Grundkapital voraussichtlich schon ausreicht, um das Unter-

1) Lehmann, Lehrbuch p. 494.

nehmen finanziell erfolgreich durchführen zu können; so daß eine Mithaftung der Privatvermögen der Mitglieder den Gesellschaftsgläubigern gegenüber ausgeschlossen werden kann, ohne das Unternehmen in seiner Kreditfähigkeit zu beeinträchtigen [1]).

Die Kapitalgesellschaften sind Vereine, also auf Mitgliederwechsel berechnet. Und zwar kann dieser Wechsel hier, als ein wirklicher Wechsel, durch Übertragung oder Vererbung der Mitgliedschaft, ohne daß Zustimmung des Vereins erforderlich wäre, allein durch den Veräußerungs- resp. Vererbungsvorgang vollzogen werden. Aber die Pflichten des Ausscheidenden gegen den Verein gehen dadurch nicht sofort unter.

Der Zweck des Unternehmens ist vorwiegend selbstnützig; zumeist sind es richtige Erwerbsgesellschaften; sie stehen deshalb auch stets unter Kaufmannsrecht (HGB. § 210^2, GmbH.-G. § 13^3).

Sie unterstehen im Interesse der Mitglieder und des Publikums einem strengen System der Normativbestimmungen.

B. Die Aktiengesellschaft.

I. Sie ist auf große Erwerbs-Unternehmen angelegt, rechnet auf die Beteiligung kapitalkräftiger Kreise und macht die Mitgliedschaft in Gestalt der Aktie stark negoziabel. Für die Sicherheit des Publikums wird namentlich durch strenge Vorschriften über Bilanz und Reservefonds und durch scharfe Verantwortlichkeit der Gründer und der Organe gesorgt (Lehmann-Göschen II p. 7—10).

II. Der Gründungsvorgang ist auch hier ein Vereinsvertrag, also eine auf Mitgliederwechsel berechnete Verbündungs-Wertbewegung, die aber, mit Rücksicht auf die Gefährlichkeit dieser Vereinsart, unter strengen Vorschriften steht, welche Offenkundigkeit des Gründungsherganges und genaue Prüfung der Solidität des Unternehmens herbeiführen wollen (Lehmann-Göschen II § 22).

1. Der Gründungsvorgang beginnt mit der Feststellung der Satzung durch mindestens fünf Personen [deren jede mindestens eine Aktie zu übernehmen hat] in gerichtlicher oder notarieller Verhandlung. Die Satzung muß, außer Firma, Sitz, Gegenstand des Unternehmens, auch die Höhe des Grundkapitals und die Höhe der einzelnen Aktie angeben, ferner über Vorstand und Generalversammlung das wichtige Übliche (Lehmann-Göschen II p. 13, 11, HGB. § 182).

1) Lehmann-Göschen §§ 21—27, 29.

2. Daran schließt sich die Aufbringung des Grundkapitals. Sie erfolgt gewöhnlich durch sog. Simultangründung, bei der das ganze Grundkapital von den „Gründern“ übernommen wird. „Gründer“ sind bei der AG. einmal die Personen, welche die Satzung festgestellt haben, und sodann die, welche andere als Geldeinlagen auf das Grundkapital machen.

Die Aufbringung des Grundkapitals kann aber auch sog. Sukzessivgründung sein. Dann wird außer den Gründern auch das Publikum an der Aufbringung beteiligt, durch sog. Aktienzeichnung.

Diese „Zeichnung“ ist Offerte des Beitritts zu der Verbündungs-Wertbewegung. Sie wird von den Gründern angenommen durch Zuteilung eines Aktienbetrages.

Nach voller Aufbringung des Grundkapitals werden Vorstand und Aufsichtsrat bestellt, damit diese zunächst eine genaue Prüfung des Gründungsherganges vornehmen.

Bereits für das Gründungsstadium ist nämlich eine strenge Prüfung vorgeschrieben namentlich in der Richtung, ob das Grundkapital wirklich aufgebracht ist (und zu mindestens 25 % auch eingezahlt!) — und ob die etwaigen Verabredungen über Sacheinlagen und Übernahme sonstiger Vermögenswerte (z. B. eines Geschäftsbetriebes) [sog. qualifizierte Gründung] [lange das beliebte Gebiet des Gründungsschwindels!] Grund zur Beanstandung geben.

Die Organe und die Gründer sind für diese Prüfung scharf verantwortlich.

Anfechtung einer Aktienzeichnung wegen Betruges ist aber nicht zulässig, weil sonst die Aufbringung des Grundkapitals nie sicher garantiert werden könnte. Der Betrogene muß sich an den Betrüger halten.

3. Nach Erledigung der Prüfung ist die AG., von den Organen und den Gründern gemeinsam, zum Handelsregister anzumelden. Erst mit der Eintragung entsteht die AG. Bei der Sukzessivgründung befragt der Richter vor der Eintragung noch die Generalversammlung um ihr Einverständnis.

III. 1. Über die Verfassungsquellen gilt dasselbe wie § 53 No. 3.

2. Das Unternehmen geht unter dem Namen der Firma (die den Zusatz: AG. führen muß). Das Vermögen kann ebenfalls alle denkbaren Bestandteile aufnehmen; Beteiligung an allen möglichen Verteilungsvorgängen ist zulässig (cf. § 53 No. 4). Vermögensquellen sind die Einzahlungen auf das Grundkapital, auf dessen eventuelle Erhöhungen und der erzielte Gewinn.

Die Aktien, die das einzelne Mitglied besitzt, geben diesem ebensowenig wie in den früher erwähnten Fällen einen Vermögensanteil durante societate, sondern nur Anspruch auf eine Liquidationsquote bei Auflösung der AG., niemals aber Anspruch auf Zahlung eines Auseinandersetzungsanteils bei seinem Ausscheiden.

3. Die Organe (analog wie in § 53 No. 5) [1]).

a) Die Generalversammlung. In ihr hat jeder Aktionär Stimmrecht, in der Regel für jede Aktie eine Stimme. Sie hat allein das Recht der Satzungsänderung, wählt den Aufsichtsrat, kontrolliert die Verwaltung (Bilanzprüfung!), setzt die Dividende fest, beschließt über die Auflösung.

b) Der Vorstand wird meist vom Aufsichtsrat bestellt, hat dieselben weitgehenden Befugnisse wie bei der eingetragenen Genossenschaft und ebenso wie dort in dubio Kollektivvertretung.

c) Der Aufsichtsrat ist (ebenso wie bei der EG.) Kontrollorgan.

d) Zur Prüfung des Gründungsherganges und der Geschäftsführung, besonders auch der Bilanz, können Revisoren von der Generalversammlung bestellt werden: HGB. § 266. Im Gründungsstadium tritt unter Umständen eine Prüfung durch amtlich bestellte Revisoren ein: §§ 192—194.

e) Die Mitgliedschaft ist mit dem Besitz der Aktie untrennbar verknüpft. Sie äußert sich in der Pflicht zur Einzahlung des Aktienbetrages; in dem Verwaltungsrecht (namentlich durch Teilnahme an der Generalversammlung); in dem Recht auf Gewinnanteil (Dividende) und auf die Liquidationsquote [2]).

Die Aktie lautet auf eine runde Summe; in der Regel mindestens 1000 Mark [nur für gemeinnützige Unternehmen sind „Kleinaktien" gestattet von mindestens 200 Mark] (§ 180). Sie ist notwendig in einem Wertpapier verkörpert, da sie leicht veräußerlich sein soll; und zwar entweder **Namens**aktie, die durch Indossament übertragen wird, oder **Inhaber**aktie, die durch Übergabe des Papiers übertragen wird. Inhaberaktien dürfen vor voller Einzahlung nicht ausgestellt werden (§ 179); an ihrer Stelle gibt es so lange einen auf Namen gestellten, indossablen Interimschein. Namensaktien und Interimscheine müssen in das Aktienbuch eingetragen werden, so daß aus ihm die derzeitigen Besitzer stets ersichtlich sind, also die Person des Mitgliedes jederzeit feststellbar ist, was bei Inhaberaktien nicht möglich ist.

1) Lehmann-Göschen II § 24; p. 17—21.
2) Lehmann-Göschen II § 23; p. 8.

Die Aktie ist veräußerlich und vererblich (auch der Interimschein); aber die Pflicht zur Volleinzahlung bleibt auf den Veräußerern (die ja aus dem Aktienbuch ersichtlich sind) mit haften: §§ 211, 221.

Die Veräußerung der Aktie ist der einzige Weg, auf dem man sich der Mitgliedschaft freiwillig entledigen kann. Die voll bezahlte Aktie kann auch an die AG. selber verkauft werden, die dadurch ein Mitgliedsrecht stillegt [und es durch Weiterverkauf wieder ins Leben rufen kann] [Motive: Besserung des Kurses, Entlastung von Dividenden-Ansprüchen, Beeinflussung des Stimm-Ergebnisses der Generalversammlung usw.]

[Über Kaduzierung und Amortisation: Lehmann-Göschen II p. 16—17.]

IV. 1. Für den Gläubiger- und Schuldnerkreis gilt nichts Besonderes.

2. Eine Mithaftung der Privatvermögen der Aktionäre gegenüber den Gläubigern für die Schulden der AG. findet grundsätzlich nicht statt [1]); sie haben lediglich der AG. ihre Aktien voll einzuzahlen. Die Gläubiger erscheinen als durch das Grundkapital genügend gesichert. Damit dies nicht durch verschleierte Rückzahlungen vermindert werde, ist bestimmt, daß das Grundkapital und ebenso der Reservefonds in der alljährlich aufzustellenden Bilanz als Passivposten erscheinen muß und daß Gewinnverteilung nur erfolgen kann, wenn sich bei Einstellung dieser Passivposten noch Gewinn ergibt. Direkte Haftung der Aktionäre gegenüber den Gläubigern findet nur bei „ungesetzlichen" Hebungen statt: § 217 [2]).

Die Gesellschafts-Gläubiger können sich aber bisweilen an die Privatvermögen der Vorstands- resp. Aufsichtsratsmitglieder halten. Nämlich dann, wenn jenen Organen bei gewissen für die Gläubiger besonders gefährlichen [in § 241 aufgezählten] Maßnahmen schuldvolles Verhalten zur Last fällt. Dann sind die Organmitglieder zwar in erster Linie der AG. haftbar; aber nach § 241 [4] (§ 249) haben die Gläubiger, wenn sie von der AG. Befriedigung nicht erlangen können, das Recht, den Anspruch der AG. direkt geltend zu machen, und dies Ausübungsrecht kann ihnen auch dadurch nicht genommen werden, daß etwa die AG. auf den Anspruch verzichtet.

3. Die interne Haftung der Gründer, der Organe und der Aktionäre gegenüber der AG. würde ja schon aus dem Vereins-

1) Lehmann-Göschen II p. 6, 7, 9. cf. Lehmann, Lehrbuch § 27.
2) Lehmann-Göschen II § 25.

vertrage hervorgehen (a. pro socio), — resp. für solche Organe, die nicht zugleich Aktionäre sind, aus dem Anstellungsvertrage. Das Handelsgesetzbuch baut sie aber noch besonders scharf aus für Verschulden beim Gründungshergang (§§ 202—204; cf. § 313 [Strafen]) und bei der Geschäftsführung (§ 241)[1]).

Ein Aktionär als solcher haftet der AG. nur auf Einzahlung des Aktienbetrages (§ 211) resp. auf Rückzahlung des unrechtmäßig Erhaltenen nach § 217. Für die aus § 211 geschuldeten Restzahlungen haften der AG. auch die Rechtsvorgänger: § 221.

4. Privatgläubiger der Aktionäre können sich an die Aktie und die Dividende usw. halten, niemals aber an das Vermögen der AG.

V. Änderungen[2]).

1. Satzungsänderungen kann nur die Generalversammlung vornehmen. Unter ihnen ist besonders geregelt die Herabsetzung des Grundkapitals (regelmäßig ein Sanierungsakt wegen mißlicher Finanzlage, daher den Gläubigern gefährlich und aus diesem Grunde mit besonderen Kautelen [Sperrjahr] umgeben), die in der Regel so durchgeführt wird, daß der Nennbetrag der Aktien heruntergesetzt wird (unter Zusammenlegung mehrerer Aktien zu einer).

Ferner ist ebenfalls besonders geregelt die Erhöhung des Grundkapitals, die entweder durch Erhöhung des Nennwertes der Aktien, oder durch Ausgabe neuer Aktien erfolgt, auf die dann den alten „Stamm-Aktionären" ein Bezugsrecht zugebilligt zu werden pflegt (Lehmann, Lehrbuch § 90; Lehmann-Göschen II p. 25, 26).

2. Eintritt neuer Mitglieder ist durch Erwerb einer Aktie [im Veräußerungs- oder Erbgang] möglich, und ferner bei Erhöhung des Grundkapitals durch Ausgabe neuer Aktien.

3. Austritt aus der AG. ist nur möglich durch Veräußerung (resp. Vererbung) der Aktie.

4. Eine Art Ausschließung ist möglich durch die planmäßige Amortisation von Aktien, oder durch Einziehung bei Herabsetzung des Grundkapitals. Und ferner durch Kaduzierung gemäß §§ 219, 220, wenn der Aktionär mit den Restzahlungen säumig ist.

Ausschließungsgründe ethischer Art gibt es nicht, weil bei der AG. die „Persönlichkeit" der Aktionäre keine Rolle spielt.

5. Wechsel der Organe unterliegt analogen Regeln wie bei der eingetragenen Genossenschaft und dem rechtsfähigen Verein.

---

1) Lehmann, Lehrbuch § 81.

2) Lehmann-Göschen II § 26.

VI. Auflösung der AG. [1]).

1. Auflösungsgründe sind:

a) Auflösungsbeschluß der Generalversammlung,

b) Ablauf der satzungsmäßigen Dauer,

c) Eröffnung des Konkurses über die AG.,

d) Schließung durch die Verwaltungsbehörde wegen Gefährdung des Gemeinwohls (BGB. § 43 [1]) [Pr. AG.HGB. Art. 4].

Vereinigung aller Aktien in einer Hand ist kein Auflösungsgrund [2]).

2. Konkurseröffnung [3]) (RKO. § 207 [1], HGB. § 240 [2]) ist wegen Zahlungsunfähigkeit oder Überschuldung vom Vorstand zu beantragen, aber nicht schon wegen Sinkens des Vermögens unter den Grundkapitalsbetrag; cf. jedoch HGB. § 240 [1]. Am Konkurs nehmen nur die Gläubiger teil, die Aktionäre nur, soweit sie (mindestens) Genußgläubiger sind (Dividende). Soweit der Konkurs einen Überschuß ergibt, tritt für diesen die (handelsrechtliche) Liquidation ein.

3. In allen anderen Auflösungsfällen erfolgt grundsätzlich von vornherein handelsrechtliche Liquidation. Das Reinvermögen erhalten in dubio die Mitglieder nach Verhältnis ihres Aktienbetrages [4]).

4. In einigen Sonderfällen geht das Vermögen der aufgelösten AG. durch Gesamtnachfolge auf ein anderes Unternehmen über: namentlich bei „Verstaatlichung", und bei Verschmelzung („Fusion") mit einer andern AG. Dann ist also eine Liquidation unnötig [5]).

C. Die Gesellschaft mit beschränkter Haftung [6]).

I. Sie ist eine auf eine geringe Mitgliederzahl berechnete Kapitalgesellschaft [7]); eingeführt durch das Gesetz vom $\frac{20.\ 4.\ 1892}{20.\ 5.\ 1898}$.

Das Bedürfnis nach ihr ist dadurch hervorgerufen, daß für viele wirtschaftliche Unternehmen, die einer Vereinsform bedurften (also mit einer Gesellschaftsform nicht auskommen konnten, son-

---

1) Lehmann-Göschen II § 27.

2) Lehmann-Göschen II p. 27.

3) Lehmann, Lehrbuch § 94.

4) Lehmann, Lehrbuch § 92.

5) Lehmann, Lehrbuch § 93; Lehmann-Göschen II p. 28; HGB. § 304—306.

6) Lehmann, Lehrbuch § 97—104; Lehmann-Göschen II § 29. GmbH.-Gesetz vom $\frac{20.\ 4.\ 1892}{20.\ 5.\ 1898}$.

7) D. h. gerade so wie die AG. ein Kapital-**Verein.**

dern freien Mitgliederwechsel benötigten), die AG. mit ihrem schwerfälligen Gründungshergang und Verwaltungsapparat und ihrem unelastischen Grundkapital (das einer Vergrößerung und Verringerung nur in sehr umständlicher Weise fähig ist, also vorübergehende Einbringung von Betriebsmitteln sehr erschwert), nicht brauchbar war; — und daß andererseits für nichtwirtschaftliche Unternehmen, als das Gesetz erlassen wurde, die Form des eingetragenen Vereins noch nicht bestand.

Die GmbH. ist im Leben sehr verbreitet. Seit der Einführung der EV. werden aber die GmbH. nichtwirtschaftlicher Art seltener geworden sein. Der praktische Hauptunterschied gegenüber der AG. besteht in der Möglichkeit, daß die Satzung den Mitgliedern gegenüber der GmbH. (also intern) eine (begrenzte oder unbegrenzte) Nachschußpflicht auferlegen kann.

Im übrigen neigt die Regelung der GmbH. nicht bloß nach der AG., sondern in manchem auch nach der OHG. hin.

II. Der Gründungshergang ist einfacher als bei der AG. Er ist ebenfalls ein Vereinsvertrag; aber stets Simultangründung.

1. Er beginnt auch hier mit der solennen Feststellung der Satzung, die durch mindestens zwei Ur-Mitglieder geschehen muß[1]). Die Satzung muß, außer Firma, Sitz, Gegenstand des Unternehmens den Betrag des Stammkapitals und den Betrag der von jedem Mitglied auf das Stammkapital zu leistenden Stammeinlage, die ein Bruchteil des Stammkapitals sein muß, angeben. Das Stammkapital muß mindestens 20 000 Mark betragen und aus mindestens zwei Stammeinlagen bestehen. Jede Stammeinlage muß durch 100 teilbar sein und mindestens 500 Mark betragen. Die einzelnen Stammeinlagen können aber verschieden hoch sein (ebenso wie übrigens auch die Aktien der AG.: Lehmann, Lehrbuch § 72 p. 380). Bei der Gründung kann jedes Mitglied nur eine Stammeinlage übernehmen, also nicht mehrere wie bei der AG., und erhält einen ihr entsprechenden Geschäftsanteil, der das Maß des Mitgliedverhältnisses darstellt [ebenso wie die Aktie bei der AG.]. Über den Geschäftsanteil wird aber kein Wertpapier, ja, überhaupt keine Urkunde ausgestellt; er soll nicht so negoziabel sein wie die Aktie. [Der Geschäftsanteil soll übrigens nicht in einer Summe ausgedrückt werden wie bei der Aktie, sondern in einem Bruchteil des Stammkapitals.]

Die Satzung kann nun außer der Stammeinlage [für deren Voll-

1) Gesetz § 3.

einzahlung die sämtlichen Mitglieder eine eigentümliche gefährliche Mithaftung trifft (cf. unten p. 172)] allen oder einzelnen Mitgliedern noch andere (Geld- oder Nichtgeld-) Leistungen auferlegen; und sie kann (um die wünschenswerte Elastizität in der Beschaffung von Betriebsmitteln herzustellen) bestimmen, daß durch Beschluß der Mitglieder (beschränkt oder unbeschränkt) Nachschüsse eingefordert werden können [1]).

2. Nach der Feststellung der Satzung erfolgt die Bestellung der Geschäftsführer [die bei der GmbH. die Stelle des Vorstandes einnehmen]: G. § 6.

3. Die Geschäftsführer haben die Anmeldung zur Eintragung ins Handelsregister vorzunehmen und dabei außer der Satzung eine Liste der Mitglieder und ihrer Stammeinlagen einzureichen. Auf letztere müssen vor der Anmeldung 25 Prozent, mindestens aber 250 Mark, eingezahlt sein.

Die GmbH. entsteht erst mit der Eintragung. Vorherige Handlungen verpflichten die Handelnden persönlich und solidarisch: Gesetz § 11.

4. Die der AG. eigentümlichen Haftungen aus der Gründung bestehen bei der GmbH. nicht.

III. Verfassung, Vermögen, Verwaltungsapparat.

1. Bezüglich Verfassung und Vermögen gilt nichts Besonderes. Über die Hauptquellen des Vermögens ist schon unter II gehandelt. Das Unternehmen geht unter dem Namen der Firma (die den Zusatz mbH. führen muß: Gesetz § 4). Die Stellung des einzelnen Mitgliedes zu dem Vermögen ist ebenso wie bei der AG. (es hat durante societate keinen Anteil).

2. Der Verwaltungsapparat ist viel einfacher als bei der AG. Ein Aufsichtsrat ist zulässig, aber nicht vorgeschrieben.

a) Im Gegensatz zur AG. ist die Form, in der die Mitglieder an der Verwaltung teilnehmen, nicht auf die Mitgliederversammlung beschränkt, sondern bis auf den Fall der Satzungsänderung (§ 53 [1]) können die Mitglieder auch von dem Zusammenkommen in einer Versammlung (Mitgliederversammlung) absehen und sich mit schriftlicher Stimmabgabe begnügen. Dem Mitglieder-Beschluß unterliegen alle wichtigen ungewöhnlichen Angelegenheiten. Doch kann die Satzung, in weiterem Maß als bei der AG., diese Angelegenheiten andern Organen (z. B. dem Aufsichtsrat) zuweisen; niemals aber Satzungsänderungen, Einforderung und Rückzahlung von Nachschüssen, Auflösung.

---

1) Lehmann, Lehrbuch § 98 p. 463, 464; 465 Gesetz § 24, § 3^2.

Je 100 Mark Geschäftsanteil geben in dubio eine Stimme [1]).

b) Die Geschäftsführer, die auch Nichtmitglieder sein können, werden in dubio durch Mitgliederbeschluß bestellt und frei abberufen. Die Satzung kann aber schon von sich aus alle oder einzelne Mitglieder zu Geschäftsführern bestimmen, und auch die Abberufung eines Geschäftsführers vom Vorliegen eines wichtigen Grundes abhängig machen. Dann nähert sich die Stellung des Geschäftsführers sehr der eines offenen Handelsgesellschafters. Inhaltlich sind Vertretung und Geschäftsführung von gleicher Art wie beim Vorstand der AG.

c) Revisoren sind im Gesetz nicht vorgesehen.

d) Die Mitgliedschaft ist nicht an eine Urkunde geknüpft und gibt inhaltlich dieselbe Rechtsstellung wie bei der AG.

IV. 1. Für den Gläubiger- und Schuldnerkreis gilt nichts Besonderes.

2. Als Sicherungsmittel für die Gläubiger bestehen ebenso wie bei der AG. strenge Vorschriften über die Bilanz. Auch in ihr müssen das Stammkapital und alle Reserve- und Erneuerungsfonds als Passiva erscheinen; aber auch die eingezahlten Nachschüsse so lange, bis sie auf Mitgliederbeschluß zurückgezahlt oder zur Deckung eines Fehlbetrages am Stammkapital verwandt sind [2]).

Eine Mithaftung der Privatvermögen der einzelnen Mitglieder gegenüber den Gläubigern besteht dagegen überhaupt nicht (anders wie bei der AG.). Ebenso haben die Gläubiger nie einen Zugriff auf die Vermögen der Organe (ebenfalls anders wie bei der AG.).

3. Die interne Haftung der Mitglieder gegenüber der GmbH. ist ganz eigenartig ausgebaut in §§ 24, 31, 32, im Fall restierender Stammeinlage und unrechtmäßigen Empfanges. Hier haften, wenn ein Mitglied nicht zahlt, die anderen Mitglieder der GmbH. subsidiär nach Verhältnis ihrer Geschäftsanteile (in einem Umlageverfahren) [3]).

Im übrigen bemißt sich die Haftung der Mitglieder nach der actio pro socio.

4. Eine besondersartige Haftung der Geschäftsführer gegenüber der GmbH. statuiert § 9 (§ 7 ²), wenn sie bei der Anmeldung der GmbH. unrichtige Angaben hinsichtlich der auf die Stammeinlagen ge-

1) Lehmann, Lehrbuch § 85; § 101; Gesetz §§ 48², 45²; 46; 26, 30, 53 ff., 60¹; § 38.

2) Lehmann, Lehrbuch § 102; Gesetz § 42.

3) Lehmann, Lehrbuch p. 459, 472.

machten Leistungen gemacht haben. Im übrigen ist für ihre Haftung die actio pro socio resp. der Anstellungsvertrag maßgebend. [Lehmann, Lehrbuch p. 465.]

5. Die Stellung der Privat-Gläubiger der Mitglieder gegenüber der GmbH. ist die gleiche rein negative wie bei der AG.; sie können sich nur an den Geschäftsanteil und die Genußrechte ihres Schuldners halten.

V. Änderungen.

1. Satzungsänderungen sind nur durch Beschluß einer Mitglieder-Versammlung möglich (cf. III 2a). Auch hier gehören dazu die Herabsetzung resp. Erhöhung des Stammkapitals [dagegen nicht die Einforderung resp. Rückzahlung von Nachschüssen].

a) Herabsetzung des Stammkapitals erfolgt analog wie bei der AG. Das Minimum des Stammkapitals und der Stammeinlagen muß gewahrt bleiben.

b) Erhöhung des Stammkapitals erfolgt durch Vermehrung der Stammeinlagen. Die neue Stammeinlage begründet einen besonderen Geschäftsanteil [1]).

2. Eintritt neuer Mitglieder ist möglich durch Übernahme einer neuen Stammeinlage bei Erhöhung des Stammkapitals, oder durch Übertragung resp. Vererbung eines Geschäftsanteils. Die Übertragung muß durch gerichtliche oder notarielle Abtretung erfolgen; das Grundgeschäft bedarf der gleichen Form. Geschäftsanteile einer GmbH. sollen eben dem Börsenhandel durchaus entzogen werden. Die Satzung kann die Abtretung auch an die Zustimmung der GmbH. binden und sonstwie beschränken. Der Erwerber durch Veräußerung gilt der GmbH. gegenüber erst von der Anmeldung bei ihr ab als Erwerber.

Für alle zur Zeit der Anmeldung auf den Geschäftsanteil rückständigen Leistungen haftet der Erwerber neben dem Veräußerer. Der Veräußerer bleibt für den noch nicht bezahlten Rest der Stammeinlage verhaftet; ebenso für Nachschüsse (nach der näheren Bestimmung von § 28); von den „Nebenleistungspflichten" (Lehmann, Lehrbuch p. 463, c) und den „Umlageleistungen" des § 24 wird er dagegen frei [2]).

3. Austritt von Mitgliedern ist möglich durch die Veräußerung ihres Geschäftsanteils (cf. Nr. 2); ferner aber, wenn eine unbegrenzte Nachschußpflicht besteht, durch Abandon des Geschäftsanteils, der

1) Lehmann, Lehrbuch § 103 (speziell auch p. 473, 474); Gesetz §§ 53, 54; 26, 30²; 58; 55—57.

2) Lehmann, Lehrbuch § 100; Gesetz §§ 15; 16; 22; 28.

aber nur nach vollständiger Einzahlung der Stammeinlage gestattet ist. Durch den Abandon, d. h. dadurch, daß das Mitglied der GmbH. den Geschäftsanteil zur Verfügung stellt, entgeht das Mitglied der Nachschußpflicht.

Ein Geschäftsanteil darf übrigens, falls die Stammeinlage vollständig eingezahlt ist, auch sonst an die GmbH. veräußert werden, falls sie nur den Erwerbspreis nicht aus dem Stammkapital bezahlt [1]).

4. Eine Ausschließung von Mitgliedern ist auch bei der GmbH. nur vorgesehen durch planmäßige Einziehung (Amortisation) von Geschäftsanteilen, sowie durch Kaduzierung eines Geschäftsanteils, wenn eingeforderte Stammeinlagen, oder in den in § 28 näher bestimmten Fällen [begrenzte Nachschußpflicht oder Begrenzung des Nachschusses auf den satzungsmäßigen Betrag] eingeforderte Nachschüsse nicht gezahlt werden [2]).

5. Wechsel der Organe im ganzen analog der AG. (cf. aber C III 2 b).

VI. Auflösung der GmbH.

1. Die Auflösungsgründe sind zunächst die gleichen wie bei der AG. (cf. B VI); aber die Auflösung kann hier auch, auf Antrag einer bestimmten Minderheit, durch Gerichtsurteil wegen eines „wichtigen Grundes" erfolgen, so wie bei der OHG. [3]).

2. Die Auflösung vollzieht sich ganz ähnlich wie bei der AG. Besondere Bestimmungen über Gesamtnachfolge (Verstaatlichung, Fusion) bestehen für die GmbH. aber nicht.

3. Das Zusammenkommen aller Geschäftsanteile in einer Hand löst die GmbH. so wenig auf wie das Zusammenkommen aller Aktien in einer Hand die AG. Denn der Charakter eines von einem besonderen Verwaltungsapparat geleiteten Unternehmens mit Sondervermögen bleibt auch dann bestehen [4]).

§ 55.

g) Das Unternehmen mit Sammelvermögen [5]).

Für die Unternehmen mit sog. Sammelvermögen, bei denen das Vermögen durch Sammlungen im Publikum aufgebracht

1) Lehmann, Lehrbuch p. 467, 468; Gesetz §§ 27; 33.

2) Gesetz §§ 21; 28.

3) Lehmann, Lehrbuch § 104; Gesetz §§ 60ff.; 61.

4) Lehmann, Lehrbuch § 91 Anm. 7; Lehmann-Göschen II p. 32; Gesetz § 15.

5) Enneccerus § 110, II.

und grundsätzlich für ein nur vorübergehendes Unternehmen (z. B. Hilfe für Überschwemmte, Abgebrannte, Flüchtlinge, Kriegsgefangene; Ehrung eines verdienten Mannes usw.) zur Verwendung kommen soll, können die Gründungsformen der Gesellschaft (oder des nicht rechtsfähigen Vereins) gewählt werden. Oft begnügen sich die Spender aber damit, den Sammlern die Vermögensverwaltung auf Treu und Glauben zu überlassen. Dann wird man die Sammler als Fiduziareigentümer behandeln müssen. Das Gesetz schweigt.

Auch hier hat die moderne Schlagwort-Epidemie gehaust; vor dem Schlagwort „Sammelvermögen“ ist die Tatsache, das es sich um ein **Unternehmen** handelt, für welches die Mittel durch Sammlungen aufgebracht sind, nicht genügend beachtet. Irgendwelche Privilegierung in den p. 151 besprochenen Richtungen verdient dies Unternehmen schwerlich, wenn eine angemessene Organisation versäumt wird. Nur dafür muß gesorgt werden, daß die occasio juris, welche die Mittel formell in das Eigentum der Sammler brachte, nicht zum Schaden des Unternehmens von ihnen, ihren Sukzessoren, und ihren Privatgläubigern ausgenutzt werden darf; und dafür dürfte die (eventuell durch einen Pfleger vorzunehmende) Rückforderung wegen aus der occasio juris gegen die guten Sitten erlangter Bereicherung (p. 104) genügen. Das Gesetz sieht freilich einen Pfleger nur nach Wegfall der Sammler vor (§ 1914).

§ 56.

3. Die Ergebnisse des Kap. II.

A. Wir sehen, die Sondervermögen der Sonderunternehmen sind entweder nur rein rechnungsmäßig da [Sondervermögen des Einzelkaufmanns] oder sie existieren selbständig, namentlich in Bezug auf Verwaltung und Schuldenhaftung.

Die selbständigen Sondervermögen sind für solche Unternehmen da, die von der Person eines bestimmten Einzelmenschen ganz (oder doch im wesentlichen; cf. p. 129 f.) losgelöst sind.

Um nun eine möglichst vollständige Übersicht über die im Leben vorkommenden Arten solcher Unternehmen zu erhalten, durften wir nicht der herrschenden Lehre folgen und nur die im BGB. geregelten Arten besprechen, sondern mußten auch die handelsrechtlichen Unternehmen weitgehend berücksichtigen.

B. Diese Übersicht zeigt, daß die in Frage stehenden Unternehmen, ebenso wie ihre Vermögen, ins Leben gerufen werden

entweder durch eine Stiftungs-Wertbewegung
oder durch eine Verbündungs-Wertbewegung
und daß die letztere
entweder Gesellschaftsvertrag
oder Vereinsvertrag
sein kann.

Die Übersicht zeigt ferner, daß die durch Verbündungs-WB. entstandenen Unternehmen
vom Staat entweder privilegiert
oder nichtprivilegiert
sein können [1]).

Der Zweck der Privilegierung besteht für den Staat darin, daß er die betreffenden Unternehmensarten besonders fördern will.

Der Inhalt der Privilegierung besteht einmal darin, daß diese Unternehmen vollkommen
„rechtsaufnahmefähig"
sind, d. h., daß sie nicht bloß überhaupt Rechte, sondern daß sie Rechte aller Art in ihr Vermögen aufnehmen können;
ferner darin, daß die Unternehmen vollkommen
„rechtsverkehrsfähig"
sind, d. h. daß mit ihnen Verteilungsvorgänge jeder Art stattfinden können, namentlich auch Geschäfte auf Kredit;
und endlich darin, daß sie vollkommen
„prozessual parteifähig"
sind, d. h. daß mit ihnen in einfacher Art Aktiv- und Passivprozesse jeder Art geführt werden können.

Bei Vereinen kommt hinzu
die „Freistellung der Verwalter"
von der Mithaftung für die von ihnen kontrahierten Vereinsschulden.

Die Nichtprivilegierung von Unternehmen äußert sich in Benachteiligungen nach den angegebenen Richtungen (kein Erwerb mortis causa; kein oder umständlicher Grundbuchverkehr; keine oder umständliche Aktivprozesse oder Erschwerung der Prozeßführung überhaupt; Mithaftung der Verwalter-Vermögen).

Der Staat besteht auf diesen Benachteiligungen, weil er den betreffenden Unternehmen besondere wirtschaftliche Macht nicht zubilligen will.

---

1) Die Stiftungsunternehmen sind immer privilegiert; als nicht privilegierte können sie überhaupt nicht entstehen; cf. § 51, I 2.

C. Welchen Unternehmensarten billigt nun der Staat die privilegierte Stellung zu?

Nur solchen, welche nach seiner Ansicht das Gemeinwohl nicht nur nicht gefährden, sondern es, sei es direkt, sei es indirekt, fördern — und die ferner eine Garantie dafür bieten, daß sie für das mit ihnen in Rechtsverkehr tretende Publikum ein sicherer Schuldner, und für das Publikum, das sich an ihnen durch Mitgliedschaft beteiligt, kein zu großes Risiko sind.

Wodurch erreicht der Staat diese Eigenschaften des Unternehmens?

Entweder durch Anwendung des Konzessionsprinzips — indem er das Unternehmen einer Spezialprüfung auf seine Ausgestaltung hin unterwirft und ihm die Privilegierung nur dann zugesteht, wenn es sich seinen Sondervorschriften entsprechend organisiert [— so verfährt der Staat bei denjenigen wirtschaftlichen Verbündungs-Unternehmen, über deren Eigentümlichkeiten noch nicht genügende Erfahrungen vorliegen —] oder durch Anwendung des Prinzips der Normativbestimmungen mit Registerzwang. Der Staat billigt hier die Privilegien nur zu,

wenn das Unternehmen sich einem der durch das Gesetz zur Verfügung gestellten Organisationstypen unterstellt, und zwar demselben Typ nach fünf Richtungen hin, nämlich in Bezug auf

> Aufbringung des Vermögens, Gestaltung des Verwaltungsapparates, Ausbau der Mitgliedschaft, Einrichtung der Schuldenhaftung, Festlegung des Auflösungsverfahrens

und wenn es, durch Eintragung seiner Grundzüge in amtliche, allgemein zugängliche Register, dem Publikum Gelegenheit gibt, sich jederzeit über das Wesentliche des Unternehmens zu orientieren. Bisweilen tritt zu diesen staatlichen Bedingungen noch hinzu das Recht der Verwaltungsbehörde, Einspruch gegen die Zubilligung der Privilegien zu erheben (BGB. § 61).

In allen fünf genannten Richtungen variiert das Gesetz seine Bestimmungen sehr feinfühlig, den Zielen der einzelnen Unternehmenstypen entsprechend; man vergleiche z. B. besonders die Aufbringung des Vermögens und die Einrichtung der Schuldenhaftung bei der OHG., dem rechtfähigen Verein, der EG., der AG., der GmbH.; die Rücksichten, die auf den Kredit, und die, welche auf das Risiko der Mitglieder zu nehmen sind, werden dabei immer sorgfältig ins Gleichgewicht gesetzt, aber immer nach verschiedener Methode.

D. Die „subjektiven Beziehungen" der Unternehmen und ihrer Sondervermögen wurden von uns erschöpfend festgestellt; wir sahen, als Gründer und als Spender, als Verwalter und als Genießer, als Gläubiger, als Schuldner, endlich als Mithaftende kommen Menschen in Frage [1]).

Hat es angesichts dieser erschöpfenden Feststellung der subjektiven Beziehungen nun noch Sinn, noch eine weitere subjektive Beziehung zu konstruieren durch die Annahme, das Sondervermögen gehöre einer juristischen Person? Will man mit einer juristischen Person das privilegierte **Unternehmen** bezeichnen, für das ein Sondervermögen zuständig ist, so mag die Einführung des Begriffes „juristische Person" noch hingehen, obgleich diese Benennung für solche Unternehmen wenig glücklich, und überflüssig ist, und ferner zur Folge hat, daß man für die nicht privilegierten Unternehmen nach einer neuen Benennung suchen muß, da sie doch weder natürliche Person, noch juristische Person genannt werden können. [Ein Schriftsteller hat denn auch wirklich für sie die Benennung „Personide" vorgeschlagen.]

Ganz abwegig aber ist es, diese juristische Person sich, so wie manche, vorzustellen als ein besonderes unkörperliches Lebewesen, eine „Verbandsperson", der das Vermögen „gehöre". Denn dadurch vermehrt man die „subjektiven Beziehungen" um noch eine, die gar keinen realen Inhalt haben kann, da [nachdem die Rollen der Gründer, Spender, Verwalter usw. bereits an andere „Subjekte" verteilt sind] nach dem Inhalt der Rechtssätze **nichts** mehr übrig bleibt, was dieses „Gehören", also eine besondersartige subjektive Beziehung dieser „Verbandsperson" zu dem Unternehmen resp. dem Vermögen [noch neben den andern subjektiven Beziehungen] mit rechtlich bedeutsamem Inhalt ausfüllen könnte. Und sodann, selbst wenn die Auffindung solchen Inhaltes noch möglich wäre, so zerfließt doch diese Verbandsperson, der die subjektive Beziehung des „Gehörens" zugesprochen wird, wenn man die Möglichkeit ihres Daseins prüft, in Nichts. Die Verbandsperson, der das Sondervermögen „gehört", ist ein subjektives Nichts, das auch Nichts an Zuständigkeit für sich beansprucht: sie ist [ebenso wie alle früher schon konstruierten Gebilde der juristischen Person] die juristische Vogelscheuche, für die bereits Brinz sie erklärte. Ein moderner Bovigus mit nullstündigem Arbeitstag.

1) cf. § 37, II—V; § 47, VI; VII 1 i. f. Auch wenn z. B. eine Stiftung oder eine OHG. Aktien einer AG. hat, ist das nicht anders — wenn man nur genau hinsieht.

Die juristische Person ist ja nur die Konsequenz der durch keinen Rechtsatz zu rechtfertigenden Theorie vom einheitlichen Rechtsubjekt!

Man darf nie vergessen, daß das ganze Geheimnis der „juristischen Person“ darin besteht, daß ihre sogenannte **Entstehung** bedeutet:

> ein Unternehmen wird in seinem Vermögensumfang und -erwerb, in seiner Parteifähigkeit zu Prozessen und oft auch in der Freistellung seiner Verwalter von der Mithaftung ihres Privatvermögens privilegiert; [sei es, daß es nur in dieser privilegierten Form ins Leben treten kann, wie die Stiftung — oder daß es schon vorher als unprivilegiertes bestehen konnte, wie die Gesellschaft des BGB. und der nicht rechtsfähige Verein]

und daß ihr **Aufhören** darin besteht:

> daß ein Unternehmen, dem bis dahin solches Privileg zuständig war, sich entweder ganz auflöst oder in ein nicht privilegiertes Unternehmen zurückverwandelt.

E. Der Homunculus, den die Dogmatik aus ihrer Retorte hervorzauberte, hat sie, als stetes Sorgenkind, so ganz in Anspruch genommen, daß sie darüber den Vereinsvertrag gerade so vergessen hat wie seinerzeit über der Entdeckung der Vollmacht das dieser zugrunde liegende Rechtsverhältnis. Deshalb ist es notwendig, aus der Versenkung, in der die juristische Person — schon nach den schlagenden Ausführungen von G. Schwarz-Budapest (Arch. f. Bürg. R., Bd. 32, 35) — verschwinden mußte, den Vereinsvertrag hervorzuholen, und ihm seine Rechte zurückzugeben. Es ist besonders nötig, der oft ganz sinnlosen und leichtfertigen Vereinsmeierei der Jetztzeit einen Dämpfer aufzusetzen, und den Leuten, durch zweckentsprechenden Ausbau der Vertragspflichten nach der ethischen Seite hin, zu Gemüte zu führen, daß die Vereinsmitgliedschaft mit Beitragszahlung und Versammlungsreden nicht abgetan ist — daß sie anderes bedeuten muß als einen Sport oder ein Reklamemittel, wenn sie dem Vereinsleben wirklich nutzen soll.

Der Gesellschaftsvertrag gibt die für solchen Ausbau erforderlichen Analogien mühelos her. Das Nähere kann erst in der Lehre von den Verteilungsvorgängen ausgeführt werden; dort ist auch zu der Theorie vom „Gesamtakt“ Stellung zu nehmen.

Blicken wir auf den Gesamtinhalt unseres ersten Teiles zurück, so ergibt sich, trotz seiner ausschließlichen Bezugnahme auf das deutsche

Recht, doch, daß es fast durchweg Probleme von internationaler Bedeutung sind, die zur Erörterung standen. Das Ziel des Werkes führt eben notwendig dazu, sich an der Aufstellung allgemeingültiger Rechtslehren zu versuchen; wer das System einer Rechtsordnung nach ihrer sozialen Aufgabe gliedern will, und das Wesen der einzelnen Rechtsinstitute prüfen auf dem Arbeitsfelde, das ihnen in dem Zusammenleben der Menschen zugewiesen ist, der kann nicht zu Ergebnissen von ausschließlich nationaler Bedeutung gelangen, — der muß es unternehmen, Werte zu schaffen, deren Brauchbarkeit in der ganzen juristischen Welt erwogen werden kann. Recht, Vermögen, Unternehmen, — Sachen und Erfindungen, ihre Bestandteile, ihre Früchte, — und viele andere noch sind Begriffe, die jedenfalls in der hier ihnen gegebenen Ausgestaltung nicht bloß international interessieren, sondern auch gleichmäßiger internationaler Benutzung fähig sind. Weiteres von allgemeiner Bedeutung wird der zweite Teil des Werkes bringen. Möge es dazu beitragen, daß die Rechtswissenschaft sich von Neuem auf ihre Aufgabe besinnt, der Welt eine Friedensordnung zu geben.

Greifswald 1920 :: Druck von Julius Abel, G. m. b. H.

Kolibri 360 GmbH
Ferdinand-Jühlke-Straße 7
99095 Erfurt, Deutschland
produktsicherheit@kolibri360.de